AUX SOURCES DU TERRORISME

Du même auteur

Basse politique, haute police. Une approche historique et philosophique, Fayard, 2001.
La Psychanalyse est un humanisme, Grasset, 2006.

Hélène L'Heuillet

Aux sources du terrorisme

De la petite guerre aux attentats-suicides

Fayard

ISBN : 978-2-213-62221-7

© Librairie Arthème Fayard, 2009.

Introduction

Le terrorisme ne porte pas seulement en puissance la destruction de notre monde, mais aussi celle de notre pensée. S'il constitue un défi pour le sens commun que nous conférons à la politique, c'est parce que son but n'est pas uniquement de réduire à l'impuissance les sociétés menacées par cette nouvelle forme de violence, mais de susciter le désarroi mental et psychologique des membres de celles-ci, et de tous ceux qui sont pris dans sa logique – que ce soit à titre d'acteurs, de spectateurs ou de victimes. Il ne se contente pas de faire périr des vies et des biens, mais vise à engourdir notre sens politique. Le terrorisme contemporain nous pose problème, et particulièrement le terrorisme islamiste. On peut chercher à « démythifier Al-Qaïda », et arguer que les « Tigres noirs » tamouls aussi commettent des attentats-suicides, néanmoins aucune forme de terrorisme à l'heure actuelle n'a autant qu'Al-Qaïda la puissance d'engendrer la peur[1]. C'est cette capacité à jouer de l'effroi que l'on nomme terrorisme.

Au lieu de nous réveiller de notre somnolence, nous préférons bien souvent le déni de cette réalité, car sa prise en compte semble toujours suspecte de collaboration avec la police, et de justification d'un discours sécuritaire[2]. Mais

---

1. Robert A. Pape, *Dying to win. The strategic logic of suicide terrorism*, New York, Random House Trade Paperbacks, 2006, p. 4.
2. Thérèse Delpech, *L'Ensauvagement*, Paris, Grasset, 2005, p. 72 et p. 78.

quelque bonne intention qui anime un déni, un déni est toujours un déni. Relativement au terrorisme, celui-ci prend souvent deux formes : la critique du terme même, et la dilution du phénomène dans l'histoire.

Le terme de terrorisme est souvent rejeté pour sa valeur émotionnelle et morale. Le mot en lui-même est accusé de faire peur. Ceux qui l'agitent n'auraient pas l'intention de faire penser, mais de faire vibrer. Il faudrait bannir l'usage même du signifiant, tenu pour responsable de l'incapacité à penser le phénomène, tant la distance critique nécessaire est absente du vocabulaire de celui qui en use. Le terrorisme dans son ensemble est alors dénoncé comme spectre, représentation, « invention » dont le ressort serait l'idéologie sécuritaire [1]. Il vaut mieux, pourtant, s'en tenir à la rigueur cartésienne et refuser la solution de facilité de la réforme du langage. Certes, quand je regarde par la fenêtre et que je dis voir des hommes, l'emploi du terme d'hommes est abusif. Dois-je dire cependant que « je suis presque trompé par les termes du langage ordinaire [2] » ? Descartes tourne en ridicule la prétention d'un langage « objectif » qui conduirait à préciser que nous ne voyons par la fenêtre que « des chapeaux et des manteaux, qui peuvent couvrir des spectres et des hommes feints qui ne se remuent que par des ressorts ». Condamner le terme de terrorisme, c'est se vouer aussi à ne décrire que ces chapeaux et ces ressorts que sont les

---

1. « Le terrorisme n'existe pas : ou plus exactement, ce n'est pas un concept utilisable par les sciences sociales et la stratégie », Bigo Didier, « L'impossible cartographie du terrorisme », octobre 2004, http ://www.libertysecurity.org/article4.html. La thèse de l'auteur repose sur l'idée que le terme de terrorisme comporte une appréciation implicite, un jugement, « il polémise » : « Le sens commun en fait une forme de violence s'attaquant à des individus innocents, le plus souvent par le biais d'attentats spectaculaires afin de paralyser, et d'intimider tous les autres membres de la société et de la communauté visée. » Cela le conduit à se demander ce que l'on entend par « victimes innocentes » et à douter que le terrorisme terrorise. C'est selon lui un phénomène « fabriqué », « destiné à stigmatiser certaines luttes politiques et à légitimer la répression à leur encontre ».

2. Descartes, *Méditations métaphysiques* (1641), Paris, Gallimard, coll. « Bibliothèque de la Pléiade », p. 281.

« stratégies d'acteurs » ou les intentions cachées des politiques, en feignant d'ignorer qu'il y a et qu'il y eut, dans l'histoire, des hommes qui conçurent le projet d'en terrifier d'autres – lesquels eurent peur et pas toujours sans raison.

Le terrorisme exerce une puissance d'attraction et de fascination non seulement chez les spectateurs de la terreur, mais aussi chez eux qui passent le cap de s'engager dans une action terroriste. Il existe un argumentaire terroriste dont on peut trouver l'origine dans l'histoire des idées politiques, et qui peut servir de pierre de touche pour analyser le terrorisme actuel. Il ne faut pas être moins terroriste que les terroristes eux-mêmes et renoncer à un terme qui a appartenu à la conceptualisation de la violence politique. L'histoire des idées permet de comprendre la logique du recours la terreur, de prendre une distance qui n'empêche pas le jugement, et ne tienne pas pour vain le critère de l'émotion, que les terroristes, eux, prennent en compte. Il faut remonter aux sources du terrorisme.

Mais où situer les sources du terrorisme ? Il existe aussi une forme de déni historicisante, qui consiste à remonter à l'Antiquité et au Moyen Âge, et à faire commencer l'histoire du terrorisme par la révolte des Zélotes, juifs en rébellion contre l'autorité romaine en Palestine et inventeurs des techniques insurrectionnelles, au premier siècle, et par celle des Assassins, en islam, qui soutinrent une lutte contre les croisades de la fin du XIe siècle jusqu'au XIIIe siècle et pratiquèrent des attentats-suicides [1]. Ce qu'une telle généalogie méconnaît, c'est que ce qui peut apparaître factuellement comme terrorisme n'est pas, à cette époque, soutenu par un argumentaire terroriste, ou du moins, par une théorie de la violence. Que ces illustres exemples soient parfois mobilisés dans la rhétorique terroriste actuelle, comme la

---
1. Gérard Chaliand et Arnaud Blin (dir.), *Histoire du terrorisme. De l'Antiquité à Al-Qaïda*, Paris, Bayard, 2004.

lutte contre les croisés dans le *jihad*, ne doit pas faire croire qu'à rebours elle y serait déjà contenue.

Le terme de « terrorisme » apparaît pour la première fois en 1798 dans le supplément du *Dictionnaire de l'Académie française*, dans une acception péjorative, pour désigner la politique du Comité de salut public. Le 5 septembre 1793, la Convention met « la terreur à l'ordre du jour » et entend « frapper de terreur les ennemis de la révolution ». La deuxième et la troisième période de la Terreur débutent avec les lois des suspects des 17 septembre 1793 et 10 juin 1794. Certes, dès ce moment, deux caractéristiques de toute politique de terreur se dégagent : la politique de terreur prétend n'être qu'une réponse à une terreur antécédente subie, et la terreur est une guerre psychologique. Ainsi, dans les écrits de Saint-Just, il est frappant de constater qu'avant octobre 1793, le terme de terreur est employé pour désigner l'action des ennemis de la révolution et qu'il est synonyme de tyrannie[1].

Ces traits se retrouvent dans le terrorisme actuel : Ben Laden affirme dans tous ses discours que le vrai et le premier terroriste est le président des États-Unis. L'invention de Robespierre, reprise dans tout recours à la terreur, consiste à transposer la menace du domaine politique au domaine psychologique. L'ennemi « intérieur » n'est pas seulement celui qui, dans une guerre civile, s'oppose à son concitoyen. Le processus de terreur invite à prendre le terme dans une acception plus littérale : l'ennemi se cache dans l'intériorité. Le soupçon, par essence infini, s'applique désormais à chaque conscience, et la menace, dès lors, s'étend à tous. Ainsi le terrorisme apparaît-il comme violence psychologique et comme menace. La crainte traditionnelle qu'inspirait le tyran laissait encore au sujet une position de repli, dans l'hypocrisie ou dans la dissimulation.

---

1. Saint-Just, « Rapport sur les 32 membres de la Convention », in *Œuvres complètes*, Paris, Gallimard, coll. « Folio », 2004, p. 602.

L'ambition de la terreur vise à empêcher toute part d'ombre, tout refuge, en soupçonnant par avance le sujet de duplicité. Comme l'écrit Saint-Just le 10 octobre 1793, il ne faut pas punir « seulement les traîtres, mais aussi les indifférents [1] ». Le terrorisme est une psychologisation de la guerre, et c'est le devenir psychologique de la guerre qui porte en elle la possibilité d'étendre la cible à un coupable qui ignore qu'il l'est, comme on le voit aujourd'hui.

Mais que ces caractères soient réunis ne suffit pas à faire de la Terreur révolutionnaire une source éclairante pour penser le terrorisme contemporain. Le terrorisme y est en effet moins une fin qu'un moyen. Or, si la terreur commence avec la décision d'instrumentaliser la violence, elle ne s'en tient pas là. Dans la décision de faire régner la terreur, la violence n'est plus conçue comme le « mal nécessaire » de la politique, un pis-aller duquel il faut s'accommoder, un résidu malencontreux toléré à la fondation de l'État ou à la sauvegarde de ses frontières. Bien au contraire, le terrorisme commence dès lors que la violence est conçue comme élément spécifique du processus politique soit comme pièce d'un chantage, soit comme fin en soi. La plupart du temps, dans la pensée et dans la politique terroriste, les deux niveaux se juxtaposent. Et cela est un phénomène résolument moderne.

C'est de cet élément spécifique que l'on peut trouver la racine dans le terrorisme russe durant la seconde partie du XIXe siècle. C'est dans le contexte du début de l'anarchisme, en Russie particulièrement, et en relation avec le phénomène qui se nomma à l'époque « nihilisme », que la terreur devient un moyen de pression politique : non plus un moyen de gouverner, mais une finalité de l'action politique. De façon tout à fait remarquable, le recours à la terreur est alors théorisé comme tel – et non seulement justifié. Il l'est

---

1. Saint-Just, « Rapport sur le gouvernement », in *Œuvres complètes*, *op. cit.*, p. 629.

doublement : par les théoriciens de la violence politique et par les romanciers du siècle. Chez les philosophes nihilistes de la génération des années 1860 et dans la décennie suivante chez les philosophes anarchistes, Bakounine, Netchaïev et Kropotkine, est mis en place un véritable argumentaire de la terreur, hostile moins au tsarisme qu'à toute politique étatiste, libéralisme – que l'on nommait alors en Russie « radicalisme » – compris. Du côté des penseurs, Tolstoï, Tourgueniev et Dostoïevski réalisèrent les premières grandes interprétations du phénomène qui, pour partiales qu'elles aient été, ont fourni un cadre à la compréhension du terrorisme comme phénomène social et politique.

Il importe alors de remonter à la source anarchiste et nihiliste pour comprendre le terrorisme contemporain. Si le terrorisme d'Al-Qaïda est celui qui, aujourd'hui, nous pose problème, c'est qu'il correspond à la configuration politique et intellectuelle de notre monde. Transnational, il a pris acte du dépassement de la nation dans le cadre de laquelle les formes de terrorisme classique s'inscrivent encore. Même s'il est un mouvement conservateur, il adopte une logique révolutionnaire post-communiste et revient en deçà de la tradition marxiste. Il faut désormais prendre conscience de la pertinence du schème anarchiste pour comprendre les évolutions de notre monde. C'est lui qui a été réactivé par le fonctionnement de la société de l'information, qui conditionne l'existence du terrorisme d'Al-Qaïda[1]. Il n'est pas exclu qu'on assiste à rebours à une transformation politique et idéologique des mouvements anarchistes révolutionnaires sous l'effet inattendu de cette nouvelle rencontre avec le réel.

---

1. Philippe Breton, *L'Utopie de la communication. Le mythe du « village planétaire »*, Paris, La Découverte, 1995, rééd. La Découverte-Poche, 1997, p. 61-62.

La première question qui se pose quand on cherche les sources du terrorisme porte sur le rapport du terrorisme et de la guerre. Si le terrorisme ne serait rien sans la culture révolutionnaire, il prend sa source dans la guerre. Si, comme le dit Clausewitz, la guerre est « un acte de violence et il n'y a pas de limite à la manifestation de cette violence[1] », le terrorisme est une guerre. Il l'est parce que, pour ses partisans, il y a de l'ennemi. Le refus de tenir le terrorisme pour une guerre est une pétition de principe. Il repose en effet sur l'argument des lois de la guerre. Or la définition juridique de la guerre étant formulée dans un but intentionnellement répressif exclut le terrorisme. Condamner le terrorisme comme forme de guerre illégitime ne doit pas conduire à en nier l'existence. S'il n'était pas une forme de guerre, il se réduirait de toute évidence au crime. Or, si l'on doit condamner les terroristes comme criminels du point de vue du droit, la pensée du politique nous oblige à prendre en compte d'autres données : la volonté de déstabiliser des États et des sociétés, et le fait qu'à l'instar de toute guerre le terrorisme fait lien social – ce qui n'est pas le cas des crimes.

Pourtant, même si le terrorisme est de l'ordre de la guerre et non du crime, c'est une guerre qui se pense à partir du crime et du suicide. Il enfreint frontalement l'impératif de ne pas tuer et de ne pas se tuer, là où la guerre classique contourne celui-ci en faisant de la mort infligée et subie le moyen de la sauvegarde du groupe. Le terrorisme assume la dimension criminelle de la guerre, à la différence des soldats pour qui la mort donnée ou reçue est de l'ordre du risque et donc du dommage. Si l'on peut qualifier d'œdipiennes les guerres classiques, celles qui opposent les États et voient les combattants s'affronter au nom de leurs pères ou de leurs dieux, le terrorisme, lui, joue sur d'autres

---

1. Carl von Clausewitz, *De la guerre* (posth. 1832-1834), trad. D. Naville, Paris, Minuit, 1955, p. 53.

ressorts et se réfère à un autre modèle d'autorité. Si toute guerre comporte un impact psychologique, est traumatique et modifie la *psyché*, le terrorisme est une guerre proprement psychologique. D'où la nécessité, pour le saisir, de recourir aux instruments de la clinique psychanalytique. Il ne s'agit nullement de chercher à psychanalyser les terroristes, ni à mettre au jour leurs motivations. Cette direction, adoptée par exemple par Jon Elster, reconduit l'opposition aporétique de l'individuel et du collectif, que déjoue l'analyse des structures d'autorité en jeu dans les guerres, ou de la pulsion de mort – toutes choses que la psychanalyse nous aide à comprendre[1].

Comment penser une guerre qui est en même temps un crime et un suicide ? L'histoire des idées fournit des réponses. Trois phases du terrorisme, ordinairement distinguées, se révèlent appartenir à la même logique, même si elles ne parviennent pas aux mêmes résultats. Il est vrai que l'assassinat politique et la violence révolutionnaire respectent une zone d'immunité – pour reprendre l'expression de Michael Walzer[2] – que les guerres de libération nationale ébranlent et que le terrorisme de masse actuel supprime. Le terrorisme révolutionnaire russe tel qu'il se développe à partir de la seconde partie du XIXe siècle dans la pensée anarchiste appartient, par les actes du moins, à la première phase. Néanmoins, l'intérêt théorique de celui-ci excède les limites de la différence imposée par une périodisation figée. Certes, les anarchistes russes ont toujours respecté la différence entre la cible, politique, de l'attentat et les civils. Mais le *Catéchisme politique* de Netchaïev, anarchiste russe qui fut un moment proche de Bakounine avant que celui-ci ne

---

[1]. Jon Elster, « Motivations and Beliefs in Suicide Missions », *in* Diego Gambetta (dir.), *Making Sense of Suicide Missions*, Oxford, 2005, rééd., 2006, p. 233-258.

[2]. Michael Walzer, *Guerres justes et injustes. Argumentation morale avec exemples historiques* (1re éd. 1977, 2e éd. 1992), trad. S. Chambon et A. Wicke, Paris, Belin, 1999, p. 276.

rompe avec lui, inaugure un discours sur la violence qui constitue un élément décisif dans la généalogie du terrorisme actuel : il est le premier à promouvoir la destruction totale au rang de devoir du terroriste.

On peut cependant s'étonner d'une filiation qui fait descendre le terrorisme actuel du nihilisme russe : celui-ci émane d'une idéologie athée tandis que celui-là se réfère explicitement à une religion, l'islam, et se prétend de surcroît antinihiliste. Pour les islamistes, c'est le relativisme consumériste de l'Occident qui est le véritable nihilisme, car il entraîne une décadence des mœurs qui se révèle incapable de donner sens à l'existence individuelle et collective. Nietzsche est nécessaire pour comprendre le terrorisme actuel, car il est le seul philosophe qui ait pensé la complexité du nihilisme de manière à faire apparaître que « de la lutte contre le nihilisme se nourrit [...] une bonne part, voire l'essentiel du nihilisme[1] ». S'il est possible de comprendre un terrorisme enraciné dans la notion de « guerre sainte » par un terrorisme athée, c'est qu'une structure commune les soutient. Je propose d'appeler cette structure « messianisme » et de montrer la spécificité du messianisme nihiliste, ou « messianisme de l'événement » par opposition aux messianismes traditionnels.

Remonter aux sources du terrorisme n'aurait pas de sens, si l'enjeu n'était de se déprendre d'une logique qui comporte nécessairement des implications subjectives inconscientes. Pour démontrer le discours terroriste, il importe de le reconstituer. Ainsi, dans sa réfutation des avocats du terrorisme, Michael Walzer a mis au jour l'argument du désespoir utilisé pour justifier le terrorisme[2]. S'il

---

1. Mathieu Kessler, « Le nihilisme et la nostalgie de l'être », in Jean-François Mattéi (dir.), *Nietzsche et le temps des nihilismes*, Paris, PUF, 2005, p. 37.
2. Michael Walzer, « Critique de "l'excuse" : le terrorisme et ses justificateurs », in *De la guerre et du terrorisme*, trad. de l'anglais par C. Fort, Paris, Bayard, 2004, p. 82.

est possible, comme le fait Walzer, d'en montrer le caractère fallacieux, une autre voie est ouverte, qui consiste à en faire la genèse, à retrouver les éléments de sa construction et les enjeux à la fois nihilistes et messianiques de son usage.

Quand bien même le terrorisme procéderait toujours d'une conscience de l'échec, et serait ainsi véritablement une stratégie-suicide, il n'est pas sans effet. Les idées qui échouent ont une efficace spécifique, comme le montre Albert Hirschman dans un autre contexte[1]. L'exemple de la Russie le confirme encore. Le terrorisme, qu'il échoue ou réussisse, appartient à la culture politique des hommes de demain, comme il appartint à celles des révolutionnaires bolcheviques russes. Si le terrorisme d'aujourd'hui est un « terrorisme d'en bas » plus qu'un terrorisme « d'en haut », une séparation absolue ne peut être établie entre les deux. L'un inspire l'autre, et si aujourd'hui l'innovation se trouve plutôt du côté du terrorisme d'en bas, rien n'indique que le terrorisme soit pour toujours l'« arme des faibles ».

---

1. Albert Hirschman, *Les Passions et les intérêts. Justifications politiques du capitalisme avant son apogée* (1977), trad. de l'américain par P. Andler, Paris, PUF, 1980, rééd. coll. « Quadrige ».

Première partie

Le terrorisme, forme contemporaine de la guerre

Le terrorisme est-il ou non une guerre, ou ne témoignerait-il pas plutôt que la guerre n'existe plus ? Il semble certes laisser penser que l'opposition de la guerre à la paix a disparu avec les champs de bataille et les armées, ne laissant plus subsister que des « états de violence[1] ». Le terrorisme serait emblématique de la transformation contemporaine de la guerre qui confine à l'éclipse de celle-ci. Nous-mêmes, victimes potentielles d'une attaque terroriste, nous sentons moins « en guerre » que menacés par une violence latente. Pour ceux qui y ont recours, la terreur est une arme de guerre d'autant plus efficace qu'elle rompt avec la forme idéale, voire idéalisée, de la guerre.

Pourtant, on peut se souvenir de la leçon de Clausewitz : « La guerre est un caméléon[2] ». Le général prussien avait déjà entrepris de penser les mutations de la guerre à partir de l'émergence, à côté de la guerre classique, de la « petite guerre », guérilla et combat de partisans qui s'organisent en résistance à l'occupation napoléonienne et à la présence de

---

1. Frédéric Gros, *États de violence. Essai sur la fin de la guerre*, Paris, Gallimard, 2006.
2. Carl von Clausewitz, *De la guerre, op. cit.*, I, 1, 28, p. 69.

la Grande Armée en Espagne ou en Prusse. Le terrorisme est une guerre car il définit un ennemi, qu'il combat par la plus grande violence : la guerre est « un acte de violence et il n'y a pas de limite à la manifestation de cette violence [1] ».

Dans une certaine mesure, le terrorisme revient aux sources même de la guerre. Contre toute tentative d'essentialiser la guerre, Locke avait défini l'« état de guerre » *(state of war)* comme « un état d'inimitié et de destruction [2] ». Cette définition reste opératoire pour saisir le terrorisme. Elle fait en effet consister la guerre non dans un quelconque climat *(weather)* d'agression, ou une vague tendance à l'hostilité et une « disposition reconnue au combat », comme c'est le cas chez Hobbes [3], mais dans une volonté déclarée de nuire à la vie et aux possessions d'un autre. On ne peut confondre l'attaque réelle en laquelle consiste l'état de guerre avec les actes impulsifs que dicte à autrui son agressivité ou avec une quelconque « disposition ». L'état de guerre se manifeste par des « desseins non point passionnés et hâtifs, mais calmes et fermes ». La guerre, terroriste ou non, ne se « ressent » d'ailleurs pas autant que l'agressivité que nous témoigne notre prochain. Il est courant d'observer la tranquillité et l'apparente normalité du quotidien d'une population en guerre. La violence de la guerre n'est pas sentimentale. Elle repose sur un autre ressort que celui de l'hostilité commune. Le terrorisme, de ce point de vue, ne constitue nullement une exception.

Si, pour parler de guerre, il est requis qu'existe non pas un sentiment hostile mais une intention de nuire, la déclaration de guerre ne doit cependant pas être entendue de manière strictement juridique. Certes, l'attaque terroriste,

---

1. *Ibid.*, p. 53.
2. John Locke, *Deuxième traité de gouvernement. Essai sur l'origine, les limites et les fins véritables du gouvernement civil*, in *Deux traités du gouvernement* (1690), trad. Bernard Gilson, Paris, Vrin, 1997, § 16, p. 146.
3. Thomas Hobbes, *Léviathan*, trad. Gérard Mairet à partir de la version anglaise de 1651, Paris, Gallimard, coll. « Folio », 2000, chap. XIII, p. 224-225.

par définition, ne prévient pas. Au demeurant, l'intention de nuire n'est pas dissimulée, ni avant ni après le passage à l'acte terroriste. Même si l'on ne sait pas où et quand explosera la bombe, même si l'on se prend à rêver que le danger a disparu, on ne peut ignorer qu'il s'agit d'une décision mûrement réfléchie et d'actes qui ne constituent nullement une simple tendance hostile, mais bien une véritable stratégie. Stratégie négative, certes, qui vise davantage la déstabilisation du politique que sa défense ou sa conquête. Stratégie dont on peut discuter l'efficacité pragmatique, voire la rationalité, mais dont on ne peut mettre en question la capacité à produire des effets – seraient-ils irrationnels [1]. Locke précise bien que l'on peut déclarer la guerre « explicitement ou par sa manière d'agir ».

Le terrorisme doit être appréhendé comme une des évolutions contemporaines de la guerre. À ce titre, il peut d'abord être analysé dans une perspective clausewitzienne : s'il est une forme de guerre, il est un phénomène politique. Plus précisément, il s'inscrit dans le processus, repéré par Clausewitz, de transgression des limites de la guerre classique. On peut lire *De la guerre* comme une tentative de penser l'apparition de la « petite guerre », par opposition à la forme seulement militaire de la guerre – « la grande ». La petite guerre désigne, au XVIIIe siècle, cette forme de guerre transgressive elle-même permise par l'extension moderne des limites de la guerre.

---

1. Paul Dumouchel, « Le terrorisme entre guerre et crime, ou de l'empire », *in* Stéphane Courtois (dir.), *Enjeux philosophiques de la guerre, de la paix et du terrorisme*, Presses universitaires de Laval, 2003, p. 27.

Chapitre premier

Le terrorisme dans une perspective politique, ou le franchissement des limites de la guerre

C'est Raymond Aron, qui, dans sa lecture de Clausewitz, permet de remonter aux sources de la dérégulation de la guerre. Aron analyse, à partir de *De la Guerre*, les transformations contemporaines des manières de conduire la guerre. Il reprend au général prussien l'idée que celles-ci relèvent d'une multiplicité de facteurs techniques et scientifiques autant que politiques et sociaux, mais également de la « relation entre l'armée et le peuple ». Clausewitz est en effet celui qui a mis au jour l'« impitoyable cruauté qu'entraîne l'armement de tous, la petite guerre menée par les civils eux-mêmes ». Allant à l'encontre de l'intuition première, il identifie dans la « petite guerre » le franchissement des limites qui ouvre des perspectives de violences insoupçonnées dans le champ même de l'affrontement belliqueux. C'est ce franchissement qui, dans un premier temps, permet de comprendre l'origine du terrorisme[1].

---

1. Raymond Aron, *Penser la guerre, Clausewitz*, t. II, *L'âge planétaire*, Paris, Gallimard, 1976, p. 97, p. 106. Certes, la notion de « petite guerre », qui commence à être employée au XVIIe siècle mais dont l'usage ne se généralise qu'au XVIIIe siècle, désigne d'abord seulement le recours à des « troupes légères et irrégulières » (Capitaine de Grandmaison, *La Petite*

La guerre populaire ou l'invention de la violence illimitée

On mesure bien, depuis Tocqueville, l'incidence de l'entrée du peuple en politique. On oublie parfois qu'à la même époque Clausewitz a, lui aussi, tiré les conséquences du progrès des idées démocratiques, en analysant l'entrée en scène du peuple non pas seulement dans la conduite de la guerre, mais surtout dans sa signification. C'est une autre face de la démocratie que la guerre met au jour, car la force populaire permet de franchir toutes les limites dans lesquelles elle était encore assignée et de s'émanciper de la restriction qui « privait la guerre de son élément le plus redoutable, à savoir l'effort vers l'extrême [1] ». S'il faut revenir à une telle origine, c'est que le terrorisme, comme dis-

---

Guerre ou Traité de service des troupes légères en campagne, 1756). Il apparaît toutefois très vite que les principes de la petite guerre sont distincts des principes généraux de la guerre, notamment parce que le but de ces opérations est d'« harceler » l'ennemi dans tous ses mouvements (Comte de Laroche, *Essai sur la petite guerre*, 1770). Quelques années avant Clausewitz, Carl von Decker, officier de l'état-major prussien, tient à faire la distinction entre guerre des partisans, apparue dans la résistance à l'occupation napoléonienne en Espagne et en Prusse, et petite guerre qu'il préfère nommer « guerre faite en petit », car elle n'est pas nécessairement irrégulière (Carl von Decker, *La Petite Guerre ou Traité des opérations secondaires de la guerre*, trad. de l'allemand par M. R. de Peretsdorf, Paris, Levrault, 1827). Mais Clausewitz, qui donne un cours sur la petite guerre à partir de 1810 – et avait prévu que le volume suivant *De la guerre*, dans la trilogie projetée, lui serait consacré –, voit les choses autrement. La guérilla peut être une forme de la petite guerre, car ce qui la caractérise est d'abord un simple critère numérique. Le nombre de combattants de la petite guerre est moins élevé que celui de l'armée classique : « Par conséquent, toutes les actions guerrières qui se produisent avec de petits détachements relèvent de la petite guerre » (Carl von Clausewitz, « Conférences sur la petite guerre (1810-1812) », trad. A. François, *in* T. Derbent, *Clausewitz et la petite guerre*, Bruxelles, Aden, 2004, p. 176). Selon Clausewitz, c'est cette disproportion qui rend la petite guerre si intéressante du point de vue de la connaissance de la guerre, car elle recèle une capacité d'invention bien plus grande que celle de la guerre classique. C'est la guérilla qui naît de la petite guerre et pas l'inverse (Bernard Peschot, « La notion de petite guerre en France », *Les Cahiers de Montpellier*, 28 (2), 1983, www.univ-montp3.fr). L'ignorer fausse la généalogie non seulement des guerres révolutionnaires, mais aussi du terrorisme.

1. Carl von Clausewitz, *De la guerre*, op. cit., livre VIII, chap. 3, p. 685.

cours, se présente comme une des variantes de l'histoire de l'armement du peuple.

La guerre n'a pas toujours été populaire. Si le peuple est toujours nécessaire pour fournir la force charnelle de la guerre, « la chair à canon », il ne partage pas nécessairement la cause de guerre. Il y a des guerres de gouvernements, dont le peuple ne représente que la matérialité, et des guerres du peuple, qui concernent la finalité même de la communauté politique. Cette tension a été interprétée comme une mutation historique de la guerre par Carl von Clausewitz dans le chapitre 3 du livre VIII de la *De la guerre*. Le passage de la guerre de gouvernement à la guerre populaire s'est effectué sous la Révolution française.

Avant celle-ci, même si les États d'Europe, spécialement la France, mais aussi l'Espagne, s'étaient unifiés et étaient devenus des monarchies remplaçant les petits royaumes féodaux, les guerres n'étaient que des guerres de gouvernement. C'était alors l'argent qui faisait l'armée et les combats étaient affaire de trésorerie. La guerre était un jeu, une stratégie, qui laissait sa place au hasard. Elle dépendait des ministères et des pressions politiques : « Ce n'était qu'une diplomatie un peu plus tendue, une façon un peu plus exigeante de négocier, où les batailles et les sièges servaient de notes diplomatiques[1]. » La Révolution française modifie radicalement la nature de la guerre. En 1793, la guerre devient l'affaire du peuple. L'armée révolutionnaire est la première grande armée populaire.

Cette mutation correspond à l'invention de la guerre moderne, c'est-à-dire de la violence absolue. La guerre de gouvernement est limitée par définition. Tant que l'élément populaire est absent de la guerre, celle-ci ne peut outrepasser la limite des moyens capables d'être mis en œuvre pour la conduire. Le contenu des caisses de son État et de celles de l'adversaire, joint à la dimension des armées, elle-même

---

1. *Ibid.*, p. 685.

dépendante des finances gouvernementales, protègent la guerre de la montée aux extrêmes, en quoi consiste, selon Clausewitz, la guerre moderne. Que, pour faire la guerre, il faille des hommes constituait encore un élément de modération, portant à la prudence les rois les plus belliqueux. Parce que la guerre n'entrait pas dans les intérêts du peuple, il fallait ménager l'armée sans laquelle les desseins des monarques ne pouvaient se réaliser. Bref, un tel état de choses « privait la guerre de son état le plus redoutable, à savoir l'effort vers l'extrême et les séries obscures de possibilités qui y sont liées [1] ».

Grâce au peuple, la force vient à la guerre. Tant que le peuple ne participe à la guerre que pour l'argent ou sous la contrainte, le pas qui conduit la guerre vers l'extrême n'est pas franchi. C'est le peuple en armes qui marque le début de l'effort vers l'extrême. Tout dessein politique devient possible dès lors que le peuple y voit son intérêt. La guerre peut devenir imprévisible. Tant que le peuple ne se mêle de la guerre que pour la faire, celle-ci reste prévisible. Les forces numériques et financières de l'adversaire sont connaissables. Les possibilités de la guerre sont claires. Quand le peuple se mêle de la guerre, les possibilités deviennent infinies et obscures. C'est à une véritable explosion de la violence que l'on assiste alors. L'armement du peuple est une libération de la violence de la guerre. Telle la nature du bouleversement révolutionnaire : « Une force dont personne n'avait eu l'idée fit son apparition en 1793. La guerre était soudain redevenue l'affaire du peuple et d'un peuple de 30 millions d'habitants qui se considéraient tous comme citoyens de l'État [2] », ou encore : « La violence primitive de la guerre, libérée de toute restriction conventionnelle, explosait ainsi dans toute sa force naturelle [3]. » À partir de là, toute violence devient possible.

---

1. *Ibid.*, p. 684.
2. *Ibid.*, p. 687.
3. *Ibid.*, p. 688.

Si l'entrée en scène du peuple dans la signification de la guerre est un élément important de la généalogie du terrorisme, c'est que, même incarnant dans la réalité une fraction minoritaire, c'est néanmoins au nom du peuple, et pas d'une autre cause, que le terroriste agit. L'ordre, même imaginaire, auquel il est conforme, concerne le salut et le destin d'un peuple auquel il appartient. C'est pour cette raison que Clausewitz peut avancer sans se contredire que la guerre du peuple est un phénomène politique du XIXe siècle [1]. Au sens propre, si cette forme de guerre qui étend et renforce la guerre, émerge à la fin du XVIIIe siècle, c'est dans les années qui suivent qu'elle impose sa marque.

Le terrorisme reprend pour partie la tradition du peuple en armes. Les noms d'armée et de « front » furent en usage dans des configurations aussi diverses que les guerres de libération nationale ou les actions du terrorisme révolutionnaire. Dans la tradition de Trotski, puis de Mao Tsé-toung qui invente la notion d'« armée populaire de libération [2] », les fronts de libération nationale des divers mouvements de décolonisation (en Algérie, au Vietnam ou en Palestine) se nommèrent Armée de libération nationale en Algérie (1954-1962), Rote Armee Fraktion pour la « Bande à Baader » (1968-1972), Armée rouge japonaise (1971-1990). Bien qu'hostile à la démocratie occidentale, le *jihad* islamiste se conçoit idéalement comme un *jihad* populaire [3]. Le terrorisme participe de la violence extrême de la guerre inaugurée par la participation réelle ou imaginaire du peuple à la

---

1. *Ibid.*, livre VI, chap. 26, p. 551.
2. Mao Tsé-toung, « Rapport à la deuxième session plénière du comité central issu du VIIe congrès du Parti communiste chinois », 5 mars 1949, in *Citations du président Mao Tsé-toung*, dit *Petit Livre rouge*, Éditions de Pékin, 1967, p. 19.
3. « Le mouvement islamique ne sera capable d'établir la société islamique que grâce à un *jihad* populaire général, dont le mouvement sera le cœur battant et le cerveau brillant, pareil au petit détonateur qui fera exploser une grande bombe », Abdallah Azzam, extraits de *Rejoins la caravane* (1988), trad. J.-P. Milelli, *in* Gilles Kepel et Jean-Pierre Milelli (dir.), *Al-Qaïda dans le texte*, Paris, PUF, 2005, p. 169.

guerre. Il repose en effet sur l'idée que la force ne dépend pas des États qui commandent l'usage des armes mais des hommes qui les portent. Quel que soit le degré de réalisation politique de cette idée, elle fait date et marque un avant et un après. Même si les États modernes tentent parfois de revenir à une armée de métier, et à des guerres de raison d'État, l'idée que le peuple est intéressé aux fins pour lesquelles il se bat n'a jamais disparu, comme le prophétisait Clausewitz : « Une fois renversées les bornes du possible, qui n'existaient pour ainsi dire que dans notre inconscient, il est difficile de les relever[1]. »

Le peuple donne à la guerre non seulement une force supplémentaire, mais ce que Clausewitz nomme son « énergie ». C'est par l'entrée du peuple sur la scène politique et militaire que la guerre peut devenir une guerre à outrance. Le terrorisme s'inscrit dans cette tradition moderne de la guerre sans limites. C'est en effet sur cet horizon de violence illimitée que la menace, elle aussi, sort des limites que lui assignaient les réalités diplomatiques : « L'énergie avec laquelle la guerre pouvait être conduite n'avait plus de contrepoids et par conséquent le danger pour l'adversaire était parvenu à un extrême[2]. »

Le peuple fournit aussi à la guerre un idéal politique. La tradition du peuple en armes semble immédiatement donner lieu à une nouvelle forme de combat, celui des résistants, patriotes en guerre contre une armée d'occupation. La guerre du peuple est d'abord une guerre de partisans, et la thématique du partisan ressurgit régulièrement dans les discours terroristes. Ben Laden participe de cette rhétorique en accusant les Américains d'occuper les Lieux saints[3] de l'islam. Si le terrorisme palestinien a pris, depuis les

---

1. *Ibid.*, p. 689.
2. *Ibid.*, p. 687.
3. Oussama Ben Laden, « Déclaration du Front islamique mondial pour le *jihad* contre les Juifs et les Croisés », (23 février 1998), in *Al-Qaïda dans le texte, op. cit.*, p. 65.

années 1970, une place centrale dans le terrorisme mondial, c'est notamment en raison de la rhétorique de l'occupation qui constitue sa grille d'analyse de la politique israélienne.

La guerre de partisans et la théorie de la résistance

Clausewitz sait de quoi il parle. Les guerres de patriotes en Prusse retournent l'héritage de la Révolution française contre elle-même. La Grande Armée, issue de l'armée populaire, devient armée d'occupation. Napoléon, victorieux à Iéna, occupe Berlin de 1806 à 1808. Fichte, pour galvaniser la résistance, prononce les *Discours à la nation allemande*, mais écrit aussi sur Machiavel et lance cet appel : « Il vaudrait la peine qu'un homme connaissant profondément la question militaire, dépourvu de préjugé et influent, étudie à nouveau et approfondisse cette œuvre [1]. » Clausewitz se reconnaît dans cet homme « sans préjugés ». Il a commencé à rédiger *De la Guerre* qui l'autorise, à la lecture de ces lignes, à adresser une lettre à Fichte [2]. C'est en effet une leçon de Machiavel, selon Fichte, que de préférer la guerre au « lâche accommodement » d'une « existence honteuse » [3]. L'occupation de sa patrie est sujet de honte pour le patriote. Le sens de la citoyenneté et l'appartenance à une nation ou à un peuple conscient de lui-même conduit d'abord à prendre les armes contre ceux qui menacent l'indépendance nationale.

Si le terroriste doit, dans un temps ultérieur, être distingué du partisan, ils ont d'abord en commun, à la différence des soldats citoyens de la Grande Armée issue de la Révolution, de ne pas faire partie de l'armée nationale ; combattants, ils ne sont pourtant pas des soldats et ne por-

---

1. Fichte, *Machiavel et autres écrits philosophiques et politiques de 1806-1807*, trad. L. Ferry et A. Renaut, Paris, Payot, 1981, p. 51.
2. *Ibid.*, p. 197 *sq.*
3. *Ibid.*, p. 60.

tent pas ces signes de reconnaissance que sont l'uniforme et l'insigne militaires. La petite guerre est une guerre menée par des « irréguliers [1] ». Certes, les partisans ne mènent pas nécessairement un combat incompatible avec l'armée régulière, constituant parfois au contraire une sorte de renfort de celle-ci. Au demeurant, ils inventent de nouvelles techniques de guerre. C'est sur la foi de cette description clausewitzienne de la guérilla que toute petite guerre a pu se parer de l'aura du combat de partisans, où la notion de guerre populaire prend tout son sens. En effet, selon Clausewitz, la caractéristique essentielle de la guérilla est qu'elle constitue une tactique de défense. C'est parce qu'elle est défensive et populaire qu'elle peut dépasser les limites de la guerre classique. Là où, dans la guerre classique, les soldats sont concentrés sur le champ de bataille, les partisans se dispersent. La guerre classique respecte l'unité de lieu et de temps. Dans la guérilla, non seulement les combattants se dispersent dans l'espace, mais les hostilités durent au-delà de ce que des États en guerre peuvent supporter. Si, dans la guerre de partisans, les civils ne constituent pas en tant que tels des cibles, néanmoins les irréguliers, ne pouvant attaquer l'armée régulière, visent déjà les lieux marginaux de la guerre, profitant des déplacements de troupes, des transports, de l'isolement momentané de certains soldats ennemis. D'où une géographie de la guérilla qui profite des vastes étendues, mais surtout des accidents du relief, défend les voies de communication, « les approches des montagnes, les digues d'un marécage et les passages d'un fleuve [2] ».

Enfin, la petite guerre marque le début de la guerre psychologique. Elle attaque le moral, comme le dit bien Aron : « Dans les combats décisifs isolés, le courage, la confiance, la discipline se maintiennent encore. Mais ce qui est énervant, c'est le combat continuel, recommençant chaque jour,

---
1. Carl von Clausewitz, *De la guerre*, *op. cit.*, livre VI, chap. 26, p. 556.
2. *Ibid.*, p. 552.

l'état de tension permanent devant un peuple hardi et nombreux, qui court aux armes comme un seul homme[1]. » C'est la raison pour laquelle Clausewitz compare la guerre populaire à un incendie : l'armement populaire est une « combustion lente et graduelle ». Avant la « conflagration générale », la guerre couve dans des foyers de résistance[2].

Pour finir, il n'y a pas de bataille décisive dans une guérilla. En effet, comme le souligne Aron en une volontaire anachronie, la petite guerre procède du refus de la défaite : « Que les lignes suivantes rendent un son gaullien ! » écrit-il en citant le chapitre 26 du livre VI : « Aucun État ne devrait croire que son destin, son existence entière dépende d'une bataille, même la plus décisive[3]... » Si ce principe s'applique d'abord à la résistance des partisans, il est aussi susceptible d'une interprétation plus vaste, qui relance encore la question des limites de la guerre.

Bien entendu, d'un point de vue clausewitzien, la différence entre la résistance et le terrorisme apparaît clairement. Une guerre de partisans patriotes requiert l'armement du peuple sans mériter toutefois l'appellation de terrorisme, sauf, comme le montre Raymond Aron dans son commentaire de Clausewitz, à confondre le partisan qui se met hors la loi pour le rétablissement de la légalité – patriote prussien insurgé contre Napoléon ou résistant français à l'occupation nazie – et le terroriste, « hors-la-loi qui, par la violence, proteste contre le monde qu'il ne peut pas changer[4] ». La transgression de la légalité ne revêt pas la même signification selon que le but est la restauration d'une légalité antérieure et bafouée, ou l'instauration d'un nouveau règne – serait-il celui du prolétariat ou d'une minorité nationale opprimée. Par opposition au simple résistant, le terroriste

---
1. Raymond Aron, *Penser la guerre, op. cit*, t. II, p. 101.
2. Carl von Clausewitz, *De la guerre, op. cit*., livre VI, chap. 26, p. 552.
3. Raymond Aron, *Penser la guerre, op. cit*, vol. II, p. 100 ; Carl von Clausewitz, *De la guerre, op. cit*., VI, 26, p. 556.
4. Raymond Aron, *Penser la guerre, op. cit.*, vol. II, p. 209.

en appelle à la construction d'un ordre nouveau. Celui-ci a d'abord pris la forme de l'édification nationale.

Les guerres de libération nationale ou la tactique de l'échec

Le schéma dégagé par Clausewitz peut s'appliquer à une grande diversité de cas allant du simple appui apporté par des irréguliers à une armée régulière, à l'opposition violente de citoyens patriotes à une armée d'occupation. C'est dans la perspective de la construction de la nation que cette variété trouve son unité. C'est la question nationale qui constitue le point de commun de l'armée de citoyens de la Révolution française, de la Grande Armée révolutionnaire et des résistances prussienne ou espagnole que celle-ci a éveillées. La petite guerre devient alors pour cette raison essentiellement la résistance des campagnes, la guerre des paysans.

Mais la problématique nationale donna naissance elle-même à une autre sorte de guérilla, imprévisible pour Clausewitz. Si la construction nationale se conçut en Europe comme l'unification d'une pluralité de provinces émiettées, elle connut un rebondissement inédit dans les conflits de décolonisation. La question nationale s'infléchit vers une thématique de la « libération », version contemporaine de l'émancipation nationale du siècle des Lumières. Que devient la guérilla ?

Selon Raymond Aron, il demeure possible d'appliquer la méthode de Clausewitz, à condition de quitter l'imaginaire de la ressemblance pour privilégier l'apport méthodologique du général prussien. Les outils forgés par Clausewitz, la tactique, la stratégie et la politique, peuvent parfaitement servir à distinguer des espèces de ce genre de guerre qu'est la guérilla. Mieux, on peut affirmer que c'est la politique qui fait la différence entre les guerres de partisans et les guerres de libération nationale, et comprendre à partir de là l'invention tactique qui spécifie cette dernière.

Le déplacement majeur de la guerre de partisans à la guerre de libération nationale réside dans le passage de la défense à l'attaque. La guerre de libération nationale se glisse dans la guerre de partisans en transformant l'attaque en défense et la défense en attaque. C'est en donnant toute sa portée au caractère défensif essentiel de la résistance – son caractère de « légitime défense » – qu'est ménagé son retournement en guerre offensive. Chez Clausewitz, de toute façon, défense et attaque sont toujours des états relatifs et non absolus [1]. Stratégiquement, les guerres de libération nationale sont des guerres défensives qui passent à l'attaque. Guerres populaires, elles sont aussi, idéologiquement, des guerres de partisans, qui tiennent la colonisation pour une occupation. Si, à la genèse du terrorisme, la guerre de partisans fournit l'énergie populaire, la guerre de libération lui apporte une mythologie : celle du partisan invincible. Le partisan devient invincible dès lors que toute perte est un gain, et qu'il suffit de ne pas perdre pour gagner.

Le mythe de l'invincibilité du partisan a une portée considérable car il conduit à intégrer l'échec dans la tactique de la guerre. Comme le remarque Aron, pour Clausewitz, la victoire constitue encore le meilleur moyen de gagner une guerre [2]. Gagner une guerre, c'est s'emparer des moyens sur lesquels l'adversaire fonde sa puissance. La victoire se mesure toujours quantitativement aux pertes de la partie adverse en hommes, en territoire ou en équipement. Toute guerre est *in fine* pour lui une guerre de conquête ou de reconquête. Les guerres de libération nationale inventent une autre sorte de force qui passe par l'échec tactique : « La

---

[1]. Carl von Clausewitz, *De la guerre*, *op. cit.* livre VII, chap. 1 et 2, p. 604.

[2]. « L'écrasement de l'ennemi est la fin de la guerre, et la destruction de sa force militaire en est le moyen, dans l'attaque comme dans la défense », *ibid.*, VII, 3, p. 610.

guerre de libération nationale atteint parfois sa fin politique d'échec tactique en échec tactique (militaire). C'est à propos des guerres de libération nationale que la proposition, désormais banale, qu'il suffit aux partisans de ne pas perdre pour gagner, présente au moins une vérité partielle ou plutôt circonstancielle [1]. » Ainsi, en Algérie, l'ALN et le FLN, vaincus sur le terrain, furent, sur le plan stratégique, victorieux : ils obtinrent l'indépendance de la nation algérienne. Peu importe en l'occurrence que la nation ait été ou non réellement construite dans l'intervalle. Le succès réside dans l'accomplissement de la fin politique visée. De manière générale, les pertes, lors des actions terroristes, sont moins grandes que durant des opérations militaires classiques. On a beau jeu d'en tirer parfois la conséquence que la violence, en notre époque, diminue. Une autre conclusion oblige à définir la violence autrement que quantitativement.

Le terrorisme intègre l'échec dans sa tactique, et dès lors que l'échec est intégré à la tactique, il semble que le terrorisme s'impose comme ressort de l'efficacité de cette violence. C'est par le recours au terrorisme seul que s'explique le hiatus possible, inventé par les guerres de libération nationale, entre l'intégration de l'échec au niveau de la tactique et l'accomplissement d'une fin politique au niveau de la stratégie [2]. L'action terroriste s'appréhende en effet comme une forme de l'excès. Les effets d'un attentat débordent son résultat sur le plan militaire, permettant de transformer un échec en victoire. Si le 11 septembre 2001 doit à juste titre être considéré comme un événement à part,

---

1. Raymond Aron, *Penser la guerre, op. cit.*, vol. II, p. 187.
2. Raymond Aron explique bien que la différence entre la tactique et stratégie ne recouvre pas celle du court et du long terme, comme on le croit spontanément, mais porte sur la nature des moyens en question dans l'un ou l'autre cas. Les moyens proprement stratégiques sont directement liés à la finalité politique : « La stratégie pense et combine les différentes sortes d'opérations en vue de l'objectif militaire et (ou) de la fin politique », *Penser la guerre, op. cit.*, vol. II, p. 186.

dont toutes les conséquences ne sont pas encore apparues, c'est qu'il est le premier acte terroriste qui rivalise avec une opération militaire classique par l'ampleur des pertes humaines (3 000 morts en quelques minutes) qu'accompagne ce que Gilles Kepel a identifié à une tactique d'échec de l'islamisme, qui est proprement terroriste[1]. Parce qu'il intègre l'échec dans sa tactique, le terroriste n'a rien à perdre et fait ainsi franchir à la violence un ultime pas.

Poursuivre l'analyse clausewitzienne, telle qu'Aron l'entend, invite à poursuivre les distinctions entre genres et espèces à l'intérieur même du terrorisme. Si, sur le plan tactique, la guerre de libération nationale doit intégrer le terrorisme individuel pour atteindre son but stratégique en allant d'échec tactique en échec tactique, le militant nationaliste vise encore une forme de rétablissement de la légalité. Hors-la-loi d'un côté, il vise l'institution d'une loi de l'autre. Comme toute guerre de partisans, la petite guerre de libération nationale franchit les limites de la grande. Si, contrairement aux guerres de partisans qui ont peu recours à des actions dont l'effet excède le résultat, les conflits de décolonisation se servent d'actes terroristes, leur violence est limitée par la stratégie et l'incendie est censé s'éteindre avec l'accession de l'État à l'indépendance nationale.

Les guerres révolutionnaires et la stratégie de l'anéantissement

De même que la guerre de libération nationale emprunte aux guerres de résistance la figure du partisan au point qu'il

---

[1]. La thèse kepelienne de déclin de l'islamisme, souvent mal comprise, peut être lue dans cette perspective aronienne. L'auteur s'en est en effet expliqué en arguant qu'il n'avait nullement voulu dire que l'islamisme allait prochainement s'éteindre, mais que le but des terroristes islamistes était plus interne (mobiliser à la cause du Jihad, pousser à l'islamisation) qu'externe (gagner une bataille), *Jihad. Expansion et déclin de l'islamisme*, Paris, Gallimard, 2000, rééd. coll. « Folio », 2003.

devient difficile de cerner les différences entre les discours, de même la distinction entre guerre de libération nationale et guerre révolutionnaire n'est pas toujours aisément perceptible. Ici encore, c'est le plan politique qui permet de s'y retrouver et de repérer l'analogie qui sert à légitimer l'objectif stratégique. De même que la guerre de libération nationale transforme idéologiquement le cadre interne de la situation coloniale en lutte contre un agresseur externe perçu comme une puissance d'occupation, de même la guerre révolutionnaire, élaborée dans le cadre de la théorie léniniste de l'impérialisme, modifie le sens de la rivalité entre partis politiques et construit le différend en analogie avec une oppression de type colonial. Cela explique, comme le remarque Aron, que, dans leur première phase, sur le plan tactique, les guerres de libération nationale et les guerres révolutionnaires soient difficilement discernables, et que les unes puissent se faire passer pour les autres : la guerre du FLN algérien se confond en partie avec une guerre révolutionnaire, de même que la guerre révolutionnaire chinoise prend l'allure d'une guerre de libération[1]. La théorie de l'impérialisme permet de construire le combat de classes comme une situation de guerre révolutionnaire : de même que le prolétariat mondial est exploité par le capitalisme globalisé, de même certains États sont des États prolétaires soumis aux États bourgeois. Dans ces pays pauvres, les partis bourgeois se retrouvent en situation de « collaborer » avec la puissance opprimante[2].

Pourtant, la prise en compte de la stratégie et de la politique permet de déceler les traits de structure qui opposent

---

[1]. Raymond Aron, *Penser la guerre, op. cit.*, vol. II, p. 189.
[2]. « Le capitalisme s'est transformé en un système universel d'oppression coloniale et d'asphyxie financière de l'immense majorité de la population du globe par une poignée de pays "avancés". Et le partage de ce "butin" se fait entre deux ou trois rapaces de puissance mondiale, armés de pied en cap (Amérique, Angleterre, Japon) qui entraînent toute la terre dans *leur* guerre pour le partage de *leur* butin », Lénine, *L'Impérialisme, stade suprême du capitalisme* (1917), préface de 1920, Paris, Éditions sociales, 1971, p. 11.

les guerres révolutionnaires à celles de libération. Selon Raymond Aron, elles se rassemblent essentiellement dans leur finalité. Or, dans les guerres révolutionnaires, celle-ci consiste en l'anéantissement de la partie adverse. C'est Mao Tsé-toung qui en fut le théoricien. Dans une guerre révolutionnaire, il ne peut y avoir de traité de paix, ni même de capitulation. Si les guerres de libération nationale se contentent encore d'intégrer l'échec, quitte à peser dans la balance par le recours à la terreur, les guerres révolutionnaires promeuvent l'anéantissement au rang de fin. Anéantir les forces de l'ennemi, et annihiler ses capacités de résistance en ne se contentant pas de gagner son territoire, est un principe militaire, comme le dit Mao Tsé-toung : « Se fixer pour objectif principal l'anéantissement des forces vives de l'ennemi, et non la défense ou la prise d'une ville ou d'un territoire [1] ». Dès lors, la terreur cesse de représenter un simple appui tactique, pour devenir un élément à part entière de la stratégie. Le terrorisme est rationalisé, et s'impose non dans les marges, mais au cœur du dispositif. Viser l'anéantissement de toutes les forces vives de l'ennemi, c'est en effet tendre vers une fin non négociable. Toute logique terroriste disparaît devant une formation de compromis. Quand l'issue de la guerre est de l'ordre du « tout ou rien », le terrorisme est la seule stratégie à laquelle on puisse s'attendre. Le terrorisme réside dans la finalité même de l'affrontement.

Il est une dimension du terrorisme actuel que nous avons tendance à méconnaître. Même si les islamistes qui exercent le monopole sur le terrorisme font résonner des thèmes qui paraissent plus volontiers conservateurs et réactionnaires que révolutionnaires, ils reprennent cependant l'héritage du terrorisme d'extrême gauche qui a surgi, dans les années 1970, de la radicalisation des mouvements étudiants de 1968 – Action directe, en France, Fraction

---

1. Mao Tsé-toung, *Petit Livre rouge*, *op. cit.*, chap. VIII, p. 107.

armée rouge dans l'ex-RFA, Brigades rouges en Italie, Armée rouge japonaise au Japon. L'islamisme actuel emprunte aussi à la rhétorique anti-impérialiste : si les pays occidentaux sont des ennemis, ce n'est pas seulement en raison de conflits de valeurs, mais par opposition au libéralisme sous toutes ses formes y compris économiques[1]. Dans la doctrine islamiste, s'est en effet élaborée toute une conception économique dont les principes sont non négociables par rapport à ceux de l'économie capitaliste. Le principe de base est l'interdiction du prêt à intérêt, assimilé à l'usure dans le Coran. Radicalisant la tradition musulmane classique et les accommodements avec la modernité – conduisant par exemple à accepter le principe de l'intérêt à taux variable qui permet de rester soumis aux aléas de la volonté divine –, la création de banques islamiques fondées sur un système de prêt sans intérêt et de circuits de redistribution accrédite l'idée, non seulement chez les musulmans du monde mais dans l'opinion de gauche orientale comme occidentale, d'une économie qui, pour être financière, n'est pas capitaliste[2].

Ce sont les penseurs pionniers de l'islamisme, qui demeurent une référence pour les jihadistes d'aujourd'hui, comme Al-Maudoudi et Sayyid Qotb, qui sont à l'origine de la transformation de la pensée musulmane en pensée politique, et qui ont permis que le terrorisme islamique occupe la place laissée vide par le terrorisme d'extrême gauche. Selon Maudoudi en effet, « l'islam est une idéologie et un programme révolutionnaire qui se fixe pour objectif de changer l'ordre social tout entier et de le reconstruire selon ses propres principes ». À l'origine de l'islamisme, les préoccupations religieuses obéissent en tout premier lieu aux enjeux politiques, comme Maudoudi le dit très explici-

---
1. Olivier Roy, *Généalogie de l'islamisme*, Paris, Hachette Littératures, 1995, rééd. coll. « Pluriel », p. 11, 14, 40.
2. Gilles Kepel, *Jihad, op. cit.*, p. 127-135.

tement : « L'appel de l'islam pour reconnaître un Dieu unique et seulement ce Dieu n'est pas une invitation à suivre des principes religieux classiques. En réalité, cet appel entraîne un mouvement de révolution sociale ; il met en accusation dans le domaine politique des rois, des nobles et des classes dirigeantes, dans le domaine économique des usuriers, propriétaires terriens et détenteurs de monopole, il remet en cause l'esclavage dans lequel ils ont réduit d'autres hommes et leur pouvoir illégitime », ou encore : « L'appel du prophète n'était pas une proposition métaphysique : c'était un contrat social révolutionnaire [1] ». Toute la tradition religieuse est ainsi dès l'avant-guerre réinterprétée comme une praxis révolutionnaire dont les prophètes étaient les leaders.

La révolution iranienne puisa à cette source. Les Mojahedines du peuple qui menèrent la lutte armée contre le shah se retrouvèrent notamment dans la pensée d'Al-Shariati, qui réalisa une synthèse de l'islam et de la critique marxiste de l'impérialisme [2] ; celui-ci a notamment traduit l'ouvrage de Frantz Fanon, *Les Damnés de la terre* [3]. Aujourd'hui, en France, les jeunes recrues d'Al-Qaïda, dans les banlieues, insistent sur l'idéal de justice sociale dont l'islam est porteur [4]. L'itinéraire du terroriste Carlos est emblématique du passage du terrorisme révolutionnaire au terrorisme islamiste. Militant révolutionnaire vénézuélien, Ilich Ramirez Sanchez s'est d'abord mis, à partir de 1970, au service de la cause palestinienne et particulièrement du FPLP de Georges Habache, lui-même proche dans ces années 1970 du *Nihon Sekigun* (Armée rouge japonaise) fondé en 1971 par Fusako Shinegobu. En 1975, il se convertit à l'islam dans un camp palestinien. Il écrit dans ses Mémoires : « Je

---

1. Abul Al-Maudoudi, *Le Jihad en islam*, traduction d'un discours prononcé le 13 avril 1939 à Lahore, CEDI, 1989. BNF cote EL 8-Z.
2. Gilles Kepel, *Jihad*, op. cit., p. 73.
3. Olivier Roy, *Généalogie de l'islamisme*, op. cit., p. 35.
4. Farhad Khosrokhavar, *Quand Al-Qaïda parle. Témoignages derrière les barreaux*, Paris, Grasset, 2006, rééd. Seuil, coll. « Points », 2007.

suis et demeure un combattant révolutionnaire. Et la révolution aujourd'hui est, avant tout, islamique », ou encore : « L'islam a renforcé mon sens de la solidarité, il m'a dépouillé un peu de cette tendance à l'individualisme qui est le péché originel de vos sociétés décadentes. »[1]

Néanmoins, tant que les actions terroristes demeurent encadrées par un parti politique dont l'accomplissement stratégique requiert la prise du pouvoir, elles visent encore à l'institution d'un ordre légal. En principe, les actes terroristes cessent avec la prise du pouvoir par le parti révolutionnaire, et ce terrorisme strictement révolutionnaire est encore limité. Mais, dans sa logique, le terrorisme révolutionnaire tend vers un objectif non négociable qui exclut par principe tout voie moyenne. La lutte armée devient la fin en soi du militantisme et la violence sans limite l'horizon du terrorisme, démasquant comme illusoire la tentative de se servir de la violence comme simple moyen de la politique.

Guérilla et banditisme : le terrorisme comme dérégulation de la politique

En suivant la lecture aronienne de Clausewitz – en empruntant sa méthode pour penser les guerres d'aujourd'hui –, on parvient à une double conclusion.

Premièrement, la logique terroriste semble inscrite dans le prolongement même du principe de l'armement du peuple et de la guerre populaire. Même si les terroristes représentent la plupart du temps une opinion minoritaire dans la société au nom de laquelle ils parlent, même s'ils ne sont pas partisans de la démocratie, ils usent de l'argu-

---

[1]. Ilich Ramirez Sanchez, dit Carlos, *L'Islam révolutionnaire*, texte et propos recueillis, rassemblés et présentés par Jean-Michel Vernochet, Paris, éd. du Rocher, 2003, p. 23, 32.

ment de la guerre populaire. Mao disait en 1934 : « La guerre révolutionnaire, c'est la guerre populaire[1] » ; Azzam, le maître de Ben Laden, déclarait en 1987 : « Le mouvement islamique ne sera capable d'établir la société islamique que grâce à un *jihad* populaire général[2]. »

Clausewitz ne pouvait imaginer toutes les implications du principe du peuple en armes. Néanmoins, il a conçu les nouvelles possibilités de cruauté offertes à la guerre dès lors que celle-ci est menée au nom du peuple. Le pas qui conduit du choix d'un principe différent de la raison d'État militaire au refus de l'autorité militaire des États est franchi par le terrorisme. La logique terroriste s'impose dès lors que la petite guerre apparaît comme un recours légitime dans les combats politiques. Dans ce type de guerre, non seulement les combattants ne sont plus nécessairement des soldats, mais les cibles elles-mêmes ne sont plus nécessairement militaires. Le partage entre les soldats et les civils est modifié. Le terrorisme fait entorse aux lois de la guerre et aux limites traditionnelles de celle-ci. Il contrevient à la définition juridique du recours aux armes, telle que Rousseau l'a par exemple énoncée[3].

Cependant, à l'intérieur même du terrorisme, conçu comme petite guerre, on peut opérer de nouvelles distinctions. Il existe des étapes dans le processus qui étend les opérations de guerre à la société civile. Selon Raymond Aron, c'est en se servant des outils de Clausewitz, de la tactique, de la stratégie et de la politique que l'on peut différencier d'abord la guerre de libération nationale de la guerre révolutionnaire, la guerre révolutionnaire du « terrorisme rationalisé », et celui-ci du terrorisme extrême dont la possi-

---

1. Mao Tsé-toung, *Petit Livre rouge, op. cit.*, chap. VIII, p. 107.
2. Abdallah Azzam, « La défense des territoires musulmans constitue le principal devoir individuel », trad. J.-P. Milelli, *in* Jean-Pierre Milelli et Gilles Kepel (dir.), *Al-Qaïda dans le texte, op. cit.*, p. 169.
3. Jean-Jacques Rousseau, *Du Contrat social* (1762), I, 4, Paris, Gallimard, coll. « Bibliothèque de la Pléiade », p. 356-357.

bilité est logiquement entrevue. Ces étapes constituent les éléments mêmes de la définition du terrorisme : les terroristes agissent au nom du peuple, même s'ils ne sont pas investis de la souveraineté, s'emparent de la rhétorique de la résistance et de la libération, et intègrent la tactique de l'échec dans une stratégie d'anéantissement.

Mais la prise en compte de la méthode clausewitzienne oblige à une nouvelle dialectisation. À chaque étape du processus, les limites sont plus ou moins franchies selon l'acception de la notion d'« armement du peuple » actuellement retenue. Aron identifie cette limite à la légalité : c'est la loi, en tant que telle, qui fait limite. Tant qu'une guerre de résistants patriotes, de nationalistes colonisés ou de révolutionnaires vise à l'instauration d'une légalité, le principe terroriste, pourtant inscrit dans son protocole, est limité par sa stratégie.

Dans un deuxième temps en effet, cette limite même peut être franchie au profit du refus de toute limite. Raymond Aron, prolongeant les analyses de Clausewitz, donne des indications sur ce point [1]. On peut donc discerner chez lui

---

1. Cette lecture du texte de Raymond Aron se sépare de celle d'Emmanuel Terray. Selon lui, l'interprétation d'Aron est marquée « d'une équivoque irréductible » et au bout du compte « rassurante » : « Aux apprentis-sorciers qui sont maîtres de la foudre, elle répète que la guerre absolue est une fiction et que la lutte à mort appartient au domaine de l'irréel. Il n'est pas certain que ces formules sécurisantes n'édulcorent pas quelque peu la pensée de Clausewitz, et bien davantage encore la réalité du monde où nous vivons » (« Raymond Aron : le choix de l'optimisme », in *Clausewitz*, Fayard, 1999, p. 82). Au contraire, selon lui, Clausewitz considère qu'il y a une « continuité entre la forme absolue de la guerre et les formes mitigées qu'elle prend le plus souvent dans la réalité. En d'autres termes, même si la guerre absolue – la parfaite adéquation de la guerre à son concept – doit être regardée comme événement exceptionnel et improbable, elle n'en appartient pas moins à l'horizon des possibles » (*ibid.*, p. 82). En effet, la guerre a toujours recours à cet élément spécifique qu'est la violence : « Or ce moyen n'est pas un instrument passif et docile entre les mains de celui qui l'emploie : il est susceptible de transformer les fins qui ont amené son utilisation. Il n'y a en effet pas de cloison étanche entre les fins et les moyens ; une fois extraite de la boîte de Pandore, la violence est capable d'irradier les fins qu'elle sert et de les métamorphoser à son image ; les fins ne sont jamais à l'abri de la contagion des moyens » (*ibid.*, p. 82-83). Raymond Aron ne dit pas autre

un second sens du terrorisme, qui s'apparente au franchissement de toute limite imposée par l'existence d'un but proprement politique. Dans la mesure où le principe de l'armement du peuple est susceptible de toute une gamme d'interprétations, qui peut aller de la républicaine à l'anarchiste, on peut analyser les conséquences sur la petite guerre du refus d'une instance centrale de décision. Aron, à partir de Clausewitz, pense le terrorisme comme une dérégulation. Une armée secrète, un parti politique, un État clandestin exercent encore une forme de régulation qui peut disparaître au profit de la violence extrême. Tant qu'existe une instance réfléchie de décision, le terrorisme lui-même trouve sa limite. En revanche, dès que les monopoles qui légitiment la violence n'exercent plus leur autorité, on ne peut qu'assister à ce qu'il nomme un retour aux « formes primitives du terrorisme[1] ». C'est bien ce mouvement qu'il voit se dessiner dans les années 1970 : « La mode des années 1970 entraîne vers l'anarchie le terrorisme "rationalisé" de la guerre révolutionnaire. Il marque aussi un retour aux formes primitives du terrorisme[2]. » Il ne s'agit plus, dans cette dérive anarchiste, de « changer le monde », comme le souhaitaient encore les révolutionnaires, mais de protester, c'est-à-dire d'exprimer « le refus du monde ».

Peut-on encore parler de guerre ? Au premier abord, on serait tenté de répondre que, dans une perspective aronienne, cette forme de terrorisme radical et non élaboré n'est même plus une guerre. Le terroriste n'est plus qu'un bandit qui s'empare des moyens du crime en attaquant les civils. Le principe de l'armement du peuple se retourne entièrement contre lui-même, pour apparaître comme un vain et cynique oripeau idéologique. Non seulement les combattants ne sont plus des militaires, non seulement les

---
chose quand il transpose les analyses clausewitziennes aux nouvelles formes de la guerre, particulièrement au terrorisme.
1. Raymond Aron, *Penser la guerre, op. cit.*, vol. II, p. 210.
2. *Ibid.*, p. 210.

cibles ne sont même plus nécessairement choisies par autre chose que le hasard, mais ce terrorisme déploie une forme de violence potentiellement infinie. Il semble donc bien qu'on n'ait plus affaire qu'à une simple forme de banditisme : ces terroristes, selon Aron, « oublient qu'un terroriste sans cause ressemble à un bandit de grand chemin [1] ».

Mais la frontière entre guerre et banditisme n'est pas aussi clairement délimitée qu'il y paraît, et Aron n'établit pas une ligne de démarcation. C'est à l'intérieur même des guérillas nationalistes ou révolutionnaires que ce retour au terrorisme le plus radical se repère. Dire que la guerre est un caméléon, c'est aussi remarquer que toute guerre est toujours différente d'elle-même, abritant des phénomènes contradictoires. Profondément, l'historicité des guerres – en quoi consiste le sens précis du caractère « caméléon » de la guerre – signifie qu'on ne peut que rétroactivement savoir quel trait politique a dominé une guerre. Ainsi ignore-t-on, avant le dénouement, si le parti, l'armée secrète ou le gouvernement en exil parviendront à juguler le terrorisme. Et plus radicalement on peut même douter de l'existence de deux sens du terrorisme, si l'on suit Aron. Tout au plus l'autorité d'un parti ou d'un gouvernement réussit-elle à dissimuler le crime sous la politique. La disparition d'un monopole quelconque de la violence, serait-il celui d'une minorité révolutionnaire, fait réapparaître ce qui n'était que voilé : « la parenté matérielle entre les procédés de la guérilla et ceux du banditisme [2] ». S'il faut certes subordonner la cause matérielle à la cause finale, il n'en demeure pas moins que la violence n'est pas un matériau comme un autre mais a la propriété d'engendrer ses propres fins, comme le dit bien Emmanuel Terray [3].

---
1. *Ibid.*, *loc. cit.*
2. *Ibid.*, p. 208.
3. Emmanuel Terray, *Clausewitz*, *op. cit.*, p. 82-83.

Raymond Aron évoque « le début d'une étrange internationale, celle de la violence pure, nue, salvatrice en tant que telle [1] ». À côté des internationales communiste et trotskiste, celle-ci ne mérite certes le nom d'« internationale » que par métaphore. Mais un tel mouvement propre à déborder les nations existe néanmoins, et c'est dans le contexte d'une guerre de libération nationale aux allures de guerre révolutionnaire que sa théorie a commencé à être formée. Aron cite l'ouvrage de Frantz Fanon, *Les Damnés de la terre* et la préface de Sartre. Même s'il raisonne toujours dans le cadre de l'accès à la souveraineté nationale et de la libération de l'oppression coloniale, Fanon, psychiatre en Algérie, érige la violence en méthode : « Qu'est-ce donc que cette violence ? Nous l'avons vu, c'est l'intuition qu'ont les masses colonisées que leur libération doit se faire, ou ne peut se faire, que par la force [2]. » Jean-Paul Sartre reprend cela en des formules destinées à choquer : « Quand les paysans touchent des fusils, les vieux mythes pâlissent, les interdits sont un à un renversés : l'arme d'un combattant, c'est son humanité. Car, en le premier temps d'une révolte, il faut tuer : abattre un Européen, c'est faire d'une pierre deux coups, supprimer en même temps un oppresseur et un opprimé : restent un homme mort et un homme libre [3]. » Ces provocations, qui, au-delà de la simple justification du terrorisme, sont des appels au meurtre, prolongent en les appliquant les thèses de la *Critique de la raison dialectique,* parue un an auparavant, dans laquelle il prétendait dépasser la dialectique hégélienne en faisant de la violence non pas un simple moment du négatif mais un élément consubstantiel de la liberté. Il n'y a pas de contradiction, selon Sartre, entre la violence et la liberté. Le négatif, c'est la nécessité, c'est-à-

---

1. *Ibid.*, p. 209.
2. Frantz Fanon, *Les Damnés de la terre* (1961), Paris, Gallimard, 1991, coll. « Folio », p. 105.
3. Jean-Paul Sartre, préface à Frantz Fanon, *Les Damnés de la terre* (1961), *op. cit.*, p. 52.

dire ce qui nous fige et nous pétrifie dans l'inertie, tandis que la « liberté commune tire sa violence non seulement de la négation violente qui l'a suscitée mais encore du règne de la nécessité qu'elle a dépassé mais conservé en elle et qui menace sans cesse de renaître comme une répétition sournoise, c'est-à-dire comme une rechute dans l'inertie du rassemblement [1] ». La guerre de Fanon, comme l'explique Sartre, ne prend plus pour devise l'invitation à l'union des prolétaires de tous les pays mais à celle de tous les colonisés [2].

Par opposition aux autres internationales qui, selon la conception marxiste de la révolution, tiennent la violence pour l'instrument même de l'histoire, capable de se retourner en violence révolutionnaire, cette « internationale » d'un nouveau genre refuse de dissimuler la violence et fait de celle-ci une fin en soi. Le terrorisme est toujours pris dans le contexte de la petite guerre, mais il est plus ou moins nu, plus ou moins pur, plus ou moins exalté.

Même la guerre classique ne parvient plus, dès l'époque où Raymond Aron analyse les nouvelles forme de guerre, à faire obstacle à la prédominance de la petite guerre. Ainsi, l'État d'Israël et les États arabes se sont affrontés depuis 1948 selon une logique de guerre classique, mais c'est néanmoins la petite guerre qui s'est imposée au Moyen-Orient. L'exemple est remarquable, car c'est dans ce contexte que fut inventée la technique de l'attentat-suicide. Qu'on puisse en chercher dans l'histoire de lointains antécédents est toujours possible, mais il ne faut pas méconnaître la nouveauté, saluée avec horreur par l'opinion internationale, de l'attentat commis à l'aéroport de Tel-Aviv, Lod, le 30 mai 1972. Même si ce n'est pas un kamikaze porteur de bombes qui a commis le crime, les trois terroristes munis de mitraillettes et de grenades devaient

---

1. Jean-Paul Sartre, *Critique de la raison dialectique* (1960), texte établi et annoté par Arlette Elkaïm-Sartre, Paris, Gallimard, 1985, vol. I, p. 506.
2. *Id.*, préface à Frantz Fanon, *Les Damnés de la terre* (1961), *op. cit.*, p. 41.

retourner leurs armes contre eux-mêmes, et cet acte a été conçu par Fusako Shinegobu, chef de l'Armée rouge japonaise, comme un attentat-suicide. Par exemple, celle-ci leur avait demandé de déchirer la photo d'identité de leurs faux passeports avant l'opération, afin de compliquer au maximum l'identification. Le terroriste qui a survécu et a été arrêté après avoir lancé sa grenade dans la foule, Koso Okamoto, est devenu fou pour avoir manqué à sa mission. Certes, on sait aujourd'hui que la « Reine rouge » avait monté cet attentat contre Israël pour regagner la confiance des Palestiniens, ébranlés par l'isolement de sa branche de l'Armée rouge japonaise, le *Nihon Sekigun*, après l'élimination de la tendance adverse du *Sekigun*, le *Rengo Sekigun*. Mais il n'en demeure pas moins que le Front de libération populaire de la Palestine (FPLP), qui hébergeait les terroristes japonais dans ses camps du Liban, a salué l'événement comme une invention porteuse d'avenir[1]. Raymond Aron voit dans cet attentat commis en collaboration avec le FPLP un « symbole » de l'internationalisation de la violence pure. La suite de l'histoire confirma cette prémonition. C'est dans les années 1980 que les attentats-suicides se généralisent, au Moyen-Orient et partout dans le monde. Avant la création officielle du Hezbollah en 1985, le premier attentat-suicide est commis en son nom en octobre 1983. Il cause la mort de 241 *marines* américains sur le sol libanais et constitue encore aujourd'hui un modèle pour le Hamas et Al-Qaïda. Les Tigres tamouls du Sri-Lanka sont les plus nombreux à utiliser la tactique de l'attentat-suicide à partir de 1987[2].

Cela entraîne toute une série de conséquences. Si toute armée régulière est toujours plus ou moins amenée sur le terrain de l'adversaire – la guerre représentant, qu'on le

---

[1]. Michaël Prazan, *Les Fanatiques. Histoire de l'Armée rouge japonaise*, Paris, Seuil, 2002, p. 91-103.
[2]. Robert A. Pape, *Dying to win. The strategic Logic Of Suicide*, op. cit., p. 4.

veuille on non, un rapport à l'autre – le terroriste qui pratique l'opération suicide modifie la donne d'une manière inattendue. On est au-delà des guérillas traditionnelles, dans lesquelles le maquis remplace le champ de bataille. Désormais celui-ci est étendu à l'ensemble du monde, au « tout-autre » : « La terreur gagne de proche en proche si le terrorisme refuse toute distinction entre l'ennemi et les neutres[1]. »

L'armée populaire devient une armée secrète ; le terrain d'affrontement est partout et nulle part, tendant à devenir évanescent. D'où une confusion, dans la conduite de la répression, de la police et de l'armée. Si les combattants se cachent dans les villes, si leur tenue militaire, à l'inverse de l'uniforme qui assure la reconnaissance, est un habit de ville, c'est dans les fichiers qu'ils sont recherchés : même si c'est l'armée régulière qui les arrête, c'est en vertu de l'autorisation de pouvoirs exceptionnels de police alors conférée à l'armée.

L'analyse des évolutions les plus contemporaines du terrorisme ne dément donc pas la conception forgée par Raymond Aron en 1976 à la lecture de Clausewitz. Ainsi, Gilles Kepel montre comment le terrorisme islamiste actuel dépend d'un basculement dans le déclenchement du *jihad*. Le *jihad* traditionnel, qu'il soit offensif ou défensif, est toujours proclamé par les docteurs de la foi musulmane, les oulémas. Le terrorisme prétend d'Al-Qaïda relever du *jihad* défensif : il se veut en partie – même si c'est de manière strictement idéologique – une guerre de libération visant à rendre à l'islam les terres qui ont été une fois islamisées. La rhétorique de la résistance n'est pas absente de leur registre. Le mouvement palestinien Hamas, créé en 1987, qui pratique l'attentat-suicide et se situe dans l'héritage des Frères musulmans, se nomme aussi « mouvement de la résistance islamique ». Le terrorisme actuel est donc

---

1. Raymond Aron, *Penser la guerre, op. cit.*, vol. II.

populaire au sens clausewitzien, car si le *jihad* offensif ne requiert pas la mobilisation générale, chaque musulman doit particper selon ses compétences, ne serait-ce que par la prière, au *jihad* défensif. Le *jihad* défensif a des affinités avec le terrorisme révolutionnaire car la fin justifie les moyens, et il suspend le combattant de toutes ses obligations, seraient-elles religieuses, comme les pirates du 11 Septembre en montrèrent l'exemple. Mais l'essentiel, selon Gilles Kepel, réside dans l'abandon, dans le terrorisme actuel, du monopole de la décision. Il n'appartient plus aux seuls oulémas de déclencher le *jihad*. Leur souveraineté et leur autorité sont contestées par des chefs terroristes qui n'analysent les situations politiques de manière aussi nuancée que les docteurs de la loi[1].

Le terrorisme est allé au-delà de l'anéantissement visé par la guerre révolutionnaire. Il a scindé les deux réquisits de la violence révolutionnaire : l'absence de négociation possible, la recherche de l'anéantissement de l'adversaire. Dans le terrorisme, aucun compromis négocié n'est possible, et le suspens de l'action fait partie du processus de la terreur. Le terrorisme invente la guerre sans fin[2]. Si la guerre est la continuation de la politique, le terrorisme est la forme achevée de la petite guerre. Voilà ce que la perspective clausewitzienne permet de saisir. Toute dérégulation du monopole de la violence engendre un accroissement de la violence. D'une telle analyse, il est possible de conclure que le terrorisme est d'autant plus radical qu'il est plus anarchiste. Entre les formes de la petite guerre, il existe donc des différences de degré, selon la préservation ou non d'une instance de décision, et de son caractère plus ou moins monopolistique.

---

1. Gilles Kepel, *Du Jihad à la fitna*, Paris, Bayard, 2005, p. 49-50.
2. Paul Dumouchel, « Le terrorisme entre guerre et crime, ou de l'empire », *in* Stéphane Courtois (dir.), *Enjeux philosophiques de la guerre, de la paix et du terrorisme, op. cit.*, p. 26.

La question rebondit néanmoins. Entre la « petite » et la « grande » guerre, existe-t-il une simple différence de degré, ou le terrorisme, comme forme de guerre, est-il susceptible d'une autre approche ? Peut-on, comme Raymond Aron, voir dans le terrorisme une perte progressive des buts politiques au sens propre que sont la restauration de l'État de droit (dans la guerre de patriotes), puis l'autodétermination nationale (dans les conflits de libération nationale) ? Aron signale que la possibilité d'ériger l'échec au rang de tactique fut rendue possible, dans les guerres de libération nationale, grâce au statut moral de « guerres justes » reconnu par le concert des nations aux conflits de décolonisation.

Cette remarque est d'importance. Elle indique que la guerre, jusque dans sa perspective clausewitzienne, s'inscrit toujours dans un jeu de discours, dans une rhétorique justificatrice ou accusatrice. À ce titre, elle relève aussi d'une approche morale. Dans ce cas, la question du terrorisme pose un nouveau type de problème, non seulement politique mais moral. Si, d'un point de vue politique, le terrorisme se trouve en ce point où la guerre échappe aux limites que la poursuite d'un but proprement politique assigne aux conflits, d'un point de vue moral, on peut le caractériser plus précisément comme une perte du code de la guerre.

Chapitre II

Le terrorisme dans une perspective morale : la guerre des victimes

Adopter une perspective morale conduit à revenir sur la différence du crime et de la guerre. Lorsqu'il s'agit de tuer, qu'est-ce qui nous porte à affirmer qu'il s'agit tantôt d'un acte de guerre, tantôt d'un assassinat ? Quels sont, dans l'ordre du meurtre, les critères par lesquels nous distinguons la mort juste et la mort injuste ? La guerre s'inscrit toujours dans un système de justification qui nous fait admettre certains meurtres pour en rejeter d'autres. La justice n'est pas indépendante de la guerre, mais conditionne tout acte de guerre, en tant que celui-ci est impossible sans le jugement qui l'autorise. L'élément moral est même la partie la plus réelle de la guerre. Le jugement que l'on porte sur les buts de la guerre ou la conduite de celle-ci fait appel au savoir qui se trouve en chacun. Il tend à émaner d'un consensus sur les valeurs dont attestent les discours tenus sur la guerre[1]. L'approche morale de la guerre n'est rien d'autre que l'attention aux discours que nous portons sur celle-ci.

---
1. Michael Walzer, *Guerres justes et injustes, op. cit.*, p. 251.

L'approche morale donne raison aux effets. Il faut commencer par la fin pour comprendre quel type de guerre est le terrorisme. S'agissant de celui-ci, il ne s'agit que de prendre au sérieux son but avéré : répandre la terreur parmi les civils. Pour Michael Walzer, ce n'est pas tant l'armement du peuple qui est à l'origine de la violence terroriste que le respect ou non d'un code de la guerre, qui n'est rien d'autre, durant les hostilités, que la traduction des valeurs par lesquelles nous jugeons des guerres – de leur déclenchement comme de leur déroulement, du *jus ad bellum* comme du *jus in bello*. Hanté par la question de la guerre absolue, Clausewitz laisse de côté la description, pourtant déterminante, des codes de la guerre.

La critique de l'approche clausewitzienne de la guerre menée par Michael Walzer repart de la signification conférée au rôle du peuple dans la guerre. L'armement de ce dernier a pour premier effet non une violence potentiellement débridée mais d'abord et surtout la transformation de la guerre en guerre de masse. La mobilisation des masses, « telle est la contribution de la guerre moderne à la démocratie et, symétriquement, de la démocratie à la guerre[1] ». À l'ère démocratique, avant de devenir acteur de la guerre, le peuple en est plus que jamais la victime. On ne peut projeter le romantisme du partisan sur les armées de citoyens, qui témoignent plutôt que l'État, renforcé par la souveraineté du peuple, a « nationalisé » les vies. L'exemple choisi par Michael Walzer est notamment celui de la guerre de 1914-1918. La violence de la Grande Guerre tient avant toute chose à la présence des masses sur le champ de batailles.

En revanche, la guerre révolutionnaire est moins la guerre du peuple que la guerre menée au nom du peuple, comme le décrit bien Michael Walzer : « L'image que forge le combattant révolutionnaire n'est pas celle d'un personnage

---

1. *Ibid.*, p. 74.

solitaire qui se dissimule dans le peuple, mais d'un peuple entier mobilisé pour la guerre, dont il est un membre loyal comme une multitude d'autres[1]. » La guerre révolutionnaire n'est certes pas populaire dans le sens où elle serait une guerre de masse. Elle est le fait d'une simple minorité qui aspire à mobiliser les masses sans toujours y parvenir, et représente une fraction, parfois infime, de l'opinion populaire qu'elle prétend incarner. Même si le soutien populaire est une condition *sine qua non* de la lutte clandestine, cette acception de la « guerre populaire » témoigne que c'est le discours qui donne sens à la guerre et non seulement la réalité factuelle.

Le code militaire, qui témoigne simplement du fait que la guerre est un fait humain, un fait de langage, n'a pas disparu avec la démocratie et les différentes acceptions de la guerre du peuple. La persistance de l'« esprit chevaleresque » est à cet égard révélatrice : « Ainsi les aviateurs de la Première Guerre mondiale se considéraient-ils comme les chevaliers du Ciel[2]. » De même, le code n'est pas absent de la petite guerre. Les guerres de partisans comme les guerres révolutionnaires respectent des règles qui déterminent précisément quand, comment et, surtout, qui on peut ou non tuer. Le partage des civils et des militaires n'est pas absolu, mais relatif à un code de la guerre. La guérilla de résistance est certes menée par des civils, mais ceux-ci sont considérés par tous comme des combattants. Une défaite militaire est en effet aussi une réalité morale que peut dénier l'adversaire en traitant le partisan de terroriste, mais qui s'impose néanmoins d'elle-même[3]. De même, la guerre révolutionnaire n'exclut pas l'existence d'un code. Le *Petit Livre rouge* comprend un chapitre intitulé « Discipline », qui donne obligation aux militants combattants de respecter les

---

1. *Ibid.*, p. 254.
2. *Ibid.*, p. 75.
3. *Ibid.*, p. 252.

autres membres de la population civile, leur interdit de les voler, de les violer et de les maltraiter : « Ne prenez pas aux masses une seule aiguille, un seul bout de fil[1]. » Le critère du code autorise une approche non phénoménologique des nouvelles formes de guerre. Ainsi, le respect de celui-ci permet de montrer que le champ de bataille n'a pas disparu avec la guérilla. Preuve en est l'évacuation des populations civiles des villages transformés en terrain d'affrontement par les guérilleros durant la guerre du Vietnam, par exemple[2].

Si l'on veut pouvoir distinguer crime et guerre, assassinat et opération de guerre, ce sont ces points qu'il faut examiner. La différence entre les formes de violence tient à la cible qu'elles se donnent et au partage qu'elles établissent entre leur cible et ceux qui sont tenus pour innocents, bref à la définition d'une zone d'immunité. Or la violence révolutionnaire respecte l'existence d'une zone de neutralité. Les révolutionnaires respectent un code politique qui les rend, selon Walzer, dignes d'estime : même s'ils franchissent, dans la définition de leur cible, la limite de la légalité, ils ne se conduisent cependant pas comme des bandits car ils épargnent tous ceux qui, en vertu de leur code, sont innocents. Toutefois, il est un degré d'élargissement du code qui peut faire l'objet d'une réprobation morale. Ainsi, quand, au Vietnam, les révolutionnaires du FNL en sont venus à tenir tout fonctionnaire pour un soldat de l'État, on peut dire que le Vietcong a abusé du code, car la variété des fonctions de l'État moderne interdit de confondre chaque serviteur de l'État avec un agent de l'oppression[3]. De même, quand un groupe révolutionnaire français comme Action directe, créé en 1979 pour la lutte armée contre l'« impérialisme », assassine Georges Besse, PDG de la Régie Renault, le

---
1. Mao Tsé-toung, *Petit Livre rouge*, op. cit., chap. XXVI, p. 282.
2. Michael Walzer, *Guerres justes et injustes*, op. cit., p. 267.
3. *Ibid.*, p. 281.

17 novembre 1986 au prétexte qu'il sert le capitalisme mondial, il y a certes cible, mais cible abusive. La difficulté à tracer une ligne de démarcation nette met toutefois en évidence le caractère propre du terrorisme. Le terrorisme à proprement parler commence avec la décision de considérer qu'il n'y a pas de victime innocente. Il ne respecte plus de code politique établissant la distinction entre coupable et innocent. Le code politique en vigueur dans l'assassinat politique est analogue au code de la guerre, en vertu duquel on sépare les soldats et les civils, en principe épargnés par les opérations de guerre. D'une manière radicalement non clausewitzienne, Michael Walzer propose une autre généalogie du terrorisme qui enracine celui-ci dans la dérégulation de la guerre conventionnelle. C'est, selon lui, la dérégulation de la guerre qui a donné l'exemple de l'abandon du code. C'est durant la Seconde Guerre mondiale qu'a commencé, au sein même des opérations de guerre, la terrorisation des populations civiles. Il y a en effet terreur dès lors que « l'objectif est de détruire le moral d'une nation ou d'une classe, de miner sa solidarité [1] ». Selon Michael Walzer, il faut donc dire que « le terrorisme au sens strict, le meurtre arbitraire de victimes innocentes, n'a émergé comme stratégie dans la lutte révolutionnaire qu'après la Seconde Guerre mondiale, c'est-à-dire après être devenu un aspect de la guerre conventionnelle [2] ».

*L'abandon du code militaire
durant la Seconde Guerre mondiale*

Le terrorisme n'est pas une forme de guerre concurrente de la guerre classique, mais, à l'intérieur de la guerre, un usage spécial de la violence. Certes, il y a une historicité de

---

1. *Ibid.*, p. 275.
2. *Ibid.*, p. 276.

la terreur : on peut montrer comment l'histoire du terrorisme est l'histoire de la diminution progressive de la zone d'immunité des non-combattants. Mais il y a aussi une caractéristique morale ; l'entame de la zone d'immunité est essentielle au terrorisme au point que l'on peut définir celui-ci comme cette entame même : « La frappe aveugle est la caractéristique essentielle de l'activité terroriste[1]. » C'est la raison pour laquelle, selon Walzer, le terme de terrorisme ne doit pas en première approche être employé seulement pour la violence révolutionnaire. Que les deux soient assimilés aujourd'hui est « une petite victoire pour les champions de l'ordre » qui ne doit cependant pas dissimuler le fait que parmi eux « l'usage de la terreur n'est pas inconnu[2] ». Il n'est bien entendu pas question de nier cette collusion actuelle de la violence révolutionnaire et du terrorisme, mais il convient de chercher à la comprendre en montrant qu'elle n'existe pas de toute éternité mais résulte des modifications de la guerre au XXe siècle. La guerre classique n'est pas un rempart contre le terrorisme, non seulement – comme l'a montré Aron – parce qu'elle est impuissante à endiguer le terrorisme qui surgit à sa lisière, mais plus radicalement car c'est en elle-même qu'il a été, dans sa forme actuelle, inventé.

Ainsi, pour déterminer le terrorisme, ce n'est pas de la stratégie, de la tactique et de la politique entendues au sens clausewitzien comme raisons de la guerre qu'il faut partir, mais de son effet : produire de la terreur. Or la terreur systématique n'est pas le privilège de la guérilla. La distinction guerre classique/guérilla est insuffisante. La suppression de la zone d'immunité des non-combattants est même à un certain point admise dans la guerre classique, depuis toujours, lors des sièges ou des blocus[3]. Le terrorisme se dis-

---
1. *Ibid.*, p. 275.
2. *Ibid.*, *loc. cit.*
3. *Ibid.*, p. 229.

tingue en ce qu'il promeut le meurtre de victimes innocentes au rang de méthode. Lors d'un siège ou d'un blocus, les civils sont certes aussi les premières victimes, mais parce que la ville ou la cité représente un objectif militaire. Le propre du terrorisme est de viser en tant que tel un objectif non militaire : « détruire le moral d'une nation », « répandre la peur ». C'est alors du non-militaire qu'est attendue la résolution d'une situation de guerre.

La réduction à l'extrême de toute zone d'immunité appartient donc de droit à la seule stratégie terroriste, puisque celle-ci constitue par définition un abri, une protection, une sécurité. Le véritable terrorisme est nécessairement aveugle car seule une mort distribuée au hasard est authentiquement terrorisante, rendant impossible la conception même d'un recours contre elle. Au-delà de la surprise produite par une attaque militaire, le terrorisme élève ses opérations jusqu'à l'inconcevable, incluant le spectaculaire. Si l'on définit ainsi le terrorisme, on doit logiquement, selon Walzer, inclure en lui la théorie de l'approche indirecte développée par Basil Liddell Hart durant la Seconde Guerre mondiale. Celui que l'on a appelé le « Clausewitz du XXe siècle » s'est toujours opposé aux actes terroristes. Néanmoins la théorie de l'approche indirecte, en tant qu'elle consiste à éviter autant que possible l'affrontement direct avec l'armée ennemie pour préférer l'attaque des lignes de ravitaillement et le contournement, pose des problèmes d'éthique de la guerre identiques à ceux que soulève le terrorisme. C'est cependant en vertu de cette théorie que les Anglais bombardèrent des villes allemandes pendant la Seconde Guerre mondiale, non sans semer le trouble dans l'armée britannique, au sein de laquelle certains contestèrent ce recours aux bombardements de civils comme contraire à l'esprit militaire [1]. Pour Raymond Aron également, les bombardements anglo-américains, en tant

---
1. *Ibid.*, p. 275-276.

qu'ils étaient indiscriminés, étaient des actes terroristes[1]. Contre le privilège clausewitzien de la victoire, Liddell Hart considère que l'issue de la guerre tient à la modification du rapport de forces et à « l'épuisement de l'ennemi », de quelque manière que celui-ci advienne. Dans une certaine mesure, Liddell Hart justifie le principe de la petite guerre en écrivant par exemple que l'ennemi est plus « affaibli par des piqûres d'épingle que par de grands coups aux résultats aléatoires[2] ». Énumérant les moyens d'épuiser l'ennemi, il invite non seulement à détruire son approvisionnement, à pratiquer des attaques locales, mais aussi à user « son énergie morale et physique[3] ».

On devrait donc dire que le terrorisme n'est pas une forme de guerre, si l'on prend la guerre en son sens normatif, mais une « stratégie civile », et pour paraphraser Clausewitz, en inversant sa formule, « une continuation de la guerre par des moyens politiques[4] ». Ainsi la perspective morale sur le terrorisme nous conduit à des questions de philosophie politique traditionnelle sur l'usage de la crainte, voire de la terreur en politique. L'utilisation de la peur comme ressort appartient, dans la tradition, à la tyrannie, et c'est à Aristote, notamment à *Politique* V, 11, que Walzer se réfère. Pourtant, pour comprendre les causes de son émergence et de sa coïncidence actuelle avec la violence révolutionnaire, il faut s'appuyer sur l'histoire de la guerre. De manière volontairement sommaire, Michael Walzer dégage ici une généalogie tyrannique du terrorisme, dépendant des modifications de la guerre durant la Seconde Guerre mondiale : « Les tyrans ont enseigné leur méthode aux militaires et les militaires l'ont enseignée aux révolutionnaires modernes. »

---
1. Raymond Aron, *Paix et guerre entre les nations*, Paris, Calmann-Lévy, 1962, 1984, rééd. 2004, p. 176.
2. Basil Henry Liddell Hart, *Stratégie* (1954), trad. L. Poirier, Paris, Perrin, 1998, rééd. coll. « Tempus » 2007, p. 516.
3. *Ibid.*, p. 516.
4. Michael Walzer, *Guerres justes et injustes, op. cit.*, p. 276.

Si, donc, tout terrorisme n'est pas à l'origine violence révolutionnaire, toute violence révolutionnaire n'est pas terroriste au sens où nous l'entendons aujourd'hui. Selon Michael Walzer on peut raisonner par analogie : de même que la Seconde Guerre mondiale a donné l'exemple de l'abandon du code de la guerre, le terrorisme actuel a donné congé au code politique qui en régissait la pratique. Cela revient à dire que le code moral de la guerre, le code d'honneur qui régit les conduites militaires est « structurellement semblable » au code politique des révolutionnaires.

Le terrorisme ou l'honneur perdu des révolutionnaires

De même que la guerre s'est déréglée en perdant la référence au code de la guerre, de même la violence révolutionnaire s'est déréglée en perdant la référence au code politique. Il y a encore un honneur révolutionnaire, en vertu duquel on ne tue pas n'importe qui. Sur le plan moral, le passage au terrorisme équivaut à la perte du sens de l'honneur. C'est donc le « code de l'honneur » des révolutionnaires que s'emploie à cerner Michael Walzer pour, en creux, saisir le type de dérive qu'impose la logique terroriste.

Si la violence révolutionnaire est terroriste au sens large c'est en tant que violence privatisée, échappant au monopole d'État, et élisant ses cibles dans la population civile : elle n'est pas terroriste au sens actuel du terme, car les meurtres perpétrés ne relèvent pas de l'arbitraire, mais de la pratique, généralement condamnable mais encore codifiée, de l'assassinat politique. Le terrorisme d'assassinat politique n'est pas un terrorisme au sens strict. Même si la violence révolutionnaire, en tant qu'elle a recours à l'assassinat politique, repose sur un déplacement de la neutralité en ne s'attaquant pas à des soldats mais en tenant tel ou tel « civil » pour le véritable représentant de l'ordre à abattre, il existe de la neutralité, et donc toujours une séparation entre combattants et non-combattants [1], le meurtre est limité par la cause pour laquelle il est perpétré.

Michael Walzer emprunte trois exemples à des causes politiques antérieures à la Seconde Guerre mondiale : les anarchistes socialistes russes, l'armée révolutionnaire irlandaise et le groupe sioniste Stern. Le premier exemple est bien connu car il a inspiré la pièce d'Albert Camus, *Les Justes* ; c'est celui de l'assassinat du grand-duc Serge le 4 février 1905 par un membre de l'Organisation de combat du Parti socialiste révolutionnaire. Même s'il est un civil, Sergei Aleksandrovitch Romanov est menacé pour des raisons politiques, assumables par lui. Proche du tsar, il est impliqué dans la répression des mouvements extrémistes. L'anecdote, véridique, relate que ce groupe de révolutionnaires russes qui avait décidé de tuer le grand-duc Serge y avait une première fois renoncé. Le jour de l'attentat, l'homme n'est pas seul mais accompagné de deux enfants : l'assassinat est remis. Il s'agissait – comme Camus le fait dire à Kaliayev – non de tuer le grand-duc mais de tuer le despotisme, pas l'homme mais la fonction [2]. Albert Camus imagine, à partir des témoignages que nous possédons sur ces terroristes [3], ce que fut le dialogue entre Kaliayev et ses amis, lorsqu'il renonce à son premier passage à l'acte. À Stepan qui lui reproche de n'avoir pas compris que la destruction révolutionnaire ignore toute limite, le Kaliayev de Camus – peut-être exagérément porté vers l'humanisme par l'auteur – répond : « J'ai accepté de tuer pour renverser le despotisme. Mais derrière ce que tu dis, je vois s'annoncer

---

[1]. *Ibid.*, p. 276.
[2]. Albert Camus, *Les Justes*, Paris, Gallimard, 1950, p. 47.
[3]. Boris Savinkov, *Le Cheval blême-Journal d'un terroriste*, trad. du russe par Bernard Taft, Paris, Payot, 1931, rééd., trad. M. Niqueux, Paris, Phébus, 2003. *Cf.* le mémoire de Saman Musacchio, « Enquête sur les limites de l'engagement. *Les Justes* comme illustration de l'influence et de la tentation russes chez Albert Camus », University of Alberta, Canada, printemps 1999.

un despotisme qui, s'il s'installe jamais, fera de moi un assassin alors que j'essaie d'être un justicier[1]. » De fait, le terrorisme russe, depuis l'attentat de 1878 perpétré par Kravtchinski, dit Stepniak, contre le général Mezentzev, a visé les têtes du tsarisme, régime honni pour avoir imposé au peuple russe la persistance du servage de la paysannerie. Son succès le plus frappant fut, après plusieurs échecs, l'assassinat, en mars 1881, du tsar Alexandre II, accusé d'avoir promulgué des réformes insuffisantes et réprimé les révolutionnaires. Mais c'est après l'assassinat du ministre de l'Intérieur Plehve, monté par Evno Azev et Boris Savinkov, que l'organisation de combat développe son activité. C'est l'équipe de Savinkov qui est chargée de l'attentat du grand-duc Serge.

Selon une logique identique, dans les années 1938-1939, l'IRA mène une campagne d'attentats durant laquelle un militant reçoit l'ordre de mettre une bombe déjà amorcée dans une centrale électrique. Le terroriste part à bicyclette, mais se perd dans les rues. Le moment de l'explosion arrivant, il s'enfuit, mais la bombe tue cinq personnes. L'attentat fut tenu pour un échec, et des travaux récents prouvent qu'il avait été préparé pour ne pas tuer de passants.

Le dernier exemple est le plus proche du point de bascule historique. C'est celui de l'assassinat en 1944, au Caire, de Lord Moyne, secrétaire d'État britannique au Moyen-Orient, par des membres du groupe Stern. Organisation sioniste antérieure à l'existence de l'État d'Israël, Stern menait effectivement des actes terroristes au sens large contre les autorités britanniques et arabes en Palestine et au Moyen-Orient. Néanmoins, on ne peut parler de terrorisme au sens actuel du terme. En effet, immédiatement après l'attentat, un de ses auteurs est tué par des policiers tandis que le deuxième est arrêté. Entre-temps, le terroriste avait laissé passer deux occasions de tuer des policiers, et

---

1. Albert Camus, *Les Justes*, *op. cit.*, p. 75.

par là-même de s'enfuir. Même les policiers d'un État allié des Britanniques, l'Égypte, État indépendant depuis 1922, étaient considérés comme neutres, et leur mort n'était pas tenue pour un service à rendre à la cause sioniste.

Dans ces trois cas, il y a une différence entre ceux que l'on peut tuer et ceux que l'on ne peut pas tuer. Bien entendu, au sens large, l'assassinat politique est terroriste car un fonctionnaire civil d'un État ennemi n'est pas un soldat. Mais on peut encore comprendre que celui qui représente un État soit, du point de vue de celui qui en subit la politique, un ennemi. L'honneur des révolutionnaires consiste à protéger les citoyens ordinaires. Dans les trois cas, les « terroristes » au sens large mettent littéralement un point d'honneur à respecter une limite et à refuser d'identifier un sujet aux lois auxquelles il est tenu d'obéir. En méprisant cette zone de neutralité qui protégeait les passants, les terroristes actuels ont cédé sur un point qui n'est rien moins qu'un « point d'honneur ».

Le partage entre agents de l'État et simples citoyens est analogue, chez les révolutionnaires, au partage des militaires et des civils pendant la guerre. La différence entre ceux qui respectent les codes et ceux qui les transgressent est la même dans tous les cas : c'est la différence entre ceux dont le combat est limité par un but politique et ceux qui outrepassent toutes les limites. Le terrorisme actuel est un terrorisme sans limites qui ne choisit pas ses cibles. Michael Walzer n'entend pas « sauver » la violence révolutionnaire, mais faire preuve de prudence à l'endroit du meurtre politique auquel on ne peut jamais être sûr de n'avoir pas besoin de recourir. Le tyrannicide ne peut être nommé terroriste : on n'aurait pas condamné moralement l'assassin de Hitler. Bien entendu, il est nécessaire de condamner les assassins pour meurtre quand ils sont arrêtés. Mais s'ils doivent être jugés comme des criminels sur le plan judiciaire, au motif qu'ils ne sont pas des soldats mais des civils qui ont enfreint l'interdit fondamental des sociétés humaines, rien n'empêche, selon Walzer, que, sur plan moral, on les juge autrement. Même quand on ne partage pas leurs idées, « ils ont droit à un certain respect moral qui n'est pas dû aux terroristes, parce qu'ils ont posé des limites à leur action [1] ». Ces révolutionnaires respectaient un code, c'est-à-dire une limite. C'est le respect de la limite qui permet de distinguer le terrorisme et le crime, comme Camus le fait dire à Dora – Dora Briliant – : « Même dans la destruction, il y a un ordre, il y a des limites [2]. »

Selon Michael Walzer, qui rejoint sur ce point la périodisation de Raymond Aron, c'est durant les années 1950-1960, au cours des guerres de libération nationale – durant les guérillas du FNL au Vietnam et du FLN en Algérie – que les limites posées à l'assassinat politique furent franchies. Ainsi, le Vietcong mena dans les années 1950 une campagne visant à assassiner des milliers de représentants d'autorités rurales sud-vietnamiennes. Même si Walzer tient à maintenir l'appellation d'assassinat politique, s'opposant à la qualification de génocide imposée par les États-Unis pour de tels actes, il n'en demeure pas moins que cette campagne « s'employa à repousser les limites de la notion de « fonction officielle ». Les fonctionnaires visés ne remplissaient pas un rôle spécifiquement politique (ils étaient par exemple des agents de la santé publique). On peut donc dire que la « notion de vulnérabilité fut élargie de manière inquiétante [3] ».

Malgré ce franchissement, on peut cependant encore mesurer la distance qui nous sépare du terrorisme actuel. Nous sommes encore loin du terrorisme qui ne tue qu'au hasard, pour délivrer un message de peur [4]. Le terrorisme actuel vise les masses et est une des versions de l'oppression des masses. Il est étranger à toute négociation et à tout compromis, et vise à la « reddition inconditionnelle » – ce

---

1. Michael Walzer, *Guerres justes et injustes*, op. cit., p. 280.
2. Albert Camus, *Les Justes*, op. cit., p. 73.
3. Michael Walzer, *Guerres justes et injustes*, op. cit., p. 281.
4. *Ibid.*, p. 283.

qui n'est pas le cas de l'assassinat politique. Le terrorisme actuel apparaît donc comme un refus du code politique. Selon Walzer, c'est la raison pour laquelle « la terreur est la forme totalitaire de la guerre et de la politique [1] ».

De manière très paradoxale, c'est dans ce contexte que le terrorisme a trouvé des avocats, ce qui témoigne bien qu'il participe de la guerre. Si toute guerre se signale par une rhétorique, si toute guerre entre dans le régime de la justification, en prétendant au titre de « guerre juste », le terrorisme est la forme la plus actuelle de la guerre. La justice, dans la guerre, avant de fonder un jugement quelconque par des tribunaux nationaux ou internationaux, se manifeste comme un système de justification. Donc, contre toute attente, le terrorisme aujourd'hui prétend incarner la figure de la « guerre juste ».

La rhétorique terroriste

Comme Raymond Aron, c'est à Sartre et plus particulièrement à la préface à l'ouvrage de Frantz Fanon *Les Damnés de la terre* que Walzer se réfère pour dater le début non seulement d'une nouvelle époque du terrorisme, mais de la justification morale de celui-ci. Jean-Paul Sartre, dans cette préface et dans la *Critique de la raison dialectique*, formule très précisément l'idée de Marx et d'Engels selon laquelle la violence est l'« accoucheuse de l'Histoire ». Mais le plus frappant est que depuis Sartre le terrorisme n'a cessé de trouver des défenseurs.

Certes, c'est une sorte de justification négative, de justification par la négation, qui est ordinairement portée au crédit des terroristes. Mais celle-ci est spécialement efficace puisqu'elle porte à tolérer ce qui est par ailleurs conçu comme intolérable. Cette rhétorique de l'excuse se décline

---

1. *Ibid., loc. cit.*

selon Walzer en trois tropes : le terrorisme est l'arme du dernier recours, l'arme des faibles et, de toute façon, l'instrument universel de ceux qui exercent le pouvoir[1]. Pour comprendre la modalité propre de la justification du terrorisme, il faut comprendre d'abord en quoi celle-ci fait fond sur l'injustifiable. Ainsi l'argument du dernier recours laisse-t-il bien supposer que l'engagement dans le terrorisme ne se fait pas sans la conscience que celui-ci est un mal. En cela, il est analogue à l'engagement dans la guerre. Mais ce qui est nouveau, c'est que ce n'est pas un argument de conquête ni de reconquête, mais de désespoir. L'argument du dernier recours est solidaire de celui du désespoir. Deviendrait terroriste celui qui se trouverait devant une double impossibilité, impossibilité de ne rien faire, impossibilité d'agir selon des voies légitimes. Il s'accompagne donc nécessairement de celui de la faiblesse : est exposé au désespoir celui qui ne peut plus connaître la joie d'agir. Néanmoins, il est plus rapidement opératoire puisqu'il décrète impossibles les stratégies politiques ordinaires avant même que celles-ci aient été tentées. « Cela ne vaut pas la peine d'essayer » est une proposition du discours terroriste, qui invite à chercher refuge dans des moyens illégaux. Si, comme le remarquait Aron, les guerres de libération nationale ont bénéficié d'un consensus général en partie dû à l'affaiblissement de l'Europe au sortir de la Seconde Guerre mondiale, c'est, parce que, sur le plan rhétorique, l'idée que le terrorisme est l'arme des faibles s'est imposée. Or c'est faux. Le terrorisme est la force des faibles. C'est la faiblesse qui « autorise » l'usage de la force – serait-elle démesurée et sans commune mesure avec l'oppression subie. Enfin, l'argument de l'universalité du terrorisme est le plus redoutable car il est construit comme les justifications de la guerre. Il dénonce la politique prétendument libérale et

---

1. Michael Walzer, « Critique de "l'excuse" : le terrorisme et ses justificateurs », in *De la guerre et du terrorisme, op. cit.*, p. 80-98.

démocratique comme n'étant elle-même qu'un terrorisme dissimulé. Ainsi la boucle est-elle bouclée : le terrorisme ne fait que dévoiler ce qui est ordinairement voilé. Cette excuse porte la rhétorique à son *acmè*, car elle met la violence du côté de la vérité. Le terroriste prend parti pour la vérité, contre la tromperie ordinaire de la politique. Il est franc, il démasque : en cela, il est un guerrier.

Le propos de Michael Walzer, dans la mesure où il porte sur la dimension morale de la guerre, consiste essentiellement à démonter l'argumentaire terroriste et à en montrer le caractère fallacieux. Ainsi, rappelle-t-il avec justesse, contre toutes les séductions de la rhétorique, que le terrorisme est toujours adopté, en premier recours, par refus des voies ordinaires de la politique et de la guerre, et dans la récusation du langage. Contre les médiations, le terroriste choisit la voie directe : le « dernier recours » n'opère que comme un concept abstrait[1]. Rien ne prouve que la fin n'aurait pas pu être atteinte par un autre moyen : on ne le saura jamais. Ce n'est jamais au nom de l'universel ni d'une manière démocratique que se fait le passage à la terreur. L'option terroriste repose toujours sur un coup de force. Le fond de l'objection, selon Walzer, réside dans la lutte contre l'oppression : « Le terrorisme rend le mal pour le mal[2]. » Mais alors les terroristes se conduisent explicitement comme des oppresseurs : l'action directe représente une nouvelle forme d'oppression, non une libération. L'intention de Michael Walzer est de priver de justification toute forme de recours au terrorisme, y compris celui qui s'autorise de la justice des représailles. Quand la réaction au terrorisme procède des mêmes principes que l'action elle-même, chacun n'est plus qu'un « passeur de violence[3] ». Son but est de « sortir du terrorisme », c'est-à-dire d'une rhétorique

---

1. *Ibid.*, p. 85.
2. *Ibid.*, p. 88.
3. *Ibid.*, p. 81.

propre à persuader les mieux intentionnés, malgré son incongruité.

Mais son analyse témoigne aussi que le terrorisme est la forme contemporaine de la guerre. Sur le plan moral, c'est-à-dire de l'argumentation, il est une guerre qui cherche sa justification dans une rhétorique victimaire. Le terrorisme est la guerre des victimes. Cette guerre qui surgit en marge de la guerre, en s'autorisant de la faiblesse et du désespoir, n'est pas une guerre plus juste que les autres. Malgré la compassion qu'elle parvient à susciter, elle représente une forme de tyrannie : le nouveau visage de la tyrannie moderne. À cette tyrannie, l'État-nation ne fait nullement rempart, puisqu'il est lui-même vulnérable à la logique terroriste.

Conclusion

Les analyses respectives de Raymond Aron et Michael Walzer, tout en cernant des aspects différents du problème, buttent sur la même difficulté. Aron part de la politique et arrive à la morale. Il montre l'apparition et les incidences d'un mythe quasi romantique, le mythe du partisan. Un des enjeux du deuxième volume de *Penser la guerre* réside dans la critique de ce mythe. C'est en démythifiant les prétendus partisans qu'est produite l'analyse du terrorisme comme petite guerre capable de basculer dans le banditisme. Dans le cadre d'une analyse politique, c'est donc bien une condamnation morale qu'il formule. En revanche Walzer commence dans la morale pour finir dans le politique. L'analyse du terrorisme dans la perspective de la guerre juste conduit à prononcer une condamnation politique de celui-ci comme une tyrannie moderne. Refusant de voir dans la révolution une dérégulation de la politique et reconnaissant le sens moral du tyrannicide, Michael Walzer isole en effet dans les terrorismes modernes ce qui les apparente aux vieilles politiques de la peur.

Il ne saurait donc être question de trancher entre ces deux approches. Dans leur divergence, chacune éclaire un aspect du problème. Mais surtout elles permettent de cerner ce qu'elles ne saisissent pas et qui constitue la difficulté propre du terrorisme. Pour parler du terrorisme, les deux auteurs empruntent d'autres mots que ceux qui tissent leurs analyses, moraux pour Aron, politiques chez Walzer. À chaque fois, le terrorisme représente un point limite, inassimilable comme tel.

On peut se demander si ce n'est pas du côté de l'arme de guerre que doit être cherchée la solution de cette difficulté. Dans l'histoire des guerres, les armes ont modifié les manières de faire la guerre plus radicalement que ne l'ont fait les stratégies et les tactiques. Par exemple, c'est de l'invention du canon que l'on peut dater le début de la cruauté sur le champ de bataille : jamais le sang n'avait autant coulé[1]. La guerre froide, guerre introuvable – ainsi que la nomme Aron – use d'une autre d'arme : le calcul rationnel. La logique de la dissuasion est en effet un calcul intégrant l'effroi causé par l'explosion des deux premières bombes atomiques et misant sur un refus commun aux ennemis de connaître à nouveau une telle catastrophe.

L'arme du terrorisme est la psyché humaine. Le terrorisme est une guerre psychologique pour deux raisons. Pour produire de la terreur, il faut que ce qui est en principe après l'acte, l'effroi de la mort, soit en quelque sorte placé avant, fasse but et donc que ce qui est en principe simple conséquence – dans la guerre ou dans le crime – devienne l'élément d'un calcul. Plus que le résultat de l'acte, c'est son effet qui est visé. Le terrorisme œuvre à une « vulnérabilité générale », ainsi que le remarque encore Michael

---

1. Franco Cardini, *La Culture de la guerre* (1982), trad. de l'italien par A. Lévi, Paris, Gallimard, 1992, chap. 3, « Ô maudit, abominable engin », p. 85 *sq.*

Walzer[1]. Au-delà des tués, l'attentat vise ceux qui ne sont pas morts et deviennent des « otages vivants, mais terrifiés », c'est-à-dire hantés par une mort à laquelle ils ont échappé de manière strictement aléatoire[2]. Le terrorisme est une logique d'intimidation qui s'insinue dans la vie la plus quotidienne. Aucune vague de crimes ne peut produire des effets similaires, car le crime ouvre paradoxalement au domaine de la contingence : même si les victimes sont ciblées, les raisons du passage à l'acte individuel ne peuvent faire l'objet d'une prévision. Dans le terrorisme, on a affaire à une stratégie délibérée de la peur. Le terrorisme est une guerre qui cherche d'abord à « détruire le moral ». Comme l'écrit encore Raymond Aron : « Est dite *terroriste* une action de violence dont les effets psychologiques sont hors de proportion avec les résultats purement physiques[3]. »

On peut avancer que le terrorisme a été rendu possible, sous sa forme actuelle, par la libération de l'élément psychologique contenu dans chaque guerre. Un parallèle peut être établi avec la naissance du marxisme. Comme Marx lui-même le remarque, la mise au jour du caractère moteur des lois de l'économie est à double sens ; elle peut servir aussi bien à dénoncer la violence à l'œuvre dans l'Histoire qu'à en perfectionner le ressort. Par là même, l'économie peut désormais se dissimuler derrière son propre dévoilement : l'idéologie de l'émancipation de tous les hommes accompagne les progrès de l'exploitation et de la servitude humaine. De même la guerre s'est emparée de la psyché pour en faire son instrument de mort. Cela nous met en face d'une nouvelle tâche, celle de comprendre les incidences subjectives et le ressort psychique du terrorisme sur les acteurs comme sur ceux qui subissent ces attaques, car, en son projet même, ce phénomène ne peut être compris que par ses effets et comme symptôme social.

---

1. Michael Walzer, « Critique de "l'excuse" : le terrorisme et ses justificateurs, in *De la guerre et du terrorisme, op. cit.*, p. 80.
2. *Ibid.*, p. 81.
3. Raymond Aron, *Paix et guerre entre les nations, op. cit.*, p. 176.

Deuxième partie

Le terrorisme, ou la guerre psychologique

Avec le terrorisme la guerre est devenue psychologique et l'on peut dire qu'il est l'aboutissement du devenir psychologique de la guerre. La psychologisation de la guerre mène nécessairement au terrorisme. L'histoire contemporaine de la guerre peut se lire comme l'histoire de son devenir psychologique.

Dans le terrorisme, au lieu que l'effet psychologique de terreur et d'effroi soit une simple conséquence de l'action, celui-ci est prévu à l'avance. Ce qui est après vient avant. L'effet est intégré à l'acte. Et l'effet escompté est une action censée découler de l'impact psychologique de l'acte terroriste. Ainsi la peur produite sur le peuple espagnol par les attentats du 11 mars 2004 à Madrid était-elle prévue comme telle et eut-elle un effet direct sur les élections législatives, assurant la victoire du Parti socialiste opposé à la présence de l'armée espagnole en Irak. La violence terroriste isole l'élément psychologique d'effroi propre au crime ou à la guerre pour contraindre à en faire l'élément d'un processus politique. La décision terroriste consiste d'abord à prendre en compte la dimension psychologique de toute guerre pour produire une forme d'efficacité nouvelle.

La première voie dans laquelle l'analyse semble devoir s'engager est donc celle de la reconstruction du processus d'engagement dans l'action terroriste. Si la dimension psychologique de la guerre est souvent laissée de côté en philosophie morale et politique, c'est qu'elle est à tort confondue avec la réduction des intentions du sujet à leur détermination subjective. Ainsi Michael Walzer, par exemple, oppose ce qui est de l'ordre de la compulsion et ce qui est de l'ordre de la liberté : l'acte est accompli soit par « *psychological compulsion* », soit « *freely* »[1]. Or seul le deuxième cas correspond aux terroristes. Le pire reproche que l'on puisse leur adresser est de faire passer leur décision libre pour un acte compulsionnel.

Montrer qu'un acte pulsionnel n'échappe pas à la responsabilité du sujet serait possible mais éloignerait du propos, autant que poser la question de savoir si un acte accompli délibérément est pour autant un acte libre. Ce qui paraît plus nécessaire est de parvenir à reconnaître dans l'acte terroriste un acte qui prend en compte la dimension psychologique, car c'est ce qui permet d'en saisir la logique, d'identifier les incidences subjectives de cette modalité de la guerre et de comprendre ce que l'élection de celle-ci signifie pour l'époque actuelle.

---

1. Michael Walzer, « Critique de "l'excuse" : le terrorisme et ses justificateurs », in *De la guerre et du terrorisme, op. cit.*, p. 90.

Chapitre III

La logique terroriste

Si nous sommes ordinairement si démunis devant le terrorisme, c'est que celui-ci ne menace pas seulement nos vies mais nos cadres symboliques. Les « excuses » analysées par Michael Walzer témoignent bien de la tentative pathétique de ramener le phénomène à des schèmes mieux connus [1]. Il y a quelque chose d'impensable dans le maniement terroriste de la destruction. Nous ne trouvons, pour nous y confronter, que la condamnation morale qui comporte l'inconvénient de rabattre le terrorisme sur le crime, ou sur la tyrannie – ce qui revient au même puisque qualifier un régime de tyrannique signifie qu'il est criminel. Mais voir dans la destruction terroriste une simple expression de la barbarie dont le langage ne peut qu'imparfaitement exprimer l'inhumanité est non seulement insuffisant mais trompeur [2]. Au contraire, il importe de montrer que le passage à l'acte terroriste relève d'un processus délibéré, construit, intentionnel, intégrant l'effet irrationnel de la violence dans sa logique rationnelle.

---

1. *Ibid.*, p. 80-98.
2. Pierre Mannoni, *Logiques du terrorisme*, Paris, In Press, 2004.

Le terrorisme, une nouvelle technologie de la guerre

C'est cela qui conduit Pierre Mannoni à définir le terrorisme comme « une technique de combat, d'inspiration ancienne mais aux prolongements modernes, visant à paralyser un adversaire par le recours systématique à la peur, dans une perspective plus ou moins constante de conquête du pouvoir politique et territorial[1] ». Répandre la peur délibérément, et non la provoquer par accident, sert en effet à paralyser l'adversaire. Celui-ci se terre. Si le substantif latin *terror* n'a pas de rapport étymologique avec *terra*, qui a donné *terrer*, l'homophonie fait entendre l'un dans l'autre, et la terreur, étymologiquement reliée au tremblement, s'est chargée de ce sens de réduction à l'immobilité et au silence[2]. Terroriser est une opération visant à faire pression sur quelqu'un en l'atteignant au plus bas, en le mettant à terre. Si cette opération requiert une construction, un processus gradué, une logique, c'est aussi que « terroriser » n'est pas « terrifier ». On peut être un moment terrifié, puis reprendre ses esprits et rendre compte de son état par le langage. En revanche, on n'est terrorisé que dans la longue durée. Pour l'être durablement, il faut connaître entre les actes de terreur des plages de répit consacrées à l'attente confuse, mêlée d'oubli, de la terreur. C'est ce demi-oubli expectatif qui constitue le terrain d'élection d'un attentat et assure l'efficacité de cette « guerre sans fin[3] ». Le 11 septembre 2001 a été préparé par l'attente mêlée d'oubli de l'attentat perpétré huit ans auparavant contre le World Trade Center à l'initiative d'un membre d'Al-Qaïda. Après l'explosion de la voiture piégée dans les sous-sols des buildings, le 26 février

---

1. *Ibid.*, p. 54.
2. Jacques Lacan, *Séminaire V, les Formations de l'inconscient*, 1957-1958, leçon du 13 novembre 1957.
3. Paul Dumouchel, « Le terrorisme entre guerre et crime, ou de l'empire », *in* Stéphane Courtois (dir.), *Enjeux philosophiques de la guerre, de la paix et du terrorisme, op. cit.*, p. 26.

1993, un témoin avait dit : « J'ai cru qu'un avion avait frappé les tours[1]. »

L'effet de terreur est renforcé par une forme de conviction rétrospective : « On pouvait s'y attendre. » Cette conviction est un leurre, mais participe du processus terroriste. Pour que l'attente anxieuse d'un attentat puisse préparer la terreur de l'attentat futur, il faut non seulement qu'elle soit longue et permette l'oubli nécessaire et la surprise de ceux qui craignent sans savoir ce qu'ils redoutent, mais il est aussi requis que l'acte terroriste ait pu s'imprimer dans les esprits. C'est pourquoi le terrorisme au sens propre est moderne. Il suppose l'existence de moyens de répercussion de l'attentat, autant que possible de manière immédiate. L'un des succès de l'attentat du 11 Septembre fut assuré par sa transmission au monde entier en direct. On put voir partout le deuxième avion s'écraser contre les tours de New York au moment même où l'événement se produisit. Ainsi des milliards de personnes savent qu'un acte tel que celui-ci peut se reproduire au moment où elles ne s'y attendront pas nécessairement, et sans qu'existe aucun moyen de s'en prémunir.

La mise en scène de l'horreur

La logique terroriste actuelle participe de celle de la communication. L'information massive est la condition de cette logique qui intègre la mise en scène, l'ostentatoire, le spectaculaire[2]. L'acte terroriste n'est pas séparable de sa dramatisation. Il est rendu possible par les moyens de communication. Dans cette forme de guerre, ce ne sont pas seulement les victimes effectives qui sont visées, mais aussi

---
1. www.voltairenet.org/article12535.html.
2. Pierre Mannoni, *Logiques du terrorisme, op. cit.*, p. 58.

les survivants, dont la manipulation par la peur nécessite qu'on les touche par l'information. Dans le terrorisme, l'horreur est indissociable du spectacle. La véritable « technologie » du terrorisme se situe dans cette alliance.

Si l'on adopte sur le terrorisme une perspective psychologique, l'abandon de tout code militaire et politique apparaît comme une conséquence obligée de la décision de privilégier l'effet psychologique de peur aux dépens d'une quelconque conquête militaire. Que l'abandon connaisse des étapes, que tout ne soit pas congédié en un jour, c'est évident. Mais dès lors qu'on vise l'impact d'une opération et non la victoire – dès lors même que la victoire ne se pense plus qu'en termes d'impact –, les bases du terrorisme sont établies. Celui-ci procède d'une scission à l'intérieur de la série des effets, entre les effets psychologiques et les effets matériels.

Le terrorisme manipule l'imaginaire de ses victimes potentielles. Sur ce point, il ne manque pas d'efficacité : les attentats dans les transports raréfient pendant un moment les déplacements, et chacun intègre la possibilité d'une interruption brutale du cours de sa vie dans de telles circonstances. Mieux encore, un attentat soude une collectivité dans la peur, la rendant apte à une gigantesque contagion de la terreur, comme le dit bien Pierre Mannoni : « La nature des attentats, la qualité des victimes et celle des armes sont délibérément choisies pour produire les désorientations émotionnelles et l'emballement de l'imaginaire dans le sens d'une véritable psychopathologie collective [1]. » Pourtant, cette pseudo-cohésion produite par l'attentat conduit en réalité à une complète dissolution du lien social. La peur est un principe de fragmentation et ne saurait constituer l'élément d'un discours. Si elle est capable, au même titre qu'un autre affect, de faire parler, elle n'est pas propre à assurer une circulation et un échange. Elle est

---

[1]. *Ibid.*, p. 87.

appel au pouvoir, appel à la sécurité, mais pas appel à d'autres mots. Le lien social est discours parce qu'un mot en appelle un autre, tandis que la peur maintient dans la sidération de l'objet redouté.

L'attentat-suicide

S'il est vrai que la logique terroriste tient pour primordiale l'emprise psychologique sur les victimes, la façon d'infliger la mort participe de cette « technologie ». Ce qu'invente le terrorisme contemporain ne se limite pas à la mise de scène de la mort violente de ses victimes. Les victimes réelles sont des cibles indirectes, tandis que les cibles directes sont des vivants, qui ne se perçoivent plus, après un attentat, que comme des survivants [1]. Certes, leur nombre compte, mais ce n'est pas en vertu de la seule logique des pertes. Plus radicalement, après une opération terroriste, plus nombreux sont les morts, plus nombreux sont les vivants qui deviennent de simples survivants. Plus l'attaque est meurtrière, plus rétrospectivement la chance d'y avoir échappé paraît mince, et donc, dans le même coup et dans la culpabilité, immense.

Rien n'est plus efficace dans ce type de configuration que la mort du terroriste lui-même. Avant d'être revêtu d'un habillage religieux, le suicide terroriste participe de la technologie terrorisante. L'attentat-suicide réalise une économie de moyens propre à décupler la terreur. Si la vie de celui qui commet l'attentat doit être préservée, un certain nombre de précautions s'imposent, qui limitent l'acte. On peut toujours mourir au champ d'honneur, ou même en posant une bombe, mais cette mort est de l'ordre du risque. Or risquer sa vie « à tâtons » – pour reprendre la belle expression que Camus prête au révolutionnaire Voinov –

---

1. *Ibid.*, p. 119.

ce n'est pas s'exposer à la mort[1]. On reste alors dans une économie du gain. Quand, au contraire, le suicide est inscrit dans la logique même de l'acte, les dernières limites sont franchies. Outre le vertige provoqué par ce type de combat qui fait fi de la vie, tandis que le risque de la mort ne fait pas outrage à la valeur de celle-là, le suicide est une arme de destruction massive. Le « combattant suicide » n'est pas seulement porteur d'armes, mais il devient lui-même l'arme. N'importe quoi peut prendre le statut d'arme de guerre quand le combattant est lui-même est l'arme : une voiture, un avion. La bombe n'est plus extérieure au combattant, mais il est lui-même bombe. La dissociation de l'arme et du soldat n'existe plus chez le terroriste ; au contraire, son « corps devient le "missile"[2] ». Pour être à son comble, la terreur elle-même doit être partagée. Cette terreur partagée a été parfaitement illustrée par l'acte du 11 septembre 2001 qui transforma des victimes en bourreaux : celles qui se trouvaient dans les avions contribuèrent à tuer celles qui étaient dans les tours.

S'il est vrai que toute guerre est psychologique en ce sens qu'elle met en jeu le psychisme humain, le terrorisme, délibérément, part de la psyché pour atteindre la psyché. C'est pourquoi, au-delà de la description, il nous pose des questions plus énigmatiques qu'il ne paraît. Si l'on peut descriptivement comprendre le déroulement terroriste de l'attentat-suicide, nous devons nous demander aussi selon quel processus psychique, pas nécessairement réservé aux terroristes, cela a pu devenir possible. La finalité du terrorisme doit continuer à nous étonner. Certes, celle-ci réside dans la destruction. Mais, là encore, s'il est vrai que, sur le plan psychique, la guerre, comme l'a montré Freud, suppose toujours la mise en jeu d'une « pulsion d'agression ou

---

1. Albert Camus, *Les Justes*, op. cit., p. 92.
2. Pierre Mannoni, *Logiques du terrorisme*, op. cit., p. 106.

pulsion de destruction », quelle est la spécificité du terrorisme[1] ? Pour le comprendre, il faut peut-être davantage prendre en compte ce qui nous échappe toujours, à savoir l'inconscient.

---

1. Sigmund Freud, « Pourquoi la guerre ? » (1932), in *Résultats, idées, problèmes*, vol. II, 1921-1938, trad. A. Bourguignon et P. Cotet (dir.), Paris, PUF, 1985, p. 209.

Chapitre IV

Les conditions psychiques du terrorisme

L'approche psychanalytique du terrorisme peut être éclairante de diverses manières, car elle fait porter l'accent sur ce qui est mis en jeu inconsciemment, dans l'ordre individuel aussi bien que collectif, par des phénomènes qui nous touchent tous, tels que celui-ci. Tout combat a des incidences subjectives : c'est notamment à partir des effets de la Grande Guerre sur les militaires que Freud a élaboré le deuxième topique de l'appareil psychique, forgé la notion de pulsion de mort et celle de surmoi.

Pas plus que le criminel ou le soldat, entre lesquels il se situe, le terroriste n'échappe à l'interrogation du psychanalyste. Le point de vue de la psychanalyse donne à retrouver l'étonnement, car il permet de prendre en compte la folie et la dimension pulsionnelle de l'acte terroriste pour comprendre ce qu'il nous enseigne sur la relation contemporaine au politique et donc aux formes contemporaines de la guerre. La psychanalyse, spécifiquement, aide à cerner la tournure parfois énigmatique des phénomènes sociaux. Le terrorisme n'est pas un phénomène qui nous est étranger. Nous devons nous demander de quelle manière nous sommes, comme contemporains, engagés dans ce conflit avec l'altérité. Que désire-t-on quand on s'attaque à l'autre ? Par cette interrogation sur l'objet du désir, nous sommes renvoyés au sujet, ou à son éclipse. Les modalités de l'engagement et de l'incidence subjectifs varient avec les formes de la guerre et sont toujours riches d'enseignements.

La guerre pour le totem

D'un point de vue freudien, la « guerre classique » est un prolongement du parricide originel. La guerre classique est en effet une forme de guerre qui requiert, sur le plan psychologique, la référence à une figure paternelle. C'est une guerre œdipienne : les fils défendent le territoire et les dieux du père. Ce père est un père mort comme dans le mythe de Freud *Totem et Tabou* qui forge la figure d'un père de horde au pouvoir démesuré, tué par ses fils, qui commémorent la mort de celui-ci lors d'un repas rituel – s'acquittant ainsi de leur culpabilité [1]. Malgré sa facture darwinienne moquée par Lacan, ce mythe est éclairant non seulement pour comprendre la guerre d'État à État, mais parce qu'il correspond particulièrement à l'époque de la guerre populaire identifiée par Clausewitz.

Ce qui est énigmatique dans le mythe, comme le montre Lacan, c'est le sentiment de fraternité des fils rebelles : « Pour avoir tué le vieux, le vieil orang [...], ils se découvrent frères [2]. » Certes, cela montre bien ce que toute fraternité comporte de mythique : c'est une idée « fabuleuse ». La Révolution a engendré ses signifiants-maîtres, et les guerres au nom de peuple, de la fraternité ou – tout aussi « gratiné » selon Lacan – de l'idéal de l'égalité et de la liberté ignorent la vérité qui les soutiennent, laquelle n'est rien d'autre que

---

1. Sigmund Freud, *Totem et Tabou* (1912), trad. S. Jankélévtich, Paris, Payot, 1923, rééd. « PBP », 1965.
2. Jacques Lacan, *L'Envers de la psychanalyse*, *Séminaire XVII*, 1969-1970, Paris, Seuil, 1991, p. 131.

la « ségrégation ». Quel que mythique que soit le récit freudien, il n'en dit pas moins une vérité proprement logique. Une fois mort, le père est devenu « Un » sur le plan symbolique – puisqu'il n'est plus là en chair et en os. Il peut désormais unir par ses insignes : drapeaux, slogans, mythes politiques. Il n'est de filiation que symbolique.

La limite du mythe réside dans la nécessité – pour qu'advienne le « Un » – du meurtre. Il exprime néanmoins ce dont Freud, un siècle après Clausewitz, était encore contemporain, la conflictualité propre à l'État-nation. *Totem et Tabou* rend compte de la logique nationaliste de la guerre. Le père symbolique, en tant qu'Un, ne peut, du point de vue des fils qui le vénèrent par culpabilité, que prendre outrage de l'existence d'un autre père, honoré par des fils eux-mêmes parricides. Unis dans le culte du père haï, les fils des nations s'entretuent. Toute cause nationale est œdipienne.

Le terrorisme actuel se fonde sur la dissolution de la cause nationale. L'usage de l'islam comme arme de combat nationaliste, comme le maître même de Ben Laden – Abdallah Azzam – le concevait encore, pouvait plaider en faveur d'un sens œdipien du terrorisme islamique, mais tout a changé avec l'invention du nouveau terrorisme d'Al-Qaïda qui prend lui-même source dans les fondements de l'islamisme. Or ceux-ci se construisent d'emblée sur la critique des idéologies nationales. Gilles Kepel fait ainsi remonter le début de l'islamisme au mouvement des Frères musulmans. L'Association des frères musulmans fut fondée en 1928 par Hassan El-Banna (1906-1949) en Égypte. Si Nasser, quand il prit le pouvoir en 1952, le toléra dans un premier temps, il ne tarda pas à repérer dans ce mouvement un facteur de déstabilisation et lui livra un combat sans merci. Un homme, Sayyid Qotb, joua un rôle de premier plan pour élaborer, à travers la doctrine des Frères musulmans, une critique de l'idéologie nassérienne, grand relais des causes de libération nationale dans le monde arabe. En dépit des efforts des nassériens pour persuader qu'ils incarnaient la résistance à l'Occident, le nationalisme arabe est dénoncé au prétexte de compromission avec la modernité à prétention émancipatrice et à mentalité européenne. Certes, autour de la Jordanie, un nationalisme arabe conservateur a fait concurrence à l'idéologie nassérienne. Mais c'est l'islamisme qui s'est durablement imposé comme instrument de la critique la plus radicale de l'Occident. Dans cette critique du nationalisme, l'islam asiatique, largement majoritaire, a joué un rôle déterminant. Dans le sous-continent indien et l'Asie du Sud-Est, l'islamisme s'est développé en continu depuis les années 1930. C'est dans l'œuvre d'Abul Maudoudi que Qotb est allé chercher son inspiration. Dans *Le Jihad dans l'islam*, celui-là condamne tout nationalisme au motif qu'il restreint son action à l'échelle d'un État, alors que la cause islamiste est universaliste [1].

Ce n'est pas en vertu d'une illusion européocentrique que l'on tient le combat nationaliste pour emblématique de la lutte œdipienne. Certes, on pourrait être tenté de croire que, dans la mesure où la nation est une norme européenne, ce sont la religion et le retour au religieux qui témoigneraient authentiquement d'un souci de la filiation, d'un désir de retrouver un héritage perdu, d'une référence paternelle. En tant qu'il pose un problème « théologico-politique », à la différence du terrorisme révolutionnaire ou nationaliste des luttes de décolonisation, on pourrait considérer le terrorisme contemporain comme une variante non européenne de la guerre œdipienne. Mais cette conception de l'islamisme est purement imaginaire. L'analyse de la « révolution culturelle » qui est à l'origine de l'islamisme permet de dissiper l'illusion de la projection œdipienne.

---

1. « L'islam ne se soucie pas de l'hégémonie de tel ou tel État sur terre. Le seul intérêt de l'islam est le bien-être de l'humanité », Abul Al-Maudoudi, *Le Jihad en islam, op. cit.*, p. 4.

L'islamisme, malgré les apparences, ne relance pas les guerres de religion qui, dans l'histoire du monothéisme, peuvent s'interpréter comme des combats œdipiens.

Le romancier israélien Amos Oz nous rend sensibles à ce décalage temporel entre guerre de religion et terrorisme d'aujourd'hui. Dans les années 1940, Jérusalem, où se côtoyaient des juifs, des membres de différentes Églises chrétiennes et des musulmans, était le lieu de fortes tensions religieuses : « Tout le monde partageait la même fièvre messianique secrète. Chacun pensait détenir le véritable héritage de Jérusalem, la vraie religion, la foi authentique. Chacun pensait que Jérusalem lui appartenait et y tolérait à peine la présence des autres. » Telle est la guerre œdipienne : chacun défend son père. Néanmoins, dans le meilleur des cas, et parfois après divers accidents pénibles, ces tensions se régulaient en un processus qui dans la diplomatie européenne était qualifié d'« équilibre des puissances ». La solution des conflits œdipiens nécessite en effet une sorte de déplacement pacificateur du commandement paternel : le père est au-dessus d'eux. Une histoire qui circulait alors à Jérusalem illustre bien que la cause du conflit est aussi sa solution. Un homme engage la conversation, dans un café, avec un vieillard en qui il reconnaît assez vite Dieu lui-même. Il ne laisse pas passer cette occasion unique de savoir quelle est la vraie foi, la foi juive, la chrétienne ou la musulmane. Mais le vieux-Dieu lui répond : « À dire vrai, mon fils, je ne suis pas religieux, je ne l'ai jamais été, et la religion ne m'intéresse guère [1]. »

La violence terroriste modifie le partage ami/ennemi au-delà de la ségrégation œdipienne [2]. S'il en est ainsi, c'est que la politisation de l'islam en vue de cette nouvelle sorte de

---

[1]. Amos Oz, *Comment guérir un fanatique* (2003), trad. S. Cohen, Paris, Gallimard, coll. « Arcades », 2006, p. 16-17.

[2]. Paul Dumouchel, « Le terrorisme entre guerre et crime, ou de l'empire », in Stéphane Courtois (dir.), *Enjeux philosophiques de la guerre, de la paix et du terrorisme, op. cit.*, p. 26.

guerre a rompu les attaches traditionnelles des croyants. Sayyid Qotb joua, là encore, un rôle central dans cette adaptation de l'islam à des fins politiques. Membre du mouvement des Frères musulmans avant de le critiquer, il est l'inventeur du slogan « Le Coran est notre constitution [1] ». C'est dans ce contexte que prend sens son concept majeur d'« état d'ignorance » *(jahiliyya)*. C'est ce concept qui modifie le partage ami/ ennemi et bouleverse la fraternité et la culpabilité œdipienne en justifiant que des musulmans s'attaquent à des musulmans. La doctrine de la *jahiliyya*, en rupture avec l'idéologie des Frères musulmans, est en effet une doctrine de l'excommunication *(tafkir)*.

L'islamisme n'est donc pas une radicalisation de l'islam, mais une nouvelle idéologie qui se développe en rupture avec la tradition. La lecture du Coran ne passe plus par les sources traditionnelles des docteurs de la foi, les oulémas. L'islam des pères est rejeté au profit d'une interprétation politique nouvelle, apparentée en cela à un combat révolutionnaire. La notion même de *jihad* revêt dans ce contexte une dimension idéologique. Gilles Kepel rappelle que le *jihad*, qu'il soit offensif ou défensif, est toujours, dans la tradition musulmane, décrété par les oulémas « légalement habilités, qui pèsent soigneusement les risques à prendre », notamment celui de la division interne à la communauté des croyants [2]. Plus que de *jihad*, Kepel se demande si, concernant le terrorisme islamiste, il ne vaudrait mieux pas parler de *fitna*, qui désigne « la guerre au cœur de l'islam ».

La façon dont se pose la question de la mort du sujet est révélatrice de cet infléchissement de la politique œdipienne. Dans la guerre œdipienne, la mort est de l'ordre du sacrifice. Même si le père a emprunté le visage humain de la politique, il garde quelque chose de sa symbolisation par le

---
1. Gilles Kepel, *Jihad, op. cit.*, p. 57.
2. *Id., Fitna. Guerre au cœur de l'islam*, Paris, Gallimard, coll. « Folio », 2004, p. 391.

divin. Risquer sa vie à la guerre, c'est travailler à l'amour du père mort, respecter son commandement, jusque dans ce qu'il peut avoir de « criminogène »[1]. Mais cet ordre de tuer ce qui offense le père, dans la mesure où il n'est qu'un simple retournement du vœu de mort des fils à l'endroit du père, est limité par le « Tu ne tueras point » qui a constitué la solution du problème œdipien dans la fratrie et dans la société. Obéissant à contretemps comme tous les enfants, les fils valorisent la fraternité. Les « tendances fraternelles » s'expriment « par la sanctification du sang commun, par l'affermissement de la solidarité entre toutes les vies dont se compose un clan[2] ». Par leur sacrifice dans la guerre, les fils travaillent à la vie de leur propre fils. La guerre de clan à clan, de nation à nation implique le risque de sa vie. C'est la dimension expiatoire de ce risque qui conduit Freud à supposer un meurtre du père. Seule la culpabilité permet d'expliquer de manière satisfaisante l'attitude de tendresse à l'égard des frères, et même des fils. Cette attitude d'expiation collective requiert que l'on fasse passer le partage ami/ ennemi à l'échelle d'une collectivité unie par la mort d'un même père. La xénophobie œdipienne vaut comme rachat du meurtre du père. Le mythe de Freud ne peut plus nous faire sourire. La dimension mythique assure la représentation de la pluralité des médiations qui tissent le rapport au père : retournement pulsionnel de la haine en amour, passage de la rébellion à l'obéissance, du désir de s'approprier la puissance en renoncement équitable, du parricide en fraternité, de la culpabilité en amour des générations futures.

Ces médiations nous sont devenues étrangères. Le terrorisme lui-même n'est plus de l'ordre du sacrifice filial. Le sacrifice, comme le montre bien Freud, suppose l'existence

---

1. Charles Melman, *Pour introduire la psychanalyse aujourd'hui*, Séminaire 2001-2002, p. 221.
2. Sigmund Freud, *Totem et Tabou* (1912), *op. cit.*, p. 218.

de médiations. Freud convoque, dans ce mythe, les trois sens du père – père de famille, père de la horde, dieu – que Lacan interprète comme les trois registres dans lequel le père peut s'entendre : imaginaire, réel et symbolique. C'est parce qu'il existe une distance entre le père de famille et le père de la horde que le besoin religieux peut persister[1]. Le père symbolique requiert un écart entre le père imaginaire et le père réel. Le sacrifice – et autres formes de religiosité de la politique œdipienne – n'existe que par cet écart qui est aussi celui de l'interprétation et de la métaphorisation. Le sacrifice est lui-même une symbolisation de la mort, qui prend sens par rapport à la vie. Par définition, le sacrifice n'est pas la mort calculée. Il appartient bien plutôt à l'ordre de la mort risquée, quand bien même celle-ci apparaîtrait comme l'accomplissement d'une destinée. Même la mort du Christ – pour Freud, le mythe de *Totem et Tabou* s'applique parfaitement, quoique pas exclusivement, au christianisme – prend la forme de l'accident et non du suicide.

L'attentat-suicide n'est pas sacrificiel. La mort du terroriste n'est pas adressée au père symbolique, mais elle est destinée à exercer une pression sur une force politique mise en position meurtrière par la mort des terroristes. Telle est l'idée du personnage de Suha, dans le film de Hany Abu-Assad *Paradise now*. Pour tenter de dissuader son jeune ami candidat kamikaze, elle lui montre, mais en vain, qu'il ne s'agit nullement de sacrifice, mais d'une vengeance propre à alimenter l'escalade de la violence[2].

L'usage du suicide comme arme met l'Autre, à qui la mort est adressée, en position de vouloir la mort du sujet. Ce que François Géré nomme « mort volontaire » désigne

---

1. *Ibid.*, p. 223.
2. Hany Abu-Assad, *Paradise now, 24 heures dans la tête d'un kamikaze*, film franco-germano-néerlando-palestinien, 2005.

l'imputation faite à l'Autre d'une volonté de mort[1]. L'Autre – qui, à la différence des « autres », n'est pas un semblable mais le lieu de l'adresse des discours et des actes du sujet – n'est pas ici le Père symbolique mais l'ennemi[2]. Quand, sur le champ de bataille, la mort est encore seulement risquée, elle n'est pas offerte à l'ennemi mais au père symbolique. En revanche, quand elle est utilisée à la seule fin de la destruction, elle vise à retourner la puissance adverse contre elle-même. Le message terroriste est destiné aux fils du père ennemi. La singulière victoire qui semble alors attendue ne peut venir que de l'extinction de l'Autre mis en position d'adversaire.

De quelque manière qu'on l'analyse, la guerre terroriste actuelle ne paraît pas se comprendre selon le schéma de la guerre œdipienne. Elle ne se met pas au service d'une supposée puissance paternelle, mais tend plutôt à éteindre le ressort de la puissance en l'Autre.

La violence raciale

Le terrorisme peut-il être pensé à partir de la nouvelle forme de guerre qui pose problème à Freud dans *L'Homme Moïse et la religion monothéiste*[3] ? Si Freud écrit ce second grand mythe entre 1936 et 1939, pour le publier en 1939, c'est pour répondre à la nouvelle forme de violence que représente le nazisme. D'autres événements suscitent son inquiétude. Tous sont des régressions sur le plan psychologique, c'est-à-dire des échecs dans le renoncement aux pul-

---

1. François Géré, *Les Volontaires de la mort, l'arme du suicide*, Paris, Bayard, 2003.
2. Jacques Lacan, *Le Moi dans la théorie de Freud et dans la technique de la psychanalyse*, *Séminaire II*, 1954-1955, Paris, Seuil, p. 276.
3. Sigmund Freud, *L'Homme Moïse et la religion monothéiste* (1939), trad. de l'allemand par C. Heim, Paris, Gallimard, coll. « Folio ».

sions violentes[1]. Mais si l'URSS témoigne que « le progrès a conclu un pacte avec la barbarie », si le peuple italien subit une violence analogue à celle que supporte le peuple russe en étant éduqué « dans le culte de l'ordre et du sentiment du devoir », c'est l'Allemagne qui donne le spectacle de la violence pure d'une « régression vers une barbarie presque préhistorique[2] ». Cette violence n'est pas celle des peuples qui se battent pour leur totem. L'intérêt national s'est déplacé. Il ne concerne plus le territoire du père. Plus question ici d'Alsace ni de Lorraine. Ce qui est en jeu est un rapport à la filiation, certes, mais à une filiation idéalisée, à un « fantasme de filiation[3] ».

Les nazis semblent se battre pour un père, mais ce ne sont plus les possessions, le territoire et l'héritage paternels qui sont l'objet de la guerre, mais un père inventé qui n'a jamais existé. Ce n'est pas le père symbolique – lequel gouverne par son testament – qui mobilise les fils, mais une série de traits censés témoigner d'une « filiation pure ». Telle est l'interprétation que donne Charles Melman du roman historique de Freud : « Cette tentative de Freud [...], je l'interprète comme sa tentative de répondre à la folie qui commençait à exercer son œuvre en Europe au nom de l'affirmation d'une telle filiation, avec la possibilité de rejoindre l'idéal, de l'assumer, de lui donner ses vrais enfants. Alors que, dit Freud, ce n'est pas possible[4]. » Ainsi, en tentant de

---

1. De manière générale, pour Freud, la culture se définit par un renoncement pulsionnel, aussi bien dans l'éducation individuelle (l'enfant renonce en grandissant aux actes pulsionnels de l'enfance) qu'au niveau de la civilisation : « Parmi les caractères psychologiques de la culture, deux semblent les plus importants : le renforcement de l'intellect qui commence à dominer la vie pulsionnelle, et l'intériorisation de la tendance à l'agression avec tout son cortège de conséquences avantageuses et dangereuses. » Freud « Pourquoi la guerre ? », in *Résultats, idées, problèmes, op. cit.*, vol. II, p. 215.
2. Sigmund Freud, *L'Homme Moïse et la religion monothéiste, op. cit.*, p. 132.
3. Charles Melman, *Pour introduire la psychanalyse aujourd'hui, op. cit.*, p. 352.
4. *Ibid.*, p. 352.

montrer que Moïse était égyptien et que le monothéisme apparaît dans un culte fondé par le pharaon Akhenaton, Freud entendait apporter un démenti à l'appropriation du lien filial et à la maîtrise de celui-ci. Si, après le père de la horde primitive d'inspiration darwinienne de *Totem et Tabou*, Freud se représente, sur la foi de données douteuses, un père étranger pour établir la généalogie du monothéisme juif, c'est parce que déjà, avec le nazisme, il percevait les modifications du rapport traditionnellement œdipien à la filiation. La justesse psychologique de la filiation et de la fidélité totémiques réside dans l'altérité du père. Le père de *Totem et Tabou* ne se laisse pas approprier par l'imaginaire et n'est pas idéalisable. Hannah Arendt tient cette altérité du fondateur pour la source même de l'autorité, laquelle n'est concevable que comme élément d'une triade : autorité, fondation, religion. Ainsi, Rome tire son autorité de la source grecque, fondatrice de la pensée romaine, dans son altérité [1]. De même Freud déconstruit le mythe monothéiste « pour introduire, là où il y a monothéisme, cette duplicité constante, puisqu'il y a deux peuples, deux dieux, deux Moïse [2] ». Or le « deux » symbolise la division du sujet, le savoir de celui-ci, qui se marque à la séparation entre son énonciation et ses énoncés, et sa capacité à endosser le transfert, à valoir comme « sujet supposé savoir ».

Certes, c'est une aporie freudienne que de représenter l'altérité paternelle comme une figure étrangère sur le plan ethnique, dans *L'Homme Moïse et la religion monothéiste*, ou génétique, dans *Totem et Tabou*. Mais ce qui importe est que, dans les deux cas, la filiation échappe à l'emprise narcissique. Darwin, pour Freud, est un de ceux qui, après

---

1. Hannah Arendt, « Qu'est-ce que l'autorité ? » (1958), in *La Crise de la culture, huit exercices de pensée politique*, trad. P. Lévy, Paris, Gallimard, 1972, rééd. coll. « Folio », p. 163-164.
2. Charles Melman, *Pour introduire la psychanalyse aujourd'hui, op. cit.*, p. 352.

Copernic et avant lui-même, ont infligé à l'humanité une blessure narcissique en l'amenant à renoncer à un privilège hiérarchique. La justesse psychique de ces remaniements symboliques réside précisément dans l'articulation de la référence paternelle à une altérité qui n'est pas celle d'un semblable. D'où l'investissement religieux de ces incarnations de l'Autre. D'où aussi, dans *Totem et Tabou*, comme dans *L'Homme Moïse et la religion monothéiste*, la mort du père. Tout en soulignant la distance temporelle et théorique entre ces deux mythes, Freud tient à souligner le lien qui existe entre eux[1]. Si la mort du père prend la forme dramatique du meurtre (meurtre du despote de la horde, mort du législateur des juifs), il faut néanmoins souligner que ce parricide rapproche les religions qui ont en commun l'intériorisation de l'interdit de tuer, qui découle de cette culpabilité primitive. La religion musulmane, selon Freud, s'inscrit dans cette même logique monothéiste. Même si le meurtre du père en est peut-être absent, elle est un culte des ancêtres[2] et n'invite pas à envisager la filiation sur le mode narcissique.

Parce qu'il repose sur un rapport narcissique à la filiation, le racisme nazi a inauguré une forme de violence différente de celles qui opposaient les nations et les religions. La guerre devient un combat pour l'identité. Le territoire devient *Lebensraum*, cadre aux contours tracés par l'idéalisation raciale et non lieu chargé d'histoire, utopie d'un sol débarrassé de toute mosaïque susceptible de rappeler l'altérité[3]. L'appropriation de la filiation autorise à traquer toute trace d'altérité. L'identité est confondue avec la mêmeté. Dans la logique de *L'Homme Moïse et la religion monothéiste*, le fondateur reste inassimilable à ceux dont il fonde par

---

1. Sigmund Freud, *L'Homme Moïse et la religion monothéiste*, op. cit., p. 235 sq.
2. *Ibid.*, p. 186.
3. Charles Melman, *Nouvelles études sur l'inconscient*, Séminaire 1984-1985, Publication de l'Association freudienne, 1990, p. 70-72.

ailleurs l'identité. L'identité symbolique permet un déploiement de ses incarnations imaginaires et du sens intime que chacun lui donne. Cependant l'appropriation du père met fin à la pluralité des sens de cette identité pour fixer celle-ci en une doctrine univoque. Le nazisme imprime une torsion à l'identité qui se confond désormais avec la similitude. C'est une victoire du nazisme que d'avoir imposé durablement une conception de l'identité comme similitude. C'est la raison pour laquelle Lacan pensait que le racisme, dans notre monde, ne pouvait que s'accroître [1].

Une violence qui porte à son terme l'inflexion de l'identité vers la similitude prend nécessairement la forme de la terreur. Or le régime nazi est un régime de terreur, ce qui le distingue, comme le montre Hannah Arendt, des formes plus classiques du despotisme. La terreur nazie, en tant que totalitaire, n'a pas pour fonction d'empêcher un homme d'agir mais d'« éliminer la capacité qu'a l'homme d'agir [2] ». La terreur n'est pas seulement la crainte, principe du régime despotique [3]. Sous le despotisme, la crainte est encore bonne conseillère. Même imparfaitement, elle permet à celui qui se laisse intimider une relative impunité. Elle peut faire l'objet d'une reprise subjective : chacun l'intériorise. Mais dans le totalitarisme, « la peur n'est pas bonne conseillère de la conduite à adopter parce que la terreur choisit ses victimes sans tenir compte des actions et des pensées individuelles [4] ».

Ce régime de terreur éclaire-t-il la nature du terrorisme actuel ? On ne peut, semble-t-il, confondre régime de terreur et terrorisme, terreur d'en haut et terreur d'en bas. Ce

---
1. Jacques Lacan, *Télévision*, Paris, Seuil, 1974, p. 53.
2. Hannah Arendt, *Le Totalitarisme* (1958), in *Les Origines du totalitarisme. Eichmann à Jérusalem*, éd. Pierre Bouretz (dir.), Paris, Gallimard, 2002, p. 823.
3. Montesquieu, *De l'Esprit des lois*, (1648), III, 9, Paris, Flammarion, coll. « GF », p. 150.
4. Hannah Arendt, *Le Totalitarisme* (1958), in *Les Origines du totalitarisme. Eichmann à Jérusalem*, op. cit., p. 823.

qui distingue un régime de terreur du terrorisme, c'est que celui-ci est une guerre, tandis que le premier tient lieu de politique – quand bien même ce serait, comme le montre Arendt, une négation de la politique au sens propre de pensée et de pratique du vivre-ensemble. Mais cette différence ne porte pas sur la nature même de la terreur qui reste fondamentalement distincte de la simple crainte. Dès lors que règne la terreur, même l'obéissance ne saurait constituer un abri pour le sujet.

La terreur d'en haut prépare le terrorisme en inventant une nouvelle sorte d'autorité fondée sur la dissolution de la relation œdipienne. L'autorité du chef, dans le nazisme, prend appui sur une image dans laquelle les masses se reconnaissent. Ian Kershaw, se référant à Max Weber, défend, concernant Hitler, la thèse d'un cas de domination charismatique accomplie, différente donc dans son principe d'un pouvoir qui s'autorise de la tradition[1]. Le père mythique de *Totem et Tabou* pouvait dominer tout en étant haï ; au contraire, c'est l'attachement et le dévouement qui rassemblent les masses autour d'un leader charismatique, nous obligeant à chercher la source du pouvoir chez les membres de la société eux-mêmes.

Ni Hitler ni Ben Laden – ni *a fortiori* Che Guevara – n'exercent l'autorité distante et surplombante du patriarche. En cela même, ils ne sont pas des dictateurs au sens propre. Le dictateur, dans la tradition romaine, est un « homme fort », un « sauveur » qui use – pour une durée déterminée – de son autorité personnelle pour rétablir des institutions fragilisées par une crise[2] ; s'il suscite des mouvements de foule, il ne s'appuie cependant pas sur les masses. La masse ne se réduit

---

1. Ian Kershaw, *Hitler, 1889-1936* (1998), trad. P.-E. Dauzat, Paris, Flammarion, 1999 ; Max Weber, « Le métier et la vocation d'homme politique » (1919), in *Le Savant et le politique*, éd. Raymond Aron, Paris, Plon, 1959, rééd. coll. « 10-18 », p. 103.

2. Hannah Arendt, *Le Totalitarisme*, in *Les Origines du totalitarisme. Eichmann à Jérusalem, op. cit.*, p. 621.

pas à la foule. Depuis l'Antiquité, la foule *(ochlos)* désigne l'éclatement du *dèmos*. La foule c'est le peuple devenu ingouvernable ; son tumulte et son trouble expriment la dissolution de l'unité politique qui s'épuise en une forme mouvante et indéterminée, extensible à l'infini. La masse, au contraire, constitue une nouvelle forme d'unité politique. La masse est ce qui, littéralement, pèse sur le politique. La métaphore de la masse signifie, comme le montre Elias Canetti, qu'on n'a plus affaire à l'illimité mathématique, qui inspire par exemple la comparaison des grandes foules avec la mer, mais de « quelque chose que l'on connaît en physique sous le nom de gravitation[1] ». Entre autres propriétés, la masse aime la densité : « Rien ne doit s'interposer, rien ne doit y ouvrir un intervalle, il faut que tout soit autant que possible elle-même[2]. » Le chef des masses n'est pas celui des foules. La foule suit un être d'exception, la masse prend pour centre de gravité son reflet. Le grand homme pose sur l'histoire l'empreinte de son nom propre. Le leader des masses totalitaires voit son nom s'effacer derrière sa fonction de *Führer*. Il est pour chacun, d'après Freud, la figuration de l'idéal du moi et peut réaliser l'union de tous dans le meurtre de masse[3].

Le guide n'est pas une figure paternelle. La nazisme est, selon Alexander Mitscherlich, le premier exemple de « société sans père[4] ». Le phénomène de masse n'est pas concevable sans la mise en congé du père. À la rivalité œdipienne, conflit pour la puissance qui conduit à affronter un vieux gorille, succède une jalousie fraternelle. Le ressentiment

---

1. Elias Canetti, « Histoire d'une vie », in *Écrits autobiographiques*, trad. J.-F. Demet, Paris, Albin Michel, 1992, p. 409.
2. *Id.*, *Masse et puissance* (1960), trad. de l'allemand par R. Rovini, Paris, Gallimard, 1966, rééd. coll. « Tel », p. 27.
3. Sigmund Freud, *Psychologie collective et analyse du moi* (1921), trad. de l'allemand par S. Jankélévitch, Paris, Payot, rééd. coll. « PBP », p. 147-148.
4. Alexander Mitscherlich, *Vers la société sans pères, essai de psychologie sociale* (1963), trad. de l'allemand par M. Jacob et P. Dibon, Paris, Gallimard, 1969, chapitre XII, p. 297 *sq*.

antisémite des nazis s'enracine, comme Freud le note, dans le fantasme que les juifs auraient été des frères aînés mieux lotis que les cadets [1]. Que l'antériorité seulement chronologique de la naissance apparaisse encore aujourd'hui à certains comme une insupportable inégalité s'apparente à cette éclipse du père : ce n'est pas l'expression d'une rivalité œdipienne. L'État devient l'objet d'une demande de réparation et de protection, et le moi idéal du Führer « s'édifie à partir de fantasmes de grandeur destinés à compenser l'impuissance [2] ». Plus encore que le père, ce modèle idéalisé est inaccessible. La haine des fils n'est plus supportable dans cette configuration. Seuls « l'état amoureux » et « l'adhésion passive » constituent les modalités admises de la relation au chef. Ainsi, comme en conclut Alexander Mitscherlich, on se trouve devant ce paradoxe que le support de l'autorité n'est plus le père, mais la mère : « Le guide qui mène les masses, promettant ou terrorisant par ses menaces, ne remplace plus vraiment le père qui agit devant nous. Il relève bien plus – aussi surprenant que cela puisse paraître – de l'image d'une déesse-mère primitive [3]. » Il n'est pas tant « Big brother » que « Big mother [4] ». En effet, le rapport à la mère passe par le besoin et la demande plus que par la loi. Un leader capable de pourvoir à la satisfaction peut exiger une entière soumission. Le bien, au sens le plus vital du terme – des vrais ou des faux besoins –, dépend de lui. Au nom de la dépendance dans laquelle met la demande, non seulement le leader se situe en dehors de la loi, et du surmoi, mais il peut conduire à transgresser, par amour pour lui, l'interdit de ne pas tuer : « Il se comporte comme s'il

---

1. « J'ose affirmer qu'aujourd'hui encore la jalousie à l'égard du peuple qui se donna pour l'enfant premier-né, favori de Dieu le père, n'est pas surmontée chez les autres, comme s'ils avaient ajouté foi à cette prétention », Sigmund Freud, *L'Homme Moïse et la religion monothéiste, op. cit.*, p. 184.
2. Alexander Mitscherlich, *Vers la société sans pères, op. cit.*, p. 312.
3. *Ibid.*, p. 314.
4. Michel Schneider, *Big mother. Psychopathologie de la vie politique*, Paris, Odile Jacob, 2002, coll. « Odile Jacob poches », 2005, p. 328.

était au-dessus des exigences de la conscience et invite à adopter une attitude régressive de soumission et de mendicité qui relève du comportement de l'enfant dans sa phase pré-œdipienne [1]. » Dans la guerre œdipienne, l'interdit fondamental est rendu compatible avec le combat par la médiation du champ de bataille, de l'uniforme et de la conscience du devoir. Par là même, le sujet peut rester, jusque dans la plus parfaite obéissance, divisé. Il peut dire son horreur de la guerre tout en la faisant, se révolter ou même simplement taire la jouissance qu'elle lui procure. Rien de tel quand l'autorité joue sur les traces psychiques laissées par les soins maternels. Dès lors, le conflit et même la simple division deviennent impossibles.

Dans sa complexité, la transformation subjective de la rivalité en fraternité, dans *Totem et Tabou*, montre par quelles médiations passe la formation d'une conscience morale suffisamment stricte pour faire respecter, la plupart du temps, l'interdit de tuer, mais suffisamment fictive pour permettre à l'impératif de servir la patrie de trouver un ancrage pulsionnel. Rien de tel dans le nazisme. L'autorité dont le modèle est la relation des enfants non au père mais à la mère repose sur un tout autre trajet pulsionnel. L'amour du leader, projection de l'idéal du moi, n'est pas un amour sublimé, mais immédiat. C'est la raison pour laquelle, comme l'ont remarqué à la fois Hannah Arendt et Alexander Mitscherlich, la masse ne se reconnaît plus dans le leader qu'elle a adoré une fois que celui-ci est tombé [2]. La terreur, à la différence de la crainte, résulte de la prévalence de la relation à la mère dans la constitution de l'autorité. Hannah Arendt notait que la terreur s'accompagne de l'impossibilité d'une séparation. Si le totalitarisme est essentiellement terroriste, c'est en ce qu'il exige de l'individu qu'il soit « un », « entier », ne vaille donc plus par sa

---
1. Alexander Mitscherlich, *Vers la société sans pères, op. cit.*, p. 314.
2. *Ibid.*, p. 312.

singularité, mais par ce qu'il peut mettre au service de la cause à servir : les hommes se retrouvent « serrés les uns contre les autres », « si étroitement serrés qu'ils sont comme fondus ensemble », serrés « sans relâche les uns contre les autres », qu'ils ne « font plus qu'un » et sont devenus « des échantillons de l'espèce »[1].

Toutefois, les États totalitaires menèrent encore, comme États – ou ce qui en tenait lieu – des guerres classiques contre d'autres États. La terreur exterminatrice nazie s'est exercée à la faveur de la guerre mais dans les marges de celle-ci et hors d'Allemagne. Le terrorisme, lui, a gagné le terrain de la guerre, sapant les fondements mêmes de toute politique classique. Si, dans la mesure où il fait régner la terreur, le terrorisme participe d'un modèle maternel d'autorité, il en mène la logique jusqu'au matricide.

Le terrorisme et le matricide

La troisième forme de guerre reste à écrire. Ni Freud ni Lacan n'ont connu le 11 Septembre qui, pour n'être pas le seul événement significatif du terrorisme, peut néanmoins avoir valeur d'obligation à penser[2].

Al-Qaïda a compris que c'est en déstabilisant la politique internationale qu'elle prendrait les États à revers. Gilles Kepel a analysé ce moment où le terrorisme islamiste cesse de viser un « ennemi proche » pour préférer s'attaquer à un « ennemi lointain »[3]. L'ennemi proche, ce sont pour les islamistes les pouvoirs en place dans les pays musulmans soupçonnés de compromission avec l'Occident : l'Égypte de

---

1. Hannah Arendt, *Le Totalitarisme*, in *Le Totalitarisme, Eichmann à Jérusalem, op. cit.*, p. 611, 103-104, 821.
2. Pierre Hassner, « Cinq ans après. Quelques jalons pour un bilan provisoire des conséquences de l'attentat du 11 septembre 2001, in *Les Cahiers philosophiques*, n° 110, juin 2007, p. 93-98.
3. Gilles Kepel, *Fitna, op. cit.*, p. 115.

Nasser ou encore aujourd'hui celle de Moubarak, l'Algérie, etc. L'ennemi lointain comprend ensemble les États-Unis, Israël et l'Occident en général. Gilles Kepel invite à prendre la mesure de cette « révolution stratégique qui donne la priorité à la lutte internationale ». Cette révolution est aussi une révolution psychique. L'ennemi lointain n'est pas un ennemi du même genre que l'ennemi proche. La nature de l'hostilité se modifie.

L'ennemi lointain, dans la configuration de notre monde, est le plus proche. Il est singulier que cet ennemi soit la plupart du temps désigné par un vocable approximatif : « l'Amérique ». Si, bien entendu, ce sont les États-Unis plus que d'autres parties du continent américain qui sont visés, l'emploi du terme « Amérique » n'a pas le même sens que celui qu'il revêtait chez Tocqueville. Si, pour celui-ci, « l'Amérique » désigne le « Nouveau Monde » et un certain état – moins contrarié qu'en Europe – de la démocratie, et si ce sens demeure vivant pour les Américains un siècle après, le nom a pris aussi une signification antilibérale. « L'Amérique » a pris un sens antiaméricain, si bien que l'on peut se demander : « Où se situe ce lieu sur la carte, quelles en sont les frontières ? L'Amérique a-t-elle même ce qu'il est convenu d'appeler des frontières politiques [1] ? ». Au-delà du politique, le mot « Amérique » a une puissance fantasmatique. Certes, l'hostilité d'Al-Qaïda à l'égard des États-Unis est aussi politique, mais c'est néanmoins comme puissance économique et financière, comme « matrice » de l'économie mondiale que « l'Amérique » est visée.

Dans la guerre déclarée à l'Amérique, Ben Laden n'oppose pas une loi ou un territoire à d'autres. La figure centrale n'est pas le père. L'Amérique n'est pas haïe comme un père hostile qui prescrirait une loi étrangère, mais comme une puissance intrusive, comme une mère. L'Amérique, selon Ben Laden,

---

1. Bruno Chaouat, « L'Amérique à fleur de peau », in *Contemporary French and Francophones Studies*, vol. 8, n° 4, automne 2004, p. 355.

est partout : il y a « complot des Américains et de leurs alliés » pour s'attaquer aux musulmans « sur toute la surface de la terre »[1]. Cette dénonciation de l'omniprésence américaine se trouve déjà, comme le montre Bruno Chaouat, chez Jean Genet qui écrivait en 1971 : « L'ennemi absolu, c'est l'Amérique. Et si elle est à Tel-Aviv, l'Amérique est aussi à Ryad, à Amann, au Koweït, elle est à Tunis, à Rabat, elle est au cœur même de l'islam archaïque, comme elle est au Brésil, en Colombie, en Thaïlande, au Cambodge, au Vietnam du Sud et en Europe[2]. » Ce texte de soutien à la cause palestinienne désigne l'État d'Israël comme « l'ennemi immédiat ». Mais, dès cette époque, le rapport d'Israël à l'Amérique est celui qui va de la cause immédiate à la cause lointaine, c'est-à-dire à la véritable cause. Si c'est comme puissance économique plus que politique que l'Amérique est haïe, la guerre menée contre elle n'a pas pour finalité de l'envahir ou de la conquérir, mais de la ruiner.

Selon Freud, la problématique du parricide chez Dostoïevski, telle que les *Frères Karamazov* nous en fournit le sens, est une version du mythe de *Totem et Tabou*. En poursuivant l'analogie, on peut prendre appui sur la problématique matricide de l'*Orestie* d'Eschyle pour penser le terrorisme. En psychanalyse, c'est Mélanie Klein qui a mis au jour son importance dans un commentaire de la trilogie. Texte publié à titre posthume en 1963, les *Réflexions sur l'Orestie* appartiennent à la dernière partie de l'œuvre de Mélanie Klein, ouverte par son analyse des sentiments d'envie et de gratitude[3]. L'envie permet de comprendre

---

1. Oussama Ben Laden, « Extraits de "Déclaration de Jihad contre les Américains qui occupent le pays des lieux saints" », (1996), trad. J.-P. Milelli, *in* Jean-Pierre Milelli et Gilles Kepel (dir.), *Al-Qaïda dans le texte*, *op. cit.*, p. 52.
2. Cité par Bruno Chaouat, art. cité, p. 356.
3. Mélanie Klein, *Réflexions sur l'Orestie, Envie et gratitude et autres essais* (posth. 1963), trad. de l'anglais par V. Smirnoff, Paris, Gallimard, 1968, rééd. coll. « Tel ». La congruence de sa thématique avec celle d'Alexander Mitscherlich est frappante et s'explique peut-être par l'influence qu'elle

l'agressivité et la pulsion de destruction en se fondant sur la relation de l'enfant à la mère. L'envie se distingue en effet de la jalousie, qui est un rapport duel, de rivalité, et trouve son modèle dans les relations internes à la fratrie ou à ce qui en tient lieu ; la « fraternité » qui émane du parricide, dans *Totem et Tabou*, résulte de la transformation de la jalousie. La jalousie prend racine dans la crainte de se voir ravir l'objet de son désir. L'envie, plus archaïque, naît du spectacle insupportable de la jouissance d'un autre : « L'envie est le sentiment de colère qu'éprouve un sujet quand il craint qu'un autre ne possède quelque chose de désirable et n'en jouisse[1]. » C'est donc l'objet même de la jouissance qui est la cible de la puissance de destruction. Cet objet est électivement la source même de la première jouissance, celle que prodigue la mère en tant que nourricière et aussi en tant que fécondante. L'envie veut prendre à la source la créativité de l'autre, pour la détruire. Contre une prétendue tendance de la psychanalyse à rendre les mères coupables de la détresse de leur enfant, Mélanie Klein montre que les sentiments d'envie et d'avidité entrent structurellement en concurrence avec le sentiment de gratitude qui constitue l'autre versant du rapport à la mère. L'envie n'est pas provoquée par une quelconque insuffisance maternelle. Si la faim suscite la colère envieuse du nourrisson, et si elle est alors vécue comme voracité, capacité à détruire le sein désiré, « le sein satisfaisant peut également être envié[2] ». Le don, archaïquement, est lui-même persécutif, car il témoigne d'une puissance inaccessible. Selon Mélanie Klein, un certain nombre d'attitudes adultes sont le prolongement de ce complexe affectif infantile. Ainsi, il existe une forme de critique destructive qui ne s'apparente

---

exerça sur la formation de celui-ci, par transferts interposés. Alexander Mitscherlich mena son analyse avec Paula Heimann, qui fut longtemps la principale disciple de Mélanie Klein.

1. *Ibid.*, p. 18.
2. *Ibid.*, p. 22.

pas à une correction bienveillante, mais qui est animée par un dénigrement de l'objet censé procurer une satisfaction. De même l'idéalisation de l'objet est, parfois chez le même sujet, le répondant psychique du dénigrement : « L'idéalisation est un dérivé de l'angoisse de persécution [1]. » Nécessairement, l'idéalisation, à son tour, se convertit en dévalorisation de l'objet, seule attitude de défense possible contre les ravages eux-mêmes persécutifs de l'envie.

Si la jalousie est fratricide, l'envie est matricide. De ce sentiment, présent en chacun de nous à des degrés divers et plus ou moins converti en d'autres éléments psychiques, le crime d'Oreste et d'Électre est révélateur. La haine d'Électre n'est pas seulement, chez Eschyle, désir de venger la mort du père, Agamemnon, assassiné par son épouse Clytemnestre, mais colère devant le faste dans lequel vit une mère qui les a dépouillés, son frère et elle. Elle compare elle-même ses sentiments à l'égard de sa mère à ceux d'un « loup carnassier » *(lukos omophagos)*. S'apprêtant à égorger sa mère, et alors que celle-ci lui enjoint de respecter le sein maternel, Oreste déclare que c'est en vérité elle qui se tue elle-même [2]. Singulière parole qui indique quelle sorte de meurtre est le matricide. Si le père est d'emblée dans une position autre par rapport à l'enfant, l'autre maternel représente aussi la nostalgie d'une harmonie sans perte. Certes, même en l'absence de père s'employant à briser l'illusion d'une fusion avec l'Autre maternel, par sa parole, la mère oblige l'enfant à renoncer à cette croyance. Mais dans tous les cas, si le père peut être craint, la mère est capable d'inspirer la terreur ; elle a des aspects à fois « terrifiants et bienveillants », comme l'écrit Mélanie Klein : « Même si une bonne relation d'amour a été établie entre la mère et l'enfant, celui-ci ressent inconsciemment la terreur de se sentir dévoré, morcelé et détruit par sa mère [3]. »

---

1. *Ibid.*, p. 35.
2. Eschyle, *Les Choéphores*.
3. Mélanie Klein, *Réflexions sur l'Orestie, op. cit.*, p. 191.

Le terrorisme est un type de guerre qui se fonde sur ces ressorts psychologiques. Le terrorisme islamiste contemporain illustre bien ce processus. S'il ne s'agit pas de s'attaquer à la souveraineté, à la loi du père, c'est que les terroristes islamistes n'adoptent pas, à l'égard de la puissance haïe, une position d'extériorité. Certains d'entre eux, formés en Occident, ont d'abord été comme « nourris » de culture occidentale. Mohammed Atta, le chef de l'opération du 11 Septembre, est venu d'Égypte en Allemagne pour finir ses études d'architecture. C'est là et non dans son pays qu'il a été recruté, alors qu'il travaillait à une thèse sur l'incompatibilité entre l'architecture verticale et la culture musulmane. Richard Reid, *the shoe bomber*, est de nationalité britannique. Zacarias Moussaoui, le citoyen français qui devait prendre part à l'attentat du 11 Septembre, et lui ont été élevés dans des familles intégrées. Oussama Ben Laden fit ses études à Djedda, mais il voyagea également à Beyrouth et surtout s'inscrivit d'abord dans la modernité de l'économie mondialisée en travaillant dans la firme familiale, la Bin Laden Brothers for Contracting and Industry. Qu'il ait très tôt manifesté des réticences à l'égard du mode de vie occidental n'ôte rien au sentiment d'y avoir pris part. Bien au contraire, cela confirme le rapport persécutif entretenu par les terroristes à l'égard de l'Occident. C'est une plainte similaire à celle qu'Électre et Oreste adressent à Clytemnestre que les terroristes déclinent quand ils accusent l'Occident de les avoir réduits à la servitude et dépouillés de leurs biens. De la puissance américaine durant la guerre entre le Liban et l'État d'Israël, Ben Laden a dit : « On aurait dit un crocodile qui s'est emparé d'un enfant, lequel ne fait que crier[1]. »

Dans notre monde, « l'Amérique » désigne bien la source de la puissance économique autant que l'inspiratrice

---

[1]. Oussama Ben Laden, « Message au peuple américain », octobre 2001, trad. J.-P. Milelli, *in* Gilles Kepel et J.-P. Milelli (dir.), *Al-Qaïda dans le texte, op. cit.*, p. 103.

enviée de la culture et des modes. Le terrorisme islamiste est une guerre qui oppose source à source, mère à mère, et non loi à loi, père à père. Le terme de « fondamentalisme » employé pour qualifier l'idéologie qui l'anime indique bien ce retour supposé – et fictif – à la source. Ainsi, Sayyid Qotb, dont l'histoire et l'œuvre ont marqué la formation d'Ayman Al-Zawahiri, entend revenir « au mode de penser musulman pur, à la mentalité arabe pure », « à la pensée islamique décapante et intégrale », sans rien ajouter à ce « mode islamique de pensée ». À ce geste interprétatif qui rejette toute la tradition des oulémas, soupçonnée d'avoir été influencée par les sources grecques de la pensée occidentale, s'ajoutent des déclarations qui indiquent que c'est à un islam considéré comme une source qu'il s'agit de revenir. Selon lui, l'islam est une « méthode de vie dynamique que seuls les activistes, les militants, les combattants peuvent vraiment comprendre et interpréter [1] ». Le fait que les islamistes d'aujourd'hui refusent de parler en termes de « loi » mais préfèrent se référer à des valeurs va également dans ce sens.

L'absence, au premier abord déroutante, de particularités psychologiques ou sociales des combattants de l'islamisme contemporain ne doit pas dissuader de rechercher les traits psychologiques communs aux actes terroristes. Comme dans toute guerre, l'effet de groupe explique que des sujets qui, dans d'autres circonstances, se déroberaient se laissent aspirer. Selon Michel Schneider, c'est l'aspiration à une origine sans faille qui constitue ce trait majeur qui ancre le terrorisme dans une problématique matricide, c'est-à-dire dans la nostalgie d'une source pure, d'un retour à l'harmonie avec une mère véritable et non corrompue : « Par son acte, le terroriste répond à la question de ses origines : ce

---

1. Olivier Carré, *Mystique et politique, le Coran des islamistes. Lecture du Coran par Sayyid Qutb, frère musulman radical (1906-1966)*, Paris, Cerf, 2004, p. 42.

qu'il est, ce qu'il n'est pas, son manque à être, son trouble de jouissance, tout est de la faute d'une instance toute-puissante, maternelle : la société pour les terroristes "internes", les États-Unis pour les terroristes "mondialisés"[1] ».

Cette aspiration à la source, ce combat d'une source contre une autre source, produit une nouvelle disposition pulsionnelle que la guerre classique ne connaissait pas. Même si, selon Clausewitz, les guerres modernes sont inconcevables sans un frisson collectif du peuple dans son ensemble, le terrorisme seul recrute individuellement ses candidats. Pour subir la logique de groupe, l'individu ne doit pas avoir été choisi au hasard, mais élu pour sa singularité propre. Même si aucun profil particulier n'est repérable, les recruteurs se portent volontiers non seulement vers de jeunes délinquants, mais surtout vers des jeunes doués d'une faculté de sérieux et présentent une aptitude à la solitude[2]. Certes, on pourrait tenir ce dernier trait pour une marque de pragmatisme. Mais Alain Besançon remarque aussi que les terroristes russes des années 1880 sont « enfermés dans leur monde[3] ». Or Mélanie Klein met le sentiment de solitude en relation avec la nostalgie d'une plénitude maternelle[4]. On peut comprendre qu'en Algérie la cellule d'Al-Qaïda engage de très jeunes gens comme Nabil Belkacemi, âgé de 15 ans à peine, conducteur de la camionnette piégée qui a explosé sur la caserne des garde-côtes de Dellys, à Bourmerdès le 8 septembre 2007[5]. Chez les Palestiens, des enfants de 13 ou 14 ans

---

1. Michel Schneider, *Big Mother*, *op. cit.*, p. 331.
2. Fouzia Mahmoudi, « Le GSPC recrute ses kamikazes. Les révélations d'un adolescent », *Le Jour d'Algérie. Portail de la presse algérienne* (www.presse-dz.com/fr/readart.php ?id=4323).
3. Alain Besançon, *Les Origines intellectuelles du léninisme*, Paris, Calmann-Lévy, 1977, rééd. Gallimard, coll. « Tel », p. 203.
4. Mélanie Klein, « Se sentir seul », in *Envie et gratitude, op. cit.*, p. 122.
5. Salima Tlemçani, « Attentat-suicide contre la caserne de Dellys », *El Watan*, 10/09/2007.

sont kamikazes[1]. Le terrorisme peut, plus que toute autre guerre, devenir la guerre des enfants.

La violence des enfants s'enracine en effet dans un dispositif pulsionnel qui n'est pas passé par l'acceptation d'une entame dans la jouissance. Pour Scott Atran, les terroristes sont des êtres « en quête de compassion », en quête de « la force du lien ». Il remarque que les sites Internet « cherchent à créer une ambiance très protectrice, intimiste, de grande proximité avec les internautes » : « Le but est de créer ce besoin de compassion et de proximité chez tous les gens qui, se reconnaissant dans un certain nombre d'éléments du message culturel et religieux diffusé sur le site, sont en manque de rapports étroits avec autrui. » D'où sa conclusion : « Ce ne sont pas des gens qui respirent la haine, mais [...] ce sont des gens qui respirent l'amour[2]. »

L'attentat-suicide n'est donc pas seulement un attentat plus efficace que les autres, mais l'aboutissement d'un processus pulsionnel. Il est la vérité du terrorisme. Scott Atran montre bien comment l'attentat-suicide s'inscrit dans cette logique fusionnelle. La mort réelle du sujet n'est que le prolongement de cette union dans l'amour : « Bien sûr, la règle est de mourir, mais cette règle se prête à leurs désirs, car elle est la marque des groupes vraiment unis, jusque dans la mort. » Loin d'être une simple contrepartie, la mort représente l'achèvement du processus. Si le terrorisme est une guerre psychologique, il ne peut que culminer dans l'attentat-suicide, car le sujet y devient capable de se laisser aspirer par la mort. Dans cette forme de guerre, le rapport à la mort ne peut être tempéré par le risque qui, en tant

---

1. Avishai Margalit, « Pourquoi des kamikazes ? », *in* Avishai Margalit et Amos Elon, *Pourquoi des kamikazes ? Les raisons d'un désastre* (2003), trad. de l'anglais par P. Rozenberg, Paris, Les Empêcheurs de penser en rond, 2003, p. 21.
2. Scott Atran, « Terroristes en quête de compassion », in *Cerveau*, n° 11, sept.-oct. 2005, p. 12-14. Je remercie Jean Baechler de m'avoir indiqué cet article.

que tel, laisse toujours subsister une incertitude sur l'issue du combat. On peut ignorer le risque pour continuer à espérer au-delà du raisonnable qu'on « va s'en tirer ». Mais dans le terrorisme la mort doit être voulue et désirée pour elle-même comme ciment de l'union. L'efficacité du terrorisme réside dans le désir de mort du combattant. L'élite des combattants n'y est pas celle qui surmonte le risque de la mort – comme, classiquement, dans la lutte à mort des consciences de soi –, mais celui qui en appelle à sa propre mort. Le suicide terroriste n'est pas un sacrifice pour les générations futures. Donner une valeur à sa mort, à la guerre, c'est ramener celle-ci aux valeurs de la vie. Or Ben Laden clive amour de la mort et amour de la vie comme l'Orient et l'Occident en déclarant à un journaliste de CNN : « Nous aimons la mort [...] comme vous aimez la vie [1]. »

Les « kamikazes »

L'usage du mot « kamikaze » s'est généralisé pour désigner les terroristes qui pratiquent les attentats-suicides. On peut, tout d'abord, le critiquer [2]. Les pilotes japonais qui marquèrent l'opinion mondiale à partir de 1944 n'étaient pas des terroristes attaquant des civils, mais des soldats affrontant d'autres soldats dans le cadre d'un conflit interétatique. De plus, en jetant leur avion sur les navires de guerre américains, ils pouvaient rester intérieurement divisés par rapport à la demande que le vice-amiral Onishi Takijiro adressa, à l'insu de l'empereur, aux unités d'élites destinées à former les Tokkôtai, en octobre 1944, même s'ils étaient tous en principe volontaires, et en tout cas animés d'une telle ardeur qu'il fut parfois difficile de les

---

1. Oussama Ben Laden, « Extraits de "Entretien avec CNN" », 1997, trad. J.-P. Milelli, *in* Jean-Pierre Milelli et Gilles Kepel (dir.), *Al-Qaïda dans le texte, op. cit.*, p. 53.
2. Stéphane Thibierge, « Kamikaze », 31/10/2002, www.freud-lacan.com.

dissuader de mourir quand ce n'était pas nécessaire[1]. Ils obéissaient à ce qui leur semblait un devoir patriotique et militaire, et leur mort valait comme sang versé pour la patrie comme c'est le cas dans le cadre de toute guerre classique. Même s'ils s'engageaient davantage pour une certaine idée du Japon que pour l'empereur, ils ne pouvaient pas savoir exactement à quel point son opinion serait mitigée. Mis au courant après la bataille de Leyte d'octobre 1944, celui-ci aurait eu cette parole ambiguë : « Est-il indispensable d'en venir jusque là ? Enfin, c'est une belle action[2]. » On peut remarquer que les « testaments » laissés

---

1. Selon Bernard Millot, c'est dès le début de la bataille du Pacifique que des aviateurs japonais se jetèrent sur des navires américains, mais ces gestes étaient encore rares et souvent ignorés des chefs directs des pilotes. Durant les six premiers mois de 1944, ces pratiques s'intensifièrent et devinrent surtout un sujet de conversation et de méditation pour les aviateurs. La première décision concertée aurait été prise au début de la bataille d'Iwojima, mais ne put aboutir en raison de l'attaque imprévue d'avions de guerre américains ; Bernard Millot, *L'Épopée kamikaze*, Paris, Robert Laffont, 1970, p. 79-85. Jean-Louis Margolin donne la raison de ces incertitudes, en expliquant dans quelle continuité idéologique et philosophique a surgi l'idée de la mission-suicide. Si celle-ci a pu être précédée d'actes spontanés, c'est que le « suicide, dans une situation désespérée, était pour le combattant nippon l'attitude la plus évidente, et un acte presque banal ». C'est dans ce contexte qu'il fut conçu comme une « arme nouvelle » par le commandement japonais. Il y eut des bombes humaines au Japon avant la Seconde Guerre mondiale, et dès 1941 les journaux japonais racontèrent que les pilotes n'étaient pas abattus mais s'autodétruisaient. De fait, note Margolin, le nombre de prisonniers nippons est faible en proportion du rapport de force. Quand l'idée de la défaite s'impose, les membres de l'armée furent invités à se considérer comme tous « membres d'un commando-suicide » ; Jean-Louis Margolin, *L'Armée de l'empereur. Violences et crimes du Japon en guerre, 1937-1945*, Paris, Armand Colin, 2007, p. 148-154. Dans son témoignage écrit après la guerre, Ryuji Nagatsuka donne, de l'intérieur, quelques indications sur la façon dont l'idée des attaques-suicides a germé chez les pilotes. Il fait remonter l'idée à la bataille d'Iwojima, en notant qu'elle était alors pour lui encore assez vague. Le premier fait qu'il mentionne est de mai 1944, pour dater d'octobre 1944 le premier corps d'attaque spéciale, pas encore nommé *kamikaze*, mais de divers noms – le mot ayant été employé après la guerre par les Américains ; Ryuji Nagatsuka, *J'étais un kamikazé, Les chevaliers du vent divin*, Paris, Stock, 1972, p. 214-215.

2. Maurice Pinguet, *La Mort volontaire au Japon*, Paris, Gallimard, 1984, rééd. coll. « Tel », p. 254.

par les « kamikazes » modernes donnent à leur mort une autre signification que celle dont témoignent les lettres laissées par les pilotes japonais [1]. Ils ne se disent d'ailleurs pas tant kamikazes que « martyrs » *(shahid)* [2]. Leur mort vaut en elle-même non comme un pis-aller dû à un affrontement militaire sur lequel le sujet n'a pas de prise, quand bien même il adhère à l'objectif, mais comme un acte positif en lui-même créateur de sens et destiné à susciter des vocations – ce qui ne manque pas de se produire, rien n'étant dans l'ordre psychique plus contagieux, dans une foule, que le suicide. L'instruction des candidats palestiniens au martyre consiste essentiellement dans le visionnage des testaments vidéo des *shahid* précédents [3].

Toutefois, même si l'on peut toujours trouver à redire de l'usage d'un terme, il a le mérite de fournir un élément généalogique que le discours officiel de la politique japonaise d'après-guerre ne doit pas nous dissuader d'examiner [4]. Même si les terroristes inventent une nouvelle sorte de jouissance, à côté de laquelle la vibration éprouvée à

---

1. Jean Lartéguy, *Ces voix qui nous viennent de la mer*, Paris, Gallimard, 1954, rééd. Solar, 1969. Un pilote écrit en avril 1945 : « Je ne meurs pas volontaire, je ne meurs pas sans regret » (p. 133) ; un autre, en octobre 1994 : « Journée de doutes. Les enfants qui ne savent rien sont heureux, mais nous autres sommes les misérables » (p. 141) ; un autre encore : « Tout le monde s'accorde pour me trouver un "un type formidable". Pourtant, à chaque instant, j'ai envie de pleurer » (p. 153). Certains cependant se disent « fier[s] d'être pilote d'avion-suicide » et « heureux de mourir » (p. 137-138). Ryuji Nagatsuka raconte qu'à terre il se montrait « sceptique au sujet de la mort volontaire », et que cet état d'esprit se modifiait durant l'entraînement ; Ryuji Nagatsuka, *J'étais un kamikazé*, op. cit., p. 150.
2. Avishai Margalit, « Pourquoi des kamikazes ? », *in* Avishai Margalit et Amos Elon, *Pourquoi des kamikazes ? Les raisons d'un désastre* (2003), op. cit., p. 21.
3. *Ibid.*, p. 38.
4. « Nous ne voulons pas que vous décriviez les tactiques *kamikazes* sous le nom d'attaques-suicides. Jusqu'au bout, nous avons cru que nous pourrions équilibrer votre force matérielle et scientifique par nos convictions spirituelles et nos forces morales » ; propos du général Kawabe devant une commission d'enquête américaine, 1945, cité par Pierre Clostermann, préface à Ryuji Nagatsuka, *J'étais un kamikazé*, op. cit., p. 9.

l'écoute des chants militaires ressemble à une tonalité douce, ils ne partent pas de rien. La conception japonaise de la mort volontaire exerça une influence décisive dans le devenir du terrorisme moderne. Ryuji Nagatsuka, qui a survécu par miracle aux attaques-suicides, raconte dans le témoignage qu'il laissé à quels débats l'ordre d'Onishi Takijiro a donné lieu. Comment systématiser ce qui, avant 1944, participait de la décision volontaire : « Il y avait quand même une légère différence entre l'entreprise spontanée de l'attaque-suicide et celle qui découlerait d'un ordre [1] » ? Si l'ordre fut accueilli avec enthousiasme, c'est, raconte-t-il, en raison de la vertu de l'exemple, qui mit les mandatés dans la disposition d'imiter leurs prédécesseurs, lesquels avaient agi de leur propre initiative.

L'attentat de Lod, en mai 1972, considéré par Raymond Aron comme une date majeure du terrorisme contemporain – premier attentat conçu comme un attentat-suicide –, s'enracine dans cette histoire. Le père de Fusako Shigenobu, l'instigatrice de cet acte, était un militant nationaliste, membre de la Ligue des frères de sang puis engagé dans l'armée pendant la Seconde Guerre mondiale. Elle s'est sentie encouragée dans son combat par son père, malgré les divergences idéologiques qui les opposaient. Surtout, ce qui lui aurait été transmis de l'héritage paternel était l'absence de retenue dans le sacrifice humain [2]. Maurice Pinguet montre bien comment la mort volontaire avait déjà, au milieu du XXe siècle, perdu son caractère de « suicide d'honneur », acte désintéressé par lequel les militaires, essentiellement, témoignaient de leur sens du devoir. Pour cela, il fait l'histoire du terrorisme japonais et parvient à des conclusions étrangement analogues à celles que dégage Michael Walzer pour le terrorisme occidental. À peu près à la même

---
1. Ryuji Nagatsuka, *J'étais un kamikazé*, *op. cit.*, p. 218.
2. Michaël Prazan, *Les Fanatiques. Histoire de l'Armée rouge japonaise*, *op. cit.*, p. 84.

époque qu'en Russie, il y eut, au Japon, un terrorisme de gauche qui pratiqua l'assassinat politique en tuant des membres de la famille impériale (le marquis Okuma en 1898) ou des hommes politiques (un responsable des Affaires étrangères en 1913). Le terrorisme de droite fut cependant très vite majoritaire, d'où des actes hybrides, comme l'assassinat d'un banquier, en 1921, par un militant d'une Ligue d'extrême-droite, « synthèse imprévue » de terrorisme anarchiste et d'idéologie nationaliste. Néanmoins, dans la mesure où ces actes sont conformes au code de l'honneur japonais, ils se concluent toujours, à la différence de ce qui se passe en Europe et en Russie, par le suicide du terroriste qui se tranche la gorge ou s'ouvre le ventre pour signer son acte[1]. Dans un second temps, la mort volontaire est exploitée dans une forme inversée de chantage au suicide. Les terroristes adressent alors à leur cible la demande de se suicider, faute de quoi ils l'assassineront. Recevoir au courrier une dague, comme cela arriva, en 1932, à un ancien ministre des Finances, devait être interprété comme prélude à l'assassinat[2]. Les « kamikazes » – dont on peut accepter le nom même s'il ne s'est imposé qu'après la guerre et sous l'influence des Américains – ont puisé dans une tradition de mort volontaire pour en modifier le sens. Eux-mêmes étaient déjà en rupture avec leur tradition. Leur suicide ne relevait plus seulement de l'ordre de l'honneur désintéressé mais déjà du calcul de la terreur. C'est cet infléchissement de la tradition qui a pu être transmis aux terroristes des années 1970 et, de là, après la bascule de Lod, au terrorisme actuel.

Les « kamikazes » d'aujourd'hui ont néanmoins franchi un pas supplémentaire : la mort est l'objet même d'une vocation. Si les organisations terroristes sont parfois proactives dans le recrutement, elles sont, dans d'autres cir-

---

1. Maurice Pinguet, *La Mort volontaire au Japon*, op. cit., p. 237-238.
2. *Ibid.*, p. 240.

constances, débordées de demandes, comme le fut le haut-commandement japonais après les premiers avions suicides. Récemment, le jeune Palestinien Amer Al-Fahr avait vu sa candidature au suicide refusée par le Hamas et le Djihad islamique avant d'être acceptée par une organisation moins sollicitée, le FPLP de Georges Habache[1]. Dans le terrorisme actuel, cette jouissance pulsionnelle de la mort volontaire a été systématisée là où, au Japon, elle restait limitée par l'effondrement de l'empire et la guerre.

Ces modifications du rapport à la mort volontaire sont des effets de la transformation du modèle d'autorité. Dans la guerre classique, œdipienne, la pulsion de mort est certes convoquée. On ne joue pas sa vie sans risquer de s'abolir comme sujet de désir, et tel est bien ce qui constitue depuis toujours le grand frisson de la guerre. La guerre illustre l'idée freudienne selon laquelle les deux pulsions, de vie et de mort, sont la plupart du temps intriquées, et retournables l'une sur l'autre. Ainsi, le fait de « se défendre » résulte bien d'un retournement sur soi et d'intériorisation de la violence contre l'autre ; une partie de la pulsion de mort se tourne vers l'extérieur pour détruire l'ennemi, une autre partie « reste active à l'intérieur de l'être vivant[2] ». De même que les pulsions sexuelles réclament que l'on conquière l'objet – et mettent donc l'agressivité à leur service –, de même, lorsqu'elle se désexualise, c'est-à-dire devient pulsion de mort, la pulsion ne cesse de mettre à son service les pulsions de vie, les pulsions sexuelles : il peut y avoir une excitation dans le fait de donner la mort. Mais l'attentat-suicide obéit à une injonction d'une autre nature, qui est moins de l'ordre du sacrifice, comme le disent les terroristes eux-mêmes, que d'un vœu positif de coïncidence avec l'instance dont ils dépendent. C'est pourquoi leur

---

1. François Soudan, « Amer, Kamikaze », *Jeune Afrique*, 7 novembre 2004 (www.jeuneafrique.com).
2. Sigmund Freud, « Pourquoi la guerre ? », in *Résultats, idées, problèmes*, vol. II, p. 211.

mort est décrite comme une promesse de jouissance totale et satisfaisante, capable d'engloutir le sujet, comme l'évoque l'image des milliers de vierges censées l'attendre. La pulsion de mort n'est plus mélangée, mais l'aspiration à l'harmonie d'une satisfaction pleine fait apparaître sa puissance mortifère débridée. La tentative, effectivement désespérée, de réinstaurer le lien fondamental perdu fait espérer de la mort qu'elle mette fin à toute séparation avec l'Autre maternel, tandis que la mort du fils à la guerre, ou sur la croix, est un abandon par le père.

Martyr ou héros ?

Le film d'Abu-Assad *Paradise now* met en scène un kamikaze de Naplouse dont le père a été symboliquement écarté de la mémoire collective, ayant été tué par les Palestiniens au prétexte qu'il « collaborait ». C'est cette absence d'un père dont il puisse se réclamer qui conduit Saïd, malgré la tentation de la vie incarnée par une jeune Palestinienne, à se faire exploser. Suha, il est vrai, est fille de héros. Si elle ne parvient pas à le persuader de la stupidité de l'acte qu'il se prépare à commettre, c'est que, en quelque sorte, à l'hommage de la fille du héros ne peut venir répondre que le martyre.

La mort volontaire de la tradition japonaise classique est un acte héroïque. Les actes et les instruments par lesquels le sujet se donne la mort sont codés. Il s'agit là de se trancher, pas de se faire exploser. La mort volontaire des kamikazes de 1944 est la première à pratiquer l'explosion en plein vol. Si le mot kamikaze n'est pas si absurde pour désigner les bombes humaines, c'est qu'il faut faire une différence entre les attentats-suicides à l'arme à feu, qui laissent le corps du terroriste intact, et la « bombe humaine » par laquelle il est déchiqueté. Le sujet prend en effet le parti, en faisant sauter ses lambeaux de chair à la figure de ses victimes, non seulement de faire peur, mais de terroriser. La terreur est mélange de peur et d'horreur. Avishai Margalit et Amos Elon le montrent en analysant les effets psychiques des divers attentats-suicides sur les Israéliens. C'est par l'effet sur la cible que ces attentats se distinguent, puisque le terroriste s'expose à la mort de la même manière. Dans le cas de la « bombe humaine », ce qui est suscité est « non seulement un sentiment de peur ordinaire, mais un intense mélange d'horreur et de révulsion[1] ».

En ce sens, il y a bien un martyr, au sens grec de « témoin » : le suicidé prend à témoin, en laissant son corps en miettes. Ce corps réellement morcelé, mêlé à celui de ses victimes, témoigne de la fusion réelle avec l'indifférencié, cet aoriste représentatif de l'élément maternel. Si la guerre classique est un corps à corps, la guerre terroriste mêle les corps défaits. Comme le disent les « kamikazes » contemporains dans leur testament, leur mort est un « mariage ». Singulier mariage qui mène à son terme la logique de désexualisation de la pulsion de mort. *Paradise now* exprime bien, sur ce point encore, le vœu de maîtrise absolue qui anime ce dessein. Peu avant le moment fatidique, l'instructeur Jamal dit à ses recrues : « Quand on n'a pas peur de la mort, on maîtrise la vie. » Le terroriste est celui qui use de la peur de l'autre non pour en faire son esclave, comme c'était encore le cas dans les dialectiques hégéliennes des consciences, mais pour le tuer réellement, par sa propre mort, réelle, elle aussi. L'instructeur Jamal dit à Saïd et à Khaled ce que Ben Laden répète dans ses discours : les Occidentaux ont peur de la mort, et la supériorité du terroriste consiste à mettre en continuité la mort et la vie, à aimer la mort elle-même.

---

1. Avishai Margalit, « Pourquoi des kamikazes ? », *in* Avishai Margalit et Amos Elon, *Pourquoi des kamikazes ? Les raisons d'un désastre* (2003), *op. cit.*, p. 11.

Si le martyr n'est pas un héros, il n'est cependant pas non plus un martyr au sens classique, c'est-à-dire chrétien, du terme. Le sens juridique que le terme avait chez les Grecs a été absorbé depuis le Ier siècle par les pratiques des chrétiens qui s'exposaient volontairement à la mort dans l'Empire romain au moment de leur persécution. Toutefois, ces actes étaient toujours des actes de résistance ponctuelle, une épreuve de force dans laquelle le persécuté lançait le défi au persécuteur de lui infliger la mort pour avoir désobéi à la loi. Quand Procope eut la tête tranchée pour avoir refusé de sacrifier aux dieux en déclarant ne connaître qu'un seul Dieu, il savait qu'il allait à la mort. Toutefois, il ne l'anticipe pas, ne se tue pas lui-même mais pousse le défi à son extrême. Certes, comme le remarque Fahrad Khosrokhavar, la mort peut, dans cette configuration, devenir une fin en soi, elle peut apparaître comme l'accès au monde céleste bienheureux et comme la délivrance des souffrances de la vie terrestre. Mais, ce martyre, même consenti et heureux, est toujours un martyre défensif. Au contraire, le martyre terroriste contemporain pratique un martyre offensif[1]. L'ancien martyr ne cherche pas à donner la mort en se l'infligeant, mais son martyre ne vise qu'à tuer. Sa propre mort s'efface devant celle des autres, en un curieux retournement de sens. Le martyre offensif est inclassable dans les catégories traditionnelles. Selon Zygmunt Bauman, les terroristes actuels sont pour cette raison des mélanges de martyr et de héros qui ont sélectionné la part la plus morbide de l'héritage. Ils sont d'« atroces versions mutantes des martyrs à l'ancienne, sur lesquels ont été greffés des simulacres tout aussi déformés des héros à l'ancienne[2] ». Les vertus respectives du héros et du martyr sont incompatibles. Pour l'un comme pour l'autre, c'est le fait de n'être pas ce qu'est

---

[1]. Farhad Khosrokhavar, *Les Nouveaux Martyrs d'Allah*, Paris, Flammarion, 2002, coll. « Champs », 2003, p. 17.
[2]. Zygmunt Bauman, *La Vie liquide*, trad. de l'anglais par C. Rosson, Le Rouergue/Chambon, 2006, p. 64.

l'autre qui tempère la violence mortifère de l'acte : en n'étant pas un héros, le martyr ne cherche pas à tuer en même temps qu'il se tue ; en n'étant pas un martyr, le héros ne cherche pas à se tuer. S'il en est ainsi, c'est que le martyr comme le héros obéissent encore à la loi d'un père, tandis que les actuels kamikazes se vivent comme les enfants de pères effondrés.

Conclusion

En tant que forme de guerre, le terrorisme serait la forme prise par la guerre quand le modèle paternel d'autorité s'éclipse au profit d'un modèle maternel. Ainsi, ce qu'il y a de plus redoutable dans la guerre classique est-il dépassé. Le pire pour un homme est de mourir de mort violente du fait d'autrui. Ce qu'on nomme courage, dans les vertus militaires, consiste précisément en une telle confrontation avec l'altérité. Le risque majeur – qui implique qu'on fasse tout pour échapper à la mort – est de recevoir le coup mortel, qui envoie rejoindre l'indéterminé, de celui dont on ne veut rien recevoir car il est objet de haine. Dans l'attentat-suicide, ce risque est éludé. Il n'y a même plus de confrontation avec l'altérité : on s'inflige à soi-même sa propre mort.

Si l'attentat-suicide n'est pas un accident du terrorisme, mais son essence et son point culminant, qui n'a pas été immédiatement atteint mais est inscrit dans sa logique, c'est qu'il relève de ce que Jean-Pierre Lebrun nomme « la perversion ordinaire [1] ». Dans la guerre classique, le rapport à l'ennemi est médié par un Autre, non pas tant parce que ce sont des États qui s'opposent que parce que l'altérité est prise en compte. Il n'est nul besoin de trois pour faire trois,

---

[1]. Jean-Pierre Lebrun, *La Perversion ordinaire. Vivre ensemble sans autrui*, Paris, Denoël, 2002, coll. « Champs », 2007.

mais l'hostilité de deux parties peut laisser place au *tertium quod*, dès lors que l'autre comme tel est pris en compte. Si l'autre est autre, on ne peut en effet avoir à son égard un rapport seulement duel : l'autre n'est pas maîtrisable, il y a, amené avec lui, ce qui irréductiblement nous échappe en commun. Même si c'est la force qui départage les armées, celle-ci joue le rôle de tiers. Le terrorisme est la guerre ramenée à une dimension duelle qu'elle n'a jamais connue. Le duel médiéval suppose encore un tiers, comme la gloire escomptée et l'honneur qui le cause le montrent bien. Le terrorisme est une guerre qui fait l'économie de l'altérité. L'usage des kamikazes témoigne du refus de voir dans la mort une perte. Dans le terrorisme contemporain, la mort n'est plus le maître universel : les kamikazes prétendent s'être rendus maîtres de la mort elle-même.

Remonter aux sources du terrorisme, c'est donc rechercher comment s'est constituée cette autre façon d'envisager l'action politique. Si le terrorisme fait fond sur la pulsion de mort, c'est parce qu'il repose sur une théorie de l'action politique qui tente de se passer autant que possible du ressort de la parole. Ce qui fait barrage à la pulsion, ou du moins permet de la diriger n'est en effet rien d'autre que le langage. Quand celui-ci est récusé au profit des actes seuls, la voie est ouverte pour la pulsion de mort. C'est la raison pour laquelle on doit chercher dans l'anarchisme, et plus spécialement dans l'anarchisme russe du XIXe siècle, les sources des phénomènes contemporains qui nous étonnent. C'est dans l'anarchisme russe que se conceptualise en effet la justification de la terreur en elle-même et que s'ouvre tout l'espace de la pulsion de mort.

Troisième partie

L'anarchisme : les fondements théoriques du terrorisme

Si l'attentat-suicide est le point d'accomplissement de la logique terroriste, si l'on peut considérer que les autres formes de terrorisme ne constituent que des versions inabouties contenant en puissance une possibilité de se donner la mort irréductible au risque de perdre la vie au combat, c'est dans la théorie de l'anarchisme révolutionnaire qu'il faut rechercher les fondements théoriques du terrorisme. C'est dans l'anarchisme que se pense pour la première fois de l'histoire le recours à la terreur. Certes, contrairement au terrorisme actuel qui, dans la logique de l'attentat-suicide, s'emploie à la quasi-disparition de toute « zone de neutralité [1] » ou, si l'on se place du côté des victimes, de toute « zone d'immunité [2] », le terrorisme russe du XIXe siècle relève, dans ses actions, de l'assassinat politique. Il est classiquement politique : sont désignés cibles ceux et seulement ceux que l'on peut assimiler à la sphère politique dont la responsabilité dans l'état de fait incriminé est clairement perceptible.

Les discours portent davantage que les actes. Les premières théorisations de la violence politique chez les

---
1. Gaston Bouthoul, *Le Défi de la guerre (1740-1974). Deux siècles de guerre et de révolution*, PUF, 1976.
2. Michael Walzer, *Guerres justes et injustes, op. cit.*, p. 276.

anarchistes russes permet de comprendre l'évolution du terrorisme vers la réduction à presque rien de la zone de neutralité. L'anarchisme russe peut apparaître comme le premier élément de la généalogie de la violence politique, car les idées-forces de tout terrorisme radical s'y trouvent en germe : le dépassement du principe de la nation au profit d'une conception internationaliste de la sédition, le refus ou la critique de l'autorité centralisée et par conséquent de l'organisation en parti politique, l'installation de la source de légitimité politique dans l'individu et le privilège accordé aux actes aux dépens de la parole – tout terrorisme se définissant comme une sorte de propagande par les actes. Ces traits ne fondent aucune typologie. Ils ne caractérisent pas un type de terrorisme qu'un autre pourrait méconnaître, mais sont essentiels au développement de l'idée terroriste dans son ensemble.

Une illustration de cette généalogie a été fournie à la presse le 11 septembre 2001. La seule revendication des attentats contre le World Trade Center et le Pentagone a été exprimée dans un journal jordanien, *Al Wahled*. Elle prétendait émaner de l'« Armée rouge japonaise ». Même si personne n'a cru un instant à la réalité factuelle de l'imputation, on peut noter l'intérêt du rapprochement entre le mouvement de la « Reine rouge » et celui de Ben Laden. Au-delà du souvenir de celle qui conçut le premier attentat-suicide, ce message interprète le 11 Septembre comme un retour aux sources de la lutte armée. Or l'ancrage théorique du *Nihon Sekigun* n'est pas seulement trotskyste et maoïste, comme les divers mouvements insurrectionnels étudiants issus de 1968, dont il fait par ailleurs partie. L'Armée rouge japonaise, à la différence de la Fraction armée rouge, d'Action directe ou des Brigades rouges, qui n'ont pas eu recours à l'attentat-suicide, s'est enracinée aussi dans une culture anarchiste. Michaël Prazan, dans le livre passionnant qu'il a consacré à ces « fanatiques », le note bien. Il rappelle qu'ils unissaient dans leurs emblèmes un casque rouge frappé d'un idéogramme noir, le noir de l'anarchie avec le rouge de la gauche révolutionnaire. Il analyse également les liens du *Sekigun* avec une avant-garde cinématographique de tendance anarchiste, le mouvement « pink » et le cinéaste Matsuda qui se définit comme un « anarchiste révolutionnaire [1] ». Or l'anarchisme, qui s'est défini comme mouvement insurrectionnel, est d'abord l'anarchisme russe.

---

1. Michaël Prazan, *Les Fanatiques. Histoire de l'Armée rouge japonaise*, *op. cit.*, p. 11, 75, 252.

Chapitre V

Le paradigme anarchiste ou la résurgence de la branche aînée de la révolution

Si l'anarchisme russe constitue ici la source de l'idée terroriste, c'est paradoxalement parce qu'il fait partie de ces idées qui ont été enfouies, de ces idées qui ont « échoué », au sens que donne Albert Hirschman à l'échec dans l'histoire des idées. Une idée qui a échoué est une idée qui n'est pas revendiquée comme telle, qui n'est pas explicitement reprise ni intégrée à un héritage, mais qui continue cependant à produire des effets souterrains et à être répétée sans qu'on puisse en identifier la source[1]. L'anarchisme russe est une idée qui a échoué car il a été recouvert par deux autres conceptions de la révolution, la conception marxiste poursuivie dans le communisme, et la conception nationale des guerres de décolonisation. Les conditions de ces deux autres conceptions ayant disparu, la première, qui n'avait jamais cessé de travailler, réapparaît aujourd'hui, après la chute du mur de Berlin.

C'est Lénine qui a congédié, en Russie, l'anarchisme et l'action politique insurrectionnelle que ce mouvement a contribué à concevoir. Avant d'être l'artisan de la révolu-

---
1. Albert Hirschman, *Les Passions et les intérêts, op. cit.*, p. 118 *sq.*

tion bolchevique, Lénine est l'auteur d'une révolution interne au mouvement révolutionnaire. Pour lui, « la conception du monde anarchiste est une conception bourgeoise retournée à l'envers[1] ». L'enjeu réside précisément dans l'adoption ou non du principe de la terreur. Le terrorisme est apparu en Russie dans le prolongement de la pensée anarchiste qui se développa elle-même à l'intérieur du mouvement que l'on a appelé « populisme » à partir du milieu du XIXe siècle en Russie et comprenant les tendances très variées qui composèrent la gauche socialiste et désignaient primitivement l'attitude attendue de l'intelligentsia : « aller au peuple[2] ». Si la théorie léniniste de la révolution est une stratégie de conquête du pouvoir politique, la conception anarchiste passe au contraire par le terrorisme. Comme l'explique Lénine en 1901, le rejet de la terreur n'est pas pour lui une affaire de principe. Contre les anarchistes et les sociaux-démocrates, il prône une « terreur d'en haut », légitimée par les impératifs guerriers de la révolution et organisée par un pouvoir central, seulement valable lors de « l'assaut décisif ». Il refuse en revanche « l'engouement pour la terreur auquel tant de gens sont si enclins aujourd'hui au point d'y voir notre arme principale et essentielle[3] ».

Les deux chemins, bolchevique et terroriste, furent, dans la Russie opposée au tsarisme, très littéralement frères : Vladimir Ilitch Oulianov inventa sa propre voie contre ce qui lui apparut comme l'échec de son frère aîné, Alexandre Ilitch Oulianov. Anarchiste, membre du parti révolutionnaire terroriste Narodnaïa Volia (« La volonté du peuple »),

---

1. Lénine, « Socialisme et anarchisme », 25 novembre 1905, *in* Marx, Engels, Lénine, *Sur l'anarchisme et l'anarcho-syndicalisme*, Moscou, Éd. du progrès, 1982, p. 228.
2. Franco Venturi, *Les Intellectuels, le peuple et la révolution. Histoire du populisme russe au XIXe siècle* (1952), trad. de l'italien par V. Paques, Paris, Gallimard, 1972, 2 vol.
3. Lénine, « Par où commencer ? » in *L'Iskra* (1901) ; in *Que faire ?*, Paris, Sciences marxistes, 2004, p. 35.

lui-même issu d'une scission avec Zemlia i Volia (« Terre et liberté »), le frère de Lénine participa, avec quatre de ses camarades, à une tentative d'attentat contre le tsar Alexandre III, en 1885 à Saint-Pétersbourg, ce qui lui valut d'être condamné à mort et exécuté.

Le parti populiste Zemlia y Volia s'organise en 1876 à partir d'un noyau clandestin surnommé les « Troglodytes » et qui prône l'action violente, l'agitation et la désorganisation de l'État. Le groupe Narodnaïa Volia représente la frange radicale de ce parti et demeure seul après le départ des membres les plus modérés. Certes, le marxisme constitue également une référence pour ses militants, car c'est très tôt qu'à la surprise de son auteur les idées de Marx influencent les révolutionnaires russes. Alain Besançon relate que, « dans une lettre à Marx du 25 octobre 1880, le comité exécutif de Narodnaia Volia l'informait que *Le Capital* était, depuis longtemps, un manuel d'emploi quotidien dans l'intelligentsia démocratique russe » et souligne à quel point cette assertion, dans sa fausseté, est significative de la représentation que les révolutionnaires avaient d'eux-mêmes, eux dont l'ancrage majeur était anarchiste [1]. C'est de cet anarchisme révolutionnaire que Lénine entend montrer la fausseté et l'inaptitude à « guider la classe révolutionnaire [2] ».

Quand Alexandre Ilitch Oulianov fut arrêté, Vladimir Ilich Oulianov préparait son baccalauréat. S'il a tiré précocement les leçons de l'engagement de son frère, il a néanmoins aussi profité de la réputation de celui-ci dans le cercle des étudiants révolutionnaires, jusqu'à être expulsé de l'université de Kazan inquiète du charisme qui se dégageait du nom même d'Oulianov. Lénine a recueilli l'héritage de son aîné tout en le subvertissant. Lui qui se cultiva peu dans

---

[1]. Alain Besançon, *Les Origines intellectuelles du léninisme*, op. cit., p. 185.
[2]. Lénine, *La Maladie infantile du communisme : le gauchisme* (1920), Paris, 10-18, p. 31.

son existence médita longuement le roman préféré de son frère et de nombreux jeunes gens de la génération antérieure, *Que faire ?*[1] de Tchernychevski, notamment après l'exécution de son frère et sa propre expulsion de l'université. C'est en hommage à ce roman, et pour modifier la réponse à la question posée par son titre, que Lénine publie en 1902 son propre *Que faire ?*.

L'islamisme est aujourd'hui l'héritier d'une tradition syncrétique qui contient entre autres legs l'héritage révolutionnaire anarchiste. Il est certes fondamentalement anticommuniste et les raisons en sont pour partie conjoncturelles. Trois quarts de siècle après la révolution bolchevique et la prise du pouvoir par Lénine, le communisme est devenu un ennemi pour les islamistes en rébellion dans les républiques d'URSS de religion musulmane. L'Afghanistan fut une école de formation des terroristes islamistes qui accomplirent là, à partir de l'intervention soviétique de 1979 jusqu'en 1989, leur passage à la lutte armée. Des volontaires de tous les pays vinrent se battre en Afghanistan. L'idéologie de Ben Laden est dépendante de cet anticommunisme de circonstance. Oussama Ben Laden arrive en Afghanistan peu après l'invasion de l'armée soviétique et rencontre Abdallah Azzam qui accueille les volontaires depuis 1981. Quelques années plus tard, il crée avec lui le « bureau des services » chargé de les envoyer en Afghanistan. Les jihadistes formés, dans les camps afghans, au combat contre les militaires de l'URSS revinrent dans leur pays porteurs de l'idéologie anticommuniste. Ainsi, en Algérie par exemple, les chefs du GIA étaient surnommés « les Afghans ». La déstabilisation qu'ils firent subir au pouvoir algérien, aidé, jusqu'à la chute de l'URSS, par les pays de l'Est, est révélatrice de l'impact de cet anticommunisme. Toutefois, cet islamisme terroriste emprunte aussi à la rhétorique anticapita-

---

1. Nicolaï Tchernychevski, *Que faire ?* (1863), trad. du russe par D. Sesemann, Paris, Éditions des Syrtes, 2000.

liste et anti-impérialiste, privilégiant dans ses attaques les cibles américaines. C'est donc à une autre tradition de contestation de l'économie capitaliste que l'islamisme se réfère. La religion ne constitue pas un socle suffisant pour un *jihad* protestant contre la distribution des biens et du pouvoir dans le monde. La chute du mur de Berlin, en enfouissant l'héritage communiste, a en même temps fait ressurgir ce que le communisme avait recouvert. Pas plus que l'histoire individuelle, l'histoire collective n'épouse une linéarité autre qu'imaginaire. On peut bien plutôt la représenter comme une série des strates plus ou moins actualisées selon les circonstances. Or la strate oubliée et recouverte par le léninisme est la branche aînée de la révolution, l'anarchisme.

Le terrorisme actuel a fait valoir en quelque sorte le droit d'aînesse de la violence politique, par la pratique d'une violence non étatiste et une organisation plus disséminée de la terreur. Quelques jours après la chute du mur de Berlin, le 24 novembre 1989, Abdallah Azzam est assassiné dans une rue de Peshawar par une bombe placée dans sa voiture. Ben Laden, soupçonné, a toujours nié être à l'origine de cette disparition. En tout état de cause, il s'émancipe alors du dernier héritage bureaucratique en fondant « une base » (Al-Qaïda) – terme qui conjoint une acception militaire à une signification informatique. « La base » se veut une simple « base de données » *(Qaidat al-ma'lûmat)* [1].

Si l'anarchisme révolutionnaire réapparaît dans l'effondrement institutionnel du communisme, ce n'est pas seulement par réappropriation de la violence confisquée par un terrorisme d'État dans les pays communistes, mais pour une raison différente qui tient à l'histoire du terrorisme lui-même : après avoir été international chez les révolution-

---

1. Gilles Kepel, *Jihad*, *op. cit.*, p. 483 ; Omar Saghi, « Oussama Ben Laden, une icône tribunitienne », *in* Gilles Kepel et J.-P. Milelli (dir.), *Al-Qaïda dans le texte*, *op. cit.*, p. 19.

naires anarchistes russes, le terrorisme s'est mis au service de causes nationales, jusqu'à ce que Al-Qaïda l'émancipe à nouveau des nationalismes. C'est ce phénomène qui est déconcertant et qui explique que l'on puisse chercher dans la théorisation anarchiste de la violence globale, mondiale, le ressort et les buts de cette capacité à dépasser les nations.

Internationale anarchiste, internationale islamiste

C'est de manière conjointe que Lénine puis Staline ont concilié la révolution et la nation, en infléchissant l'internationalisme révolutionnaire vers une politique classique d'influence de l'Union soviétique dans les pays qui acceptaient son aide, et que les luttes de décolonisation se conçurent en vertu de la même réconciliation comme des luttes nationales. Au-delà même des internationales trotskystes, qui admettent toujours le principe du cadre national des luttes, l'anarchisme est par principe radicalement hétérogène à l'idée nationale. C'est d'abord en cela qu'il permet de penser l'islamisme contemporain.

L'anarchisme du XIXe siècle et l'islamisme actuel ont en commun une manière similaire d'envisager le dépassement du cadre politique de la nation. Dans les deux cas, on ne parle d'internationalisme que par commodité langagière. L'internationalité suppose toujours la référence à des nations constituées, dont les membres peuvent se réunir pour dépasser le cadre de celles-ci, voire en assurer une forme de relève, en une multiplicité de cas de figure possibles selon le degré d'attachement à la forme politique nationale. Au contraire, dans l'anarchisme comme dans l'islamisme, la nation politique est proprement ignorée au profit d'une autre référence. Le recrutement des membres autant que le projet politique lui-même sont moins internationaux que transnationaux. Il ne s'agit en effet ni de l'internationalisme révolutionnaire ni de l'internationalisme institutionnel des institutions internationales actuelles.

Le nationalisme révolutionnaire, en islam, fut arabe durant toute la période nassérienne. Certes, les membres d'Al-Qaïda sont en majorité arabes, mais la théorisation de l'islamisme dont est issu le terrorisme actuel résulte d'une tentative de renouvellement de l'islam par sa source indienne. Si Qotb, lui-même d'ascendance paternelle indienne, va chercher son inspiration chez Maudoudi, né dans cette partie de l'Inde qui forme aujourd'hui le Pakistan, c'est parce que l'herméneutique arabe a selon lui été trop pénétrée par la culture grecque. La source indienne offre plus encore que le retour à une source considérée comme authentique car moins dévoyée par l'influence occidentale : elle permet un remaniement identitaire de l'islam, assimilé à tort, dans l'opinion occidentale, à l'arabité. Il ne s'agit pas seulement de coller statistiquement avec l'évolution de l'islam dans le monde, la majorité des musulmans du monde vivant en Asie, mais aussi de proposer une conception de l'identité musulmane en accord avec la réalité de la diaspora musulmane.

Le recrutement d'Al-Qaïda a voulu correspondre à la réalité de ce qu'Olivier Roy nomme l'« islam mondialisé[1] ». Par mondialisation, il faut ici entendre non l'extension au niveau du monde, mais les transformations identitaires survenues au XXe siècle, siècle qui fut plus qu'aucun autre celui des grandes migrations. Ainsi, le renouvellement par la source indienne ne signifie aucunement un basculement ethnique inverse à celui qu'avait imprimé l'arabisme. Au contraire, il est seulement destiné à faire contrepoids à l'influence arabe, sans substitution de l'une à l'autre. L'islamisme témoigne d'un refus de valoir comme « religion ethnique » : « Les musulmans pratiquants ne veulent pas se

---

1. Olivier Roy, *L'Islam mondialisé*, Paris, Seuil, 2002, coll. « Points », 2004.

définir comme arabes, turcs ou pakistanais, mais comme musulmans[1] ». Les recrues d'Al-Qaïda viennent de tous pays et de toutes communautés, y compris non musulmanes d'origine[2]. L'appartenance à un tel mouvement prime sur l'identité nationale et culturelle, comme le résume bien Fahrad Khosrokhavar : « Même s'ils sont arabes pour la plupart, les membres d'Al-Qaïda appartiennent à diverses communautés. Ils vivent dans un univers multiculturel, participent à une pluralité de cultures sans appartenir à aucune d'elles[3]. » La transnationalité du mouvement est assurée par la pluralité d'appartenance que les migrations ont imposée à chacun[4]. Dans ce contexte, plus qu'un retour à une identité donnée, l'islam constitue une référence construite, au service d'une cause politique. La conversion à l'islam prend le sens d'un refus général de la société. Plus qu'une religion, c'est une nouvelle force de contestation. C'est par ce trait que Farhad Khosrokahvar analyse sa puissance d'attraction dans les banlieues françaises ou britanniques sur des jeunes en rupture de ban, même d'origine chrétienne : « Chez une partie délinquante de la jeunesse banlieusarde qui vit de petits larcins et du *deal*, l'islam n'est pas une religion parmi d'autres, mais la seule unique que l'on pourrait embrasser, celle qui n'est pas entachée par les méfaits de la domination[5]. »

Les membres d'Al-Qaïda ont pour cette raison vocation à pratiquer l'« entrisme », comme le faisaient les groupes d'extrême gauche européens dans les partis politiques

---

1. *Ibid.*, p. 14.
2. La première kamikaze européenne, auteur d'un attentat-suicide en Irak en novembre 2005, était issue d'une famille belge chrétienne et récemment convertie à l'islam sous l'influence de son compagnon. De même, les instigateurs de l'attentat contre l'aéroport de Francfort déjoué par la police allemande en septembre 2007 comprenaient deux jeunes Allemands convertis récemment à l'islam.
3. Farhad Khosrokhavar, *Les Nouveaux Martyrs d'Allah*, *op. cit.*, p. 102.
4. Olivier Roy, *L'Islam mondialisé*, *op. cit.*, 210.
5. Farhad Khosrokhavar, *Les Nouveaux Martyrs d'Allah*, *op. cit.*, p. 296.

démocratiques, dans les années 1970. Le Hamas ou le Djihad islamique, qui semblent tendre à la construction d'un État-nation, l'État palestinien, attirent des terroristes d'Al-Qaïda pour qui la construction nationale ne saurait constituer un but suffisant. Certes, ces groupes terroristes ont retardé, en en contrecarrant l'influence, l'entrée d'Al-Qaïda dans le conflit palestinien. Mais même si les leaders d'Al-Qaïda ont critiqué le Hamas quand il a gouverné avec le Fatah, ils appellent les cellules qui leur sont affiliées à lui apporter leur soutien depuis la prise de Gaza. Al-Zawahiri, dans l'appel qu'il a lancé en ce sens affirme que « prendre le pouvoir n'est pas un but en soi, mais un moyen d'appliquer la loi de Dieu sur terre [1] ». De même, si le conflit actuel qui oppose les opposants irakiens aux États-Unis et à un gouvernement qu'ils jugent à leur solde paraît relever d'un enjeu national, le message adressé le 22 octobre 2007 par Ben Laden aux musulmans d'Irak afin d'exhorter les rebelles à s'unir précise que : « La force de la foi réside dans la puissance des liens entre les musulmans et non pas dans ceux d'une tribu ou d'une nation [2]. »

Ce geste de dépassement de la nation à l'intérieur de mouvements de guerre révolutionnaires trouve un seul antécédent dans l'histoire, celui de l'opposition de Bakounine à Marx dans la conception du caractère international de la révolution, et donc de sa finalité politique. Sans aller jusqu'à établir une analogie entre les « musulmans » de Ben Laden et les « prolétaires » de Bakounine, la rhétorique utilisée est dans bien des cas très proche. La première figure qui les rapproche concerne le rapport à la nation. Après l'exclusion des anarchistes de l'Association internationale des travailleurs dans laquelle ils étaient entrés en 1867, Bakounine se prétend le seul à respecter la loi de l'Interna-

---

[1]. « Le n° 2 d'Al-Qaïda, Ayman al-Zawahiri, apporte son soutien au Hamas à Gaza », Nouvelobs.com, 26 juin 2007, 11:16.
[2]. « Oussama Ben Laden invite les rebelles à s'unir », Nouvelobs.com, 23 octobre 2007, 09:19.

tionale : « la solidarité internationale des travailleurs de tous les métiers et de tous les pays », c'est-à-dire des « masses ouvrières de toutes les langues et de toutes les nations [1] ». Bakounine va jusqu'à accuser Marx de « pangermanisme », dans la mesure où il lui est impossible de faire abstraction des schèmes de la pensée politique allemande, du *Volkstaat*. Selon lui, les anarchistes italiens, espagnols, français et russes ont accompli un geste de réflexion politique plus authentiquement transnational. Ce qui conduit à ce remaniement de l'Internationale, pour les anarchistes, c'est la décomposition même des nations [2]. Le thème du déclin économique et moral des États modernes, que l'on croit propre aux islamistes, est déjà présent chez les anarchistes. Corrompu par l'argent, l'État dénoncé par les anarchistes est un État qui croule sous les dettes et les déficits, en raison de sa politique de crédit. Ce qui, à travers l'internationalisme, est en jeu, à la fois dans l'islamisme contemporain et dans l'anarchisme du XIXe siècle, réside dans la constitution d'un universalisme qui ne passe ni par la centralisation ni par l'unification.

Comme l'identité anarchiste, l'idée islamiste actuelle prétend à l'universalisme [3]. Mais dans les deux cas cet universalisme se fonde sur une récusation d'un modèle hiérarchisé et communautaire. Le communautarisme paraît frappé du même défaut que la commune imposée et planifiée dénoncée par les anarchistes comme un dévoiement de l'organisation communale spontanée [4]. Commune et *Umma* ont

---

[1]. Mikail Bakounine, lettre du 5 octobre 1872 au journal *La liberté*, in Marx/Bakounine, *Socialisme autoritaire ou libertaire*, textes rassemblés et présentés par Georges Ribeill, Paris, UGE, coll. « 10-18 », t. 1, p. 365-366.
[2]. Pierre Kropotkine, *Paroles d'un révolté*, articles parus dans *Le Révolté (1880-1882)*, choix de textes par Élisée Reclus (1885), éd. revue par Martin Zemliak, Paris, Flammarion, 1978, coll. « Champs », p. 27 *sq*.
[3]. Olivier Roy, *L'Islam mondialisé*, *op. cit.*, p. 13.
[4]. La commune même – ou la communauté – peut faire figure d'État, dès lors qu'elle est planifiée et conçue de manière autoritaire au lieu de résulter d'une auto-organisation spontanée, ainsi que l'a dénoncé Kropotkine ; Pierre Kropotkine, « Communisme et anarchie », Congrès de Londres

encore pour trait commun de brouiller le partage de la modernité et de la tradition. Tchernychevski, dont l'influence sur les anarchistes fut considérable défendait la commune dans son acception la plus rurale. Pour cette raison, Alain Besançon, voit en lui, un « allié des slavophiles, un slavophile de gauche », tout en soulignant son occidentalisme [1]. De même, les radicaux islamistes actuels font usage de ce thème traditionnel de l'*umma* pour le subvertir en l'adaptant à la modernité [2]. À l'encontre des autres révolutionnaires, soucieux de détruire les préjugés, c'est par une attitude prosélyte de conversion que les anarchistes comme les islamistes tentent d'amener le peuple à eux. La communauté est dépassée sans être frontalement récusée.

Si c'est l'anarchisme russe, plus que la tradition anarchiste européenne, qui est ici paradigmatique, c'est que ses partisans connaissaient le même dilemme que les islamistes actuels. Dans les deux cas, la rupture avec la culture d'origine doit maintenir entière la critique à l'égard de la culture occidentale. C'est dans cette tension doublement critique à l'égard de l'Orient et de l'Occident que se situe le rapprochement de ces mouvements si éloignés dans le temps et l'espace, mais unis par un geste commun. À l'intérieur du populisme russe, un courant occidentaliste se constitua afin de fonder la critique du tsarisme sur une argumentation éprouvée par les socialistes européens. Il prit le nom de radicalisme. Mais les anarchistes ne se retrouvent pas dans ce libéralisme qui, s'il plaide contre le servage, ne va pas jusqu'à s'interroger sur l'exploitation dans le travail, parce

---

de 1876, in *Œuvres*, présentation et choix de textes par Martin Zemliak, Paris, Maspero, 1976, rééd. La Découverte, 2001, p. 41.
1. Alain Besançon, *Les Origines intellectuelles du léninisme*, op. cit., p. 152.
2. Le partage slavophilisme/occidentalisme dans la Russie du XIXe siècle est complexe, comme le montre Alain Besançon : « Le slavophilisme [...] s'oppose aux autres idéologies du populisme, du marxisme, du bolchevisme. Mais il s'accorde avec toutes ces idéologies pour s'opposer au libéralisme, pour autant que ce dernier n'est pas une idéologie », *Les Origines intellectuelles du léninisme*, op. cit., p. 104-105.

qu'il souscrit au thème, jugé par eux idéologique, de l'émancipation par le droit. De même, les islamistes d'aujourd'hui, développent conjointement une critique des sociétés musulmanes traditionnelles trop sécularisées à leurs yeux et une dénonciation de l'illusion de l'idéologie des droits de l'homme. Le *topos* islamiste de la critique des Lumières séduit efficacement ceux qui demeurent pénétrés de l'argumentation de Marx sur la théorie de l'émancipation bourgeoise. Dans les deux cas, il faut récuser la prétention libérale à incarner la critique de la culture.

*La critique de la hiérarchie : la commune et l'*umma*, le réseau et le parti*

Si plus que toute autre idéologie révolutionnaire, l'anarchisme peut nous servir à penser l'islamisme, c'est que, pour des raisons apparemment différentes mais analogues, l'ennemi, dans les deux cas, est prioritairement l'État centralisé et hiérarchisé, qui paraît incarner un modèle paternel d'autorité. Néanmoins, la complexité de l'anarchisme provient de ce que sa cible se modifie avec l'évolution du pouvoir. Si l'État ne représente plus l'autorité, on peut voir des anarchistes en appeler à l'État contre l'autorité. Ce qui est revanche rejeté est toujours ce qui fait centre et source de pouvoir. Dans un monde où le pouvoir est disséminé, l'opposition au pouvoir doit passer par une organisation disséminée.

Chez les anarchistes russes, l'autorité de l'État est rejetée au titre qu'elle est source de toutes les formes d'autorité répandues partout dans la société. Mais c'est l'autorité elle-même qui est la cible, en tant qu'elle constitue le centre dynamique du pouvoir. L'autorité est identifiée au pur exercice de la force et d'une contrainte reposant sur les corps habilités à user de la force, la police et l'armée. Considérer tout rapport de force politique comme *in fine* policier et militaire justifie que l'opposition passe par la lutte armée. Le passage, dans l'islamisme contemporain, d'une stratégie interne de lutte pour le pouvoir à un combat contre l'ennemi lointain témoigne d'un retour aux sources de l'idéologie révolutionnaire anarchiste, décidée à s'en prendre à la racine et au centre même de l'autorité, c'est-à-dire en l'occurrence à l'Amérique. Même des mouvements comme le GIA ou le Hamas, tout en misant sur un enjeu national, visent, grâce aux contacts transnationaux dont ils émanent, un autre but que l'instauration d'un État conforme à la loi islamique et doué d'une indépendance nationale. Comme l'autorité américaine a essaimé partout dans le monde, on peut attaquer partout la source même de l'autorité. L'organisation la plus efficace, conformément à ce diagnostic, est celle qui essaime partout dans le monde.

Paradoxalement, *Dieu et l'État* de Bakounine n'est pas si éloigné de l'idéologie islamiste terroriste[1]. En effet, si Bakounine ne veut ni Dieu ni maître, c'est parce que le Dieu chrétien a servi de modèle au maître. S'il se livre à une critique conjointe de la politique et de la religion, c'est que la critique de la religion est pour lui le fondement même de la critique de l'État. Dieu est l'alibi du maître. C'est essentiellement le christianisme qui est visé car il témoigne selon lui par excellence que l'essence de la religion réside dans « l'asservissement et l'anéantissement de la liberté au profit de la Divinité » : Dieu est le maître, l'homme l'esclave[2]. La négation de Dieu et de la forme d'autorité qui maintient en esclavage est, dans cette logique, la condition de la justice, de la fraternité, de la prospérité, de la justice[3]. On le voit, la dénonciation de Bakounine porte sur l'absolutisme, c'est-à-dire la justification d'un pouvoir séculier par l'appui sur l'autorité divine.

---

1. Mikail Bakounine, *Dieu et l'État* (posth. 1882), éd. Joël Gayraud, Paris, Mille et une nuits, 2000.
2. *Ibid.*, p. 25.
3. *Ibid.*, p. 29.

Pour lui, toute autorité humaine est abusive, et sa fondation sur l'idée de la chute et du péché originel, comme dans le christianisme, est la plus grande escroquerie qui ait été inventée dans l'histoire de l'humanité[1]. Cette large analyse lui permet d'englober diverses religions et les conceptions plus ou moins édifiantes de ceux qu'il nomme « les idéalistes modernes », visant notamment Giuseppe Mazzini qui, pour se définir comme républicain et socialiste, a pour tort, selon Bakounine, d'être attaché aux principes des nationalités et de l'éducation par l'école, bref d'être un « prophète », un « théologien » et de défendre un « socialisme céleste »[2]. Plus que la croyance religieuse en tant que telle, c'est l'hégémonie chrétienne que critique Bakounine : il se montre indulgent à l'égard des dieux païens et dénonce l'hypocrisie des bourgeois qui, préoccupés du seul profit, n'ont pas le moindre « grain de foi religieuse[3] ». Le vrai problème réside dans le cléricalisme, dans le fait que, « pendant dix siècles, le christianisme, armé de la toute-puissance de l'Église et de l'État, et sans concurrence aucune de la part de qui que ce soit, put dépraver, abrutir et fausser l'esprit de l'Europe[4] ». Bakounine ne met nullement au crédit de la Réforme d'avoir tenté de démocratiser la hiérarchie cléricale du catholicisme ; au contraire, le protestantisme est la « religion bourgeoise par excellence », capable de « concilier

---

1. « Nous repoussons toute législation, toute autorité et toute influence privilégiée, patentée, officielle et légale, même sortie du suffrage universel, convaincus qu'elles ne pourront tourner jamais qu'au profit d'une minorité dominante et exploitante, contre les intérêts de l'immense majorité asservie. [...] Il faudra [en] éliminer avant tout cette fiction de Dieu, l'asservisseur universel. [...] Plus la Divinité devient grande, plus l'humanité devient misérable » ; Bakounine, *Dieu et l'État*, *op. cit.*, p. 39, 46, 61.
2. Mikail Bakounine, *Dieu et l'État*, *op. cit.*, p. 41 ; « Lettre au rédacteur du *Gazzetino Rosa* », 1-2 janvier 1872, *in Étatisme et révolution* (1873), trad. du russe par Marcel Body, in *Œuvres complètes*, t. 4, publiées par Arthur Lehning, Champ libre, 1976, p. 169 ; sur Mazzini, voir Serge Audier, *Les Théories de la République*, Paris, La Découverte, 2004, p. 52.
3. Mikail Bakounine, *Dieu et l'État*, *op. cit.*, p. 97.
4. *Ibid.*, p. 89.

les aspirations célestes avec le respect que réclament les intérêts terrestres [1] ».

Si l'islamisme partage avec l'anarchisme une attitude commune à l'égard de la religion, elle réside bien dans la critique du dévoiement de la religion en cléricalisme. C'est ce qui est en jeu dans le refus de la tradition des oulémas. Il est non seulement reproché à ceux-ci de souscrire à des interprétations du Coran corrompues par la pensée occidentale, mais aussi tout simplement d'exercer un pouvoir centralisé, destiné à servir de point fixe et de référence. La contestation islamiste, en tant que scission interne à l'islam, se décline sur le mode de la révolte à l'égard d'une autorité centrale, tenue pour usurpatrice. Les oulémas sont accusés d'avoir servi un pouvoir politique lui-même infidèle à la véritable source de l'islam. Ils exercent une autorité centralisée, ils détiennent le monopole de l'interprétation non seulement des textes, mais aussi des circonstances : non seulement ils ont seuls en principe le droit de déclarer le *jihad*, mais ils sont également dotés d'une fonction plus largement juridique et jurisprudentielle. Les radicaux affirment que, dans l'islamisme traditionnel, le compromis politique finit par l'emporter sur la religion. La position la plus révolutionnaire est donc celle qui procède à la critique même de la vision politicienne de la politique. Chez les islamistes radicaux, Dieu libère du pouvoir. L'obéissance absolue à laquelle l'islam authentique oblige le musulman justifie en même temps la révolte à l'égard des obligations politiques décrétées par les États sécularisés. De même que les anarchistes ne se plient qu'à la loi de nature pour s'autoriser à désobéir à tout autre impératif, de même les islamistes radicaux se soumettent avec d'autant plus de zèle à Allah que cette obédience absolue justifie leur émancipation de toute tutelle politique. Certes, Ben Laden n'hésite pas à instrumentaliser les conflits locaux, palestinien, tchéchène,

---

1. *Ibid.*, p. 97.

ou irakien, mais il s'agit précisément d'une instrumentalisation. Le but est ailleurs, dans la réalisation de l'*umma*. Cela ne passe pas par la conquête du pouvoir politique, avec ou sans élection, avec ou sans lutte armée. Cette finalité est parfois considérée comme « imaginaire », parce qu'elle n'est pas « incarnée par un territoire concret[1] ». Pourtant, la comparaison avec la philosophie anarchiste permet d'éclairer, au-delà de l'utopie, l'effet escompté de l'action révolutionnaire sur le rapport de l'individu et de la société.

Si le but de l'anarchisme est de remonter à la source même de la commune ou du *mir*, dans la tradition russe, l'islamisme a pour ambition de retrouver le vrai sens de l'*umma*. Le mot *umma* est traduit, parfois à tort, par « nation ». On croit alors qu'en cherchant à restaurer l'*umma*, les musulmans radicaux tentent d'établir un État mondial. Si le *jihad* pour l'*umma* est certes explicitement dominateur, ce n'est pas sur le mode de la conquête propre à l'État-nation. L'*umma* est totalisante, mais elle ne l'est pas sur le modèle de la nation : « Elle n'a rien d'une nation, d'un peuple, ou d'une race, pour lesquels la succession suivie d'une génération est déterminante. Non, l'*umma* musulmane est l'ensemble total dans le lieu et dans le temps des croyants quelles que soit leur patrie, leur race, leur couleur[2]. » La compacité de l'*umma* est conditionnée par son caractère transnational. Comme le montre Qotb, en thématisant le passage conceptuel – et non seulement factuel – de La Mecque, milieu hostile que doit quitter le Prophète, à Médine où il forge ses armes de guerre, le musulman doit rejoindre l'*umma* en rejouant la séparation inaugurale, vécue à la Mecque, entre Mahomet et les siens d'un côté, les païens et les juifs de l'autre. Olivier Carré souligne que « le groupement musulman n'a rien, aux yeux de Qotb,

---
1. Olivier Roy, *L'Islam mondialisé*, op. cit., p. 169.
2. Olivier Carré, *Mystique et politique, Lecture révolutionnaire du Coran par Sayyid Qubt, Frère musulman radical*, Paris, Cerf, 1984, p. 176.

d'une conscience de classe, d'un club éthique, d'un nationalisme ». Il y a deux *umma*, ou deux sens de l'*umma*, et « la première communauté reçoit l'ordre de rompre avec les siens puisqu'ils ne reçoivent pas le message [1] ». Pour Ben Laden, le nationalisme représente un danger pour la représentation de ce qu'est l'*umma*. Même Azzam, qui incarne un terrorisme plus classiquement territorial que le sien, adoptait cette vision transnationale qui contribua à faire de la formation en Afghanistan la base de l'éducation au terrorisme moderne. Ben Laden a même l'ambition – en partie réalisée – de réconcilier sunnites et chiites dans le *jihad*, en tout cas d'étendre son influence au-delà du seul sunnisme. C'est l'adhésion au salafisme, qui prétend revenir à la source même, à la véritable et authentique loi du prophète, donc à des principes purs de l'islam, qui doit permettre de dépasser ce clivage. L'*umma* devient effective par l'acte même d'adhésion. Comme le dit bien Olivier Roy, « les néo-fondamentalistes travaillent plus à mettre en place des espaces islamisés qu'à prendre le pouvoir [2] ». C'est dans ces espaces islamisés que s'effectue de préférence le recrutement des jihadistes. On peut donc dire de l'*umma* qu'elle est une organisation construite à partir du bas, et non, comme l'adhésion à la doctrine du Prophète pourrait le laisser croire, par le haut. C'est dans la réislamisation des sociétés que réside, aux yeux des islamistes les plus radicaux, la réussite du combat armé. Le « global » se trouve là dans une nécessaire articulation avec le « local » [3]. L'universel authentique n'est atteint que par le travail à l'échelle du quartier, de la cité, de la société. Le message islamiste doit valoir partout ; c'est pour cette raison qu'il gomme les particularités culturelles diverses des musulmans du monde, venus de régions et de nations différentes [4].

---
1. *Ibid.*, p. 174.
2. Olivier Roy, *L'Islam mondialisé, op. cit.*, p. 170.
3. *Ibid.*, p. 176.
4. *Ibid.*, p. 190.

Si l'*umma*, telle que la conçoivent les islamistes contemporains, a, malgré les différences contextuelles, la même structure que la commune anarchiste, qui est « la libre organisation de bas en haut, sans aucune immixtion, tutelle ou contrainte d'en haut [1] », l'islamisme, comme la théorie anarchiste, est aux antipodes de l'utopie et de « l'imaginaire » politique. Bien au contraire, dans les deux cas, les militants visent à mobiliser la source même de toute effectuation : la spontanéité. L'État – et toute organisation centralisée – est fondé sur la distinction entre liberté naturelle ou spontanéité, et liberté selon la loi ou liberté policée. Bakounine récuse cette distinction : la liberté ne se divise pas. La commune populaire est une organisation spontanée, ou bien elle se change et se fige en État. Le modèle de la commune spontanée, pour les anarchistes, se trouve dans la Commune de Paris dès la Révolution française. La véritable énergie révolutionnaire n'est pas chez les politiques qui ont au contraire, comme les Jacobins, tué la révolution, mais dans « les municipalités des villes et des villages, pour lesquels la Commune révolutionnaire de Paris fut le prototype [2] ». Cette critique de l'État conditionne le type d'organisation privilégiée par les terroristes dès lors qu'ils se réfèrent à une idéologie anarchiste. Dès 2001, quand on a commencé à comprendre la structure d'Al-Qaïda, on a été frappé par un fonctionnement en réseaux plus qu'en armée ou *a fortiori* en gouvernement provisoire [3]. L'islamisme terroriste est moderne : il fonctionne en ramifications et non de manière autoritaire et hiérarchique.

Par nécessité autant qu'en raison de la vertu propre à l'action clandestine, le chef terroriste ne règne pas sur une armée. Or la clandestinité modifie le rapport à l'autorité.

---

[1]. Mikail Bakounine, *Étatisme et révolution* (1873), *op. cit.*, p. 220.
[2]. Pierre Kropotkine, « La grande révolution », 1909, in *Œuvres, op. cit.*, p. 167.
[3]. Farhad Khosrokhavar, *Les Nouveaux Martyrs d'Allah*, Paris, Flammarion, 2002, coll. « Champs », 2003, p. 258-259.

Dans le terrorisme actuel toutefois, cette modification n'est pas seulement l'effet des circonstances, comme dans une lutte de libération nationale où le chef n'est que provisoirement caché, ou comme lors de la préparation secrète de l'offensive dans la guerre classique. L'autorité d'un chef qui règne sur des réseaux clandestins est spécifiquement différente de celle du leader qui règne sur des foules ou sur des masses, car elle repose sur une présence diffuse. Le leader clandestin est nécessairement présent sans l'être. On guette ses messages et ses rares apparitions, tandis que le leader totalitaire aboie dans les médias et écrase le regard sous ses portraits. Pour garantir l'efficacité de la terreur, en tant que guerre psychologique, le chef terroriste se fait oublier sans quitter les mémoires. Il est d'ailleurs significatif que malgré le charisme de son fondateur, le mouvement d'Oussama Ben Laden laisse place à une pluralité de chefs. Al-Zawahiri et Al-Zarqawi – pour ceux que l'on connaît – ne sont pas des subordonnés, comme les hauts dignitaires nazis l'étaient à Hitler, ou les chefs de la bureaucratie soviétique à Staline.

Quand, dans les guerres de partisans ou les conflits révolutionnaires, on a recours à l'action clandestine, c'est encore de manière centralisée. L'action clandestine découle alors d'un poste de commandement et d'institutions copiées sur celles des États, tels des « gouvernements provisoires ». Dans le terrorisme systématisé par Al-Qaïda au contraire, l'action clandestine s'organise en cellules douées d'une large initiative. Le mouvement de Ben Laden est dans ses objectifs comme dans son organisation un mouvement non étatique qui ne se conforme même pas à la défiguration totalitaire de l'État. Son modèle de référence n'est ni seulement celui de la pyramide des régimes autoritaires, ni celui en « oignon » des régimes totalitaires [1] : à côté d'un noyau central, des cadres périphé-

---
1. Hannah Arendt, « Qu'est-ce que l'autorité ? », in *La Crise de la culture*, (1954-1968), trad. de l'anglais sous la direction de P. Lévy, Paris, Gallimard, coll. « Folio », p. 128-132.

riques jouissent d'une très grande marge de liberté : « Les groupes constituant Al-Qaïda forment une coalition souple, chacune ayant son propre commandement et sa propre organisation[1]. » On comptait en 2002 quatre entités distinctes mais liées : une structure classiquement pyramidale et hiérarchique pour la direction, un réseau planétaire, une force de base pour la guérilla en Afghanistan, une coalition transnationale de terroristes et de guérilleros. L'incertitude de cette description tient au fait qu'il est prévu que l'organisation se modifie selon les situations. Non seulement le recrutement des membres est indifférent à leur origine géographique, non seulement la nation politique ne constitue plus une référence stratégique, même si Al-Qaïda comprend des groupes localisés nationalement, mais encore l'Internet est aujourd'hui à l'islamisme, avec une efficacité décuplée, ce que la presse fut à l'anarchisme au XIXe siècle.

Une partie de l'intrigue du roman de Dostoïevski qui met en scène Bakounine et son ami Netchaïev, *Les Démons*[2], tourne autour d'une presse à imprimerie. La revue *La Cloche (Kolokol)*, fondée par Alexandre Herzen qui initia dans le même temps le mouvement du populisme russe, est publiée à Londres à partir de 1857, mais, grâce à sa diffusion en Russie, elle sert au développement des idées socialistes et parmi elles de celles des anarchistes à partir de 1861, c'est-à-dire de la collaboration de Bakounine. Bakounine reprend à Genève la revue *L'Égalité* et crée *Le Progrès*. En 1879, Kropotkine fonde en Suisse *Le Révolté*. C'est par cette presse que l'internationalisme et la liaison entre les cellules anarchistes locales put avoir lieu. Aujourd'hui, la « Toile » remplace la presse écrite. Comme le note Olivier Roy, les organisations qui ont besoin d'Internet sont les mouvements transnationaux, les partis islamiques nationa-

---

1. Rohan Gunaratna, *Al-Qaïda, Au cœur du premier réseau terroriste mondial* (2002), trad. de l'anglais par L. Bury, Paris, Autrement, 2002, p. 70.
2. Également connu sous le titre : *Les Possédés*.

listes pouvant communiquer « en interne » avec leurs militants. Un mouvement internationaliste n'existe que par ce qui le fait effectivement exister. C'est par Internet que peut prendre corps au niveau local une « *umma* déterritorialisée[1] ». C'est par Internet que la décision de s'engager dans le *jihad* a pu échapper au monopole des oulémas[2]. Si la presse, en effet, requiert encore un centre et un point fixe, la diffusion par le Web épouse par définition la structure du réseau.

Individu et individualisme

Les données institutionnelles ne sont que les effets d'un phénomène autrement plus radical, qui rapproche anarchistes et islamistes dans un même rapport ambivalent à la modernité. Si l'État, la nation, l'autorité hiérarchique et centralisée, le parti – dès lors qu'il cesse de s'égrener en cellules ramifiées et autonomes – sont récusés, c'est parce que le principe même de toute action réside dans l'individu. Si, à son insu peut-être, l'islamisme radical est l'héritier de la pensée anarchiste, c'est qu'il accorde lui aussi à l'individu une fonction essentielle dans le mouvement révolutionnaire et guerrier, et rencontre la critique anarchiste de l'individualisme libéral. Et si nous avons tout intérêt à tenter de comprendre le terrorisme actuel – dans sa version islamiste qui ne sera peut-être pas sa version définitive –, c'est qu'il constitue le retournement de l'individualisme sur lui-même, la critique interne de l'individualisme par les armes mêmes de l'individualité.

Le point majeur du terrorisme initié par Oussama Ben Laden repose sur l'individualisation du *jihad*. Grâce à Internet ou à la télévision par satellite, la proclamation de l'état de

---
1. *Ibid.*, p. 176.
2. Gilles Kepel, *Du jihad à la fitna*, *op. cit.*, p. 49.

guerre échappe à l'autorité des oulémas et ce n'est pas seulement pour que s'affirment de nouveaux leaders moins lettrés, mais pour que chaque musulman ou converti reprenne à son compte le combat jihadiste. En vertu de la disparition de la figure du maître et de la relation maître/ disciple permise par le « surf » d'un site islamiste à l'autre sur Internet, et donc de l'éclipse de la dimension de l'Autre, la dimension impérative du combat s'impose sans médiation à chaque sujet : aucun esprit critique ne peut subsister sans la dimension de l'herméneutique et de la transmission et par la seule juxtaposition de données – seraient-elles contradictoires [1]. Ainsi le maître qui commande d'aller à la mort peut-il lui-même s'effacer devant cet impératif venu directement de l'Autre. On entend bien cela quand Al-Zawahiri déclare : « Les jeunes musulmans ne doivent attendre la permission de personne, car le *jihad* [...] est devenu une obligation individuelle [2]. »

Dans l'histoire de la pensée, c'est l'anarchisme qui a conceptualisé cette idée de l'individualité. Si, précocement, Bakounine discerne en Marx un penseur autoritaire, c'est en raison de sa méconnaissance de l'individualité. Selon lui, toute science, serait-elle sociale, ne peut qu'ignorer l'individuel : « La science est aussi peu capable de saisir l'individualité d'un homme que celle d'un lapin. » Si elle venait à gouverner, elle traiterait Pierre et Jacques « à peu près comme elle traite les lapins [3] ». Le refus de l'autorité est la conséquence théorique de celui d'une humanité définie de manière seulement abstraite. La vie, pour Bakounine, c'est l'individuel. Une organisation collective qui ne prend pas appui sur l'individualité est par définition dictatoriale. Si Lénine a construit le parti bolchevique sur le refus des réseaux anarchistes, les anarchistes ont manifesté dès les

---

1. *Ibid.*, p. 194-198.
2. Ayman Al-Zawahiri, « L'allégeance et la rupture » (2002), trad. J.-P. Milelli, *in* Gilles Kepel et J.-P. Milelli (dir.), *Al-Qaïda dans le texte*, *op. cit.*, p. 363.
3. Mikail Bakounine, *Dieu et l'État*, *op. cit.*, p. 69, p. 71.

premières années du régime institué en octobre 1917 leur opposition au soviétisme léniniste. Le soviet aurait pu être une « commune », à condition que cette construction se fasse localement : « C'est par cette construction par le bas que les *soviets* auraient dû commencer », faute de quoi la république soviétique n'avait plus de soviétique que le nom et s'apprêtait à laisser d'aussi sinistres souvenirs – prévoyait avec optimisme Kropotkine – que la dictature jacobine pendant la Révolution française[1].

Si cet appui sur l'individualité n'est pas individualiste, c'est qu'il trouve son origine dans une doctrine de l'action et de la vie. La vie est action, et l'action est force. La devise du groupe anarchiste russe Tchernoe znamia (« Le drapeau noir »), qui lança des bombes dans les années 1903-1905, était le mot de Goethe : *Im Anfang war die Tat*, « Au commencement était l'action ». Faust, à la recherche du vrai sens de la formule contenue dans l'Évangile de Jean – « Au commencement était le verbe » –, avait d'abord songé que cela signifiait : *Im Anfang war die Kraft*, « Au commencement était la force ». La morale anarchiste conjoint l'action et la force : toutes deux émanent du bouillonnement de la vie. La force active de l'individu n'est pas individualiste. Le débordement passionnel est don d'énergie qui sert la collectivité[2]. L'individualisme trahit l'individualité. Il n'exprime que la servitude à l'égard de la jouissance et du travail égoïste, « il n'est autre chose que le chacun pour soi et Dieu pour tous du bourgeois[3] ». Au contraire de cette promotion individualiste qui aliène le sujet à de prétendus intérêts, la culture anarchiste de l'individualité aspire à affranchir le

---

1. Pierre Kropotkine, lettre à Lénine du 4 mars 1920, in *Œuvres, op. cit.*, p. 339.
2. « *Sois fort !* Déborde d'énergie passionnelle et intellectuelle – et tu déverseras sur les autres ton intelligence, ton amour, ta force d'action » ; Pierre Kropotkine, *La Morale anarchiste* (1889), éd. Jérôme Solal, Paris, Mille et une nuits, 2004, p. 67.
3. Pierre Kropotkine, *La Science moderne et l'anarchie* (1913), in *Œuvres, op. cit.*, p. 41.

sujet de cette idéologie dans laquelle il perd sa vie. La contrepartie est que la désaliénation devient synonyme de révolte. La vie débordante de l'anarchiste ne s'exprime jamais mieux que dans la révolte. Celle-ci n'est pas, chez les anarchistes, un épisode subjectif, mais une ligne directrice. Elle constitue l'un des trois principes du système de Bakounine[1]. Pour celui-ci, la fonction de la pensée ne peut être saisie hors de l'articulation à ce troisième besoin, « le besoin de se révolter », qui explique que l'homme, dans son développement animal, nie cependant l'animalité et sa passivité. La pensée est révolte, car la vie est lutte[2].

Ce système théorique contient les conditions du terrorisme. Bakounine, Netchaïev et Kropotkine s'attachent en effet à prolonger leurs thèses jusqu'à des conséquences qui permettent de saisir la logique des passages à l'acte kamikaze des islamistes les plus radicaux et qui, en tout état de cause, ne les contredisent pas.

---

1. « Trois principes fondamentaux constituent les conditions essentielles de tout développement humain, tant collectif qu'individuel, dans l'histoire : 1° l'animalité humaine ; 2° la pensée, 3° la révolte » ; Bakounine, *Dieu et l'État, op. cit.*, p. 7.
2. Pierre Kropotkine, *La Morale anarchiste, op. cit.*, p. 79.

Chapitre VI

L'anarchisme, un refus théorisé de la théorie

La première des conditions du passage à l'acte terroriste qui découle de cette conception de l'individualité insurgée réside dans la récusation de l'élément traditionnellement premier de la politique, à savoir la parole, et, plus généralement même, le langage. Cette récusation prend plusieurs formes : une opposition à la théorie et une nouvelle conception de la pratique, privilégiant l'acte aux dépens du discours et conduisant à justifier la terreur par l'argument du désespoir.

Sentimentalisme et terreur

Ce qui frappe de stupeur dans l'islamisme se trouve comme « théorisé » dans l'anarchisme : c'est précisément le refus même de toute théorie. Le refus de l'herméneutique traditionnelle des oulémas et l'individualisation du rapport au savoir coranique ont eu pour effet un appauvrissement culturel. Selon Olivier Roy, sous couvert de retour au « vrai islam », le néo-fondamentalisme est « explicitement un agent de déculturation[1] ». Les deux phénomènes sont liés. Le retour au « vrai islam » n'est pas le retour à la source

---
1. Olivier Roy, *L'Islam mondialisé, op. cit.*, 157.

intellectuelle de la tradition, mais au contraire à l'élément dynamique de la source, une fois écarté tout ce dont la théorie et la culture l'avait recouverte.

Le même débat a eu lieu chez les révolutionnaires internationalistes. Bakounine reproche en effet à Marx sa conception intellectuelle de la révolution, et définit son propre socialisme à partir du besoin de se révolter et comme expression de celui-ci. Le raisonnement théorique, au mieux inhibe l'action, au pire transforme les révolutionnaires en dictateurs. La théorie est indissociable, selon lui, d'un rapport maître/esclave. La figure de Stenka Razine, chef cosaque du XVIIe siècle, qui ébranla un temps le pouvoir du tsar en prenant la tête d'une guerre paysanne, est emblématique du populisme de Bakounine. Mais l'anarchisme subvertit le populisme russe. Ainsi, le thème populiste de l'éducation du peuple, tel que Alexandre Herzen, en humaniste, l'a développé, prend un sens particulier chez Bakounine. L'éducation du peuple ne tend pas exactement à instruire celui-ci, mais doit viser à réveiller en lui une violence latente mais étouffée. L'action anarchiste éduque le peuple en lui redonnant la force de se révolter. Interprété par Bakounine, le populisme signifie moins « aller au peuple » – au sens où Léon Tolstoï, à la fin de sa vie, l'a mis en pratique en abandonnant sa fortune et son rang pour partager la vie paysanne – que, au contraire, lui permettre de retrouver la source vive de sa révolte. C'est au sentiment et non à la logique que l'anarchiste fait appel pour poser son acte. Le sentiment est la garantie de la spontanéité de l'acte. Un membre du groupe Le drapeau noir, Abram Grossman, a théorisé ce singulier refus de la théorie : « Une idée ne doit pas être l'affaire du seul entendement, elle ne doit pas être appréhendée par la seule raison ; il faut qu'elle puisse se transformer en sentiment, qu'elle imprègne les nerfs et le sang[1]. » Scott Atran remarquait aussi que les terroristes sont des sentimentaux[2].

---

1. Cité par Paul Avrich, *Les Anarchistes russes*, trad. de l'américain par Bernard Mocquot, Paris, Maspero, 1979, p. 108.
2. Scott Atran, « Terroristes en quête de compassion », art. cité.

Que le *logos* soit récusé ne signifie évidemment pas que l'action soit purement pulsionnelle et échappe à la conscience de l'acteur. Il y a une logique de l'acte qui n'échappe pas à la rationalité, mais refuse la valeur de celle-ci. L'enracinement de l'action dans le sentiment et dans l'affect n'exclut ni la planification, ni la systématisation, ni la théorisation du passage à l'acte terroriste. Ce que nous apprend la source anarchiste, c'est que le *logos* récusé est celui de l'Histoire. La culture anarchiste répugne à l'idée de lois rationnelles de l'Histoire. La défense de l'instinct et du sentiment se comprend uniquement dans ce contexte : « Nous sommes très sceptiques quant à la valeur scientifique de la plupart des prétendues lois de la sociologie[1]. » Si rien du *logos* ne peut offrir de prise à l'acte terroriste, c'est parce que toute emprise dialogique sur le sujet est interprétée comme une intrusion insupportable. Le film *Paradise now* montre bien ce refus terroriste de se laisser pénétrer par l'argumentation. Le jeune Palestinien Saïd, qui semblait douter un moment de son désir kamikaze, est bizarrement renforcé dans sa détermination initiale quand la jeune femme dont il commence à être amoureux tente de lui expliquer, raisonnablement et de son point de vue autorisé de fille de leader politique, la vanité de son acte.

L'itinéraire du terroriste Carlos est également significatif à cet égard. Il explique sa conversion à l'« islam révolutionnaire » par le désir de retourner à la source non intellectuelle et athéorique de la révolution. Élevé dans un marxisme communiste, il a « voulu aller plus loin que le modèle paternel » qui envisageait selon lui la « violence révolutionnaire » dans une « perspective trop théorique », et a souhaité retrouver « l'élan révolutionnaire » du marxisme-léninisme transformé par les partis communistes en « pensée instrumentale »[2].

---

[1]. Cité par Paul Avrich, *Les Anarchistes russes*, trad. de l'américain par Bernard Mocquot, Paris, Maspero, 1979, p. 108.
[2]. Ilich Ramirez Sanchez dit Carlos, *L'Islam révolutionnaire*, *op. cit.*, p. 19-27.

Le terrorisme découle de ce refus théorisé de la théorie, de cette « théorie de l'inutilité de la théorie » – ainsi qu'Alain Besançon qualifie l'activisme de Netchaïev[1]. L'action comme telle fait valeur. Si elle n'est pas seulement impulsive, elle doit se rapprocher autant qu'il est possible de l'authentique impulsion subjective. Certes, ce n'est pas la théorisation politique qui est refusée : les anarchistes théorisent leur refus du marxisme puis du léninisme, et tiennent à l'articulation de la théorie et de la pratique. En revanche, pour passer au terrorisme, pour que les masses approuvent les actions terroristes et que le recrutement des terroristes soit possible, il faut en arriver à ce point de récusation de la théorie qui conduit à considérer que ce ne sont pas les idées mais les actes qui font penser. La récusation de la parole et du langage constitue la conséquence ultime de cet anti-intellectualisme anarchiste. La tradition anarchiste est précieuse, car, bien que plus soucieuse d'éviter la contradiction que les islamistes d'aujourd'hui – puisque encore formée à l'école de la dialectique hégélienne –, elle a théorisé l'athéorisable, nous donnant ainsi des clés pour comprendre notre présent. Il est impossible de saisir quoi que ce soit de la stratégie terroriste actuelle sans avoir à l'esprit la notion de « propagande par les actes » ou de « propagande par le fait » qu'ont inventée les anarchistes.

Propagande par les actes, propagande par le fait

L'enracinement de l'acte dans la spontanéité individuelle est, d'un point de vue terroriste, la condition de sa lisibilité, et donc de son efficacité en termes de propagande. Kropotkine, pourtant prudent en matière de passage à l'acte, n'a pas hésité à en formuler des principes au champ d'application gigantesque. Si le terrorisme est une guerre psycholo-

---

[1]. Alain Besançon, *Les Origines intellectuelles du léninisme*, op. cit., p. 177.

gique, c'est en tant qu'il relève de la propagande par les actes. C'est le sens de l'acte qui se veut, dans le terrorisme, explosif. L'acte, qu'on le veuille ou non, oblige à penser. Devant un attentat, chacun se sent tenu de réfléchir, alors même que les auteurs de l'acte refusent d'en passer par l'argumentation discursive. Cette obligation à penser a été nommée par les anarchistes « propagande par les actes ».

La première acception de l'expression « propagande par le fait » se trouve dans une déclaration de la fédération italienne de l'Association internationale des travailleurs de 1876, rédigée par les anarchistes qui ont déjà pris position contre l'exclusion de Bakounine de l'AIT en 1872. En 1877, Paul Brousse signe un article dans le Bulletin de la fédération jurassienne, intitulé « La propagande par le fait ». Au congrès de Londres de 1881, les délégations anarchistes de l'Internationale déclarent que « l'heure est venue de passer [...] à la période d'action, et de joindre à la propagande verbale et écrite, dont l'inefficacité est démontrée, la propagande par le fait et l'action insurrectionnelle [1] ». Surtout, Kropotkine la théorise en 1882, dans les articles réunis par Élisée Reclus sous le titre *Paroles d'un révolté*. Kropotkine tente d'isoler le moment où l'on passe du « raisonnement » à l'« acte », de la « pensée » à la « volonté », alors même qu'un abîme les sépare [2]. L'énigme que veut résoudre Kropotkine est celle du « besoin d'agir ». C'est dans le cadre d'une réflexion sur la Révolution française et sur l'échec de celle-ci sur le plan révolutionnaire qu'il formule l'idée de la propagande par le fait. C'est donc dans la perspective d'un accomplissement de la révolution qu'est théorisée la notion de propagande et méditée la maximisation de son efficacité. Ce qui témoigne en effet, selon lui, de l'insuffisance de la

---

1. Olivier Hubac-Occhipinti, « Les terroristes anarchistes du XIXe siècle », in Gérard Chaliand et Arnaud Blin (dir.), *Histoire du terrorisme. De l'Antiquité à Al-Qaïda, op. cit.*, p. 129.
2. Pierre Kropotkine, *Paroles d'un révolté, op. cit.*, p. 212.

propagande théorique est le caractère superficiel de la révolution. La propagande par les actes est seule conforme à l'idée de révolution. Une révolution superficielle est une révolution qui ne bouleverse pas entièrement les institutions existantes. Ainsi, la Révolution française est un simple coup d'État, un renversement de régime qui, pour avoir eu des effets sociaux, n'a cependant rien changé à la structure étatique de la domination. Si, quoique superficielle, une révolution n'est cependant jamais vaine, c'est parce qu'elle est une manifestation de la force. Or l'efficacité d'un renversement par la force est supérieure à une abolition légale, selon Kropotkine[1]. L'idée de propagande par les actes découle de ce primat de la force sur le droit, qui est une constante de la théorie révolutionnaire anarchiste.

Si le « verbe » révolutionnaire se résume au coup de force de l'action, c'est que la propagande par le fait est la condition de la durabilité, et par conséquent de la profondeur et de la radicalité, d'une révolution. En effet, pour parvenir à une période insurrectionnelle de plusieurs années – condition nécessaire d'une véritable transformation sociale –, la force est requise. Or une révolution est toujours le fait d'une minorité. Il faut donc que cette minorité devienne une force, fasse durer la révolution, laquelle, en durant transforme l'ancienne minorité en « force dominante », en vertu de la causalité réciproque propre à l'enchaînement des événements pendant une révolution. C'est pour cette raison que la minorité prétend toujours parler au nom du peuple et traduire, serait-ce à l'insu de celui-ci, son vœu authentique[2]. De cette manière, l'événement révolutionnaire, spon-

---

1. « Elle [la Révolution française] a atteint un résultat immense par l'abolition du servage, et elle a aboli ce servage par la force, ce qui est bien autrement efficace que l'abolition de n'importe quoi par les lois », *ibid.*, p. 84.
2. « L'histoire est là pour nous dire que ceux qui ont été minorité la veille de la révolution deviennent force prédominante le jour de la révolution s'ils représentent la vraie expression des aspirations populaires et si – autre condition essentielle – la révolution dure un certain temps », *ibid.*, p. 83.

tané en principe mais construit selon une logique rigoureuse, est lui-même la cause de la révolution entière du système social. Avant celle-ci, il peut bien y avoir révolte ou émeute, il n'y a révolution que lorsque les actes mobilisent les foules.

Toute révolution, en tant que mouvement intégral, requiert la mobilisation du peuple, même si elle usurpe par ailleurs la volonté de celui-ci. La propagande théorique, quand bien même on la suppose première, cède donc la place à une propagande par les actes, qu'il ne faut pas se soucier d'encadrer. Ces actes sont certes nommés actes de folie par ceux qui entendent diriger les révolutions. Mais Kropotkine s'oppose aux « sages théoriciens » de la révolution qui « se fâchent contre les fous ». Selon lui, au contraire, cette folie est censée attirer le peuple. Tout recours à la violence politique repose sur la foi que l'enthousiasme populaire est proportionnel à l'extravagance révolutionnaire. La violence engendre la violence, et le peuple fasciné peut, dans un temps suivant, passer de l'admiration passive à la collaboration active[1]. Le succès des attentats contre l'ordre public ne réside pas tant dans leur effet factuel que dans le transformation progressive de la mentalité populaire. La croyance légendaire au grand soir occulte cet autre aspect de l'ouvrage révolutionnaire, pourtant bien plus ardent et bien plus patient. Si la propagande théorique se traduit par des actes, inversement, la propagande active produit de la théorie. C'est en vue de leurs effets théoriques que les attentats sont perpétrés, dans l'attente patiente des déplacements infimes qu'ils produisent dans des esprits toujours plus nombreux. De même, indépendamment du nombre de ses victimes, Al-Qaïda vise les

---

1. « Mais les fous attirent des sympathies, la masse du peuple applaudit en secret à leur audace et ils trouvent des imitateurs. À mesure que les premiers d'entre eux vont peupler les geôles et les bagnes, d'autres viennent continuer leur œuvre ; les actes de protestation illégale, de révolte, de vengeance se multiplient », *ibid.*, p. 214.

progrès de sa cause, c'est-à-dire une mise en mouvement idéologique qui correspond à la vraie mobilisation. Si nous ne pouvons échapper, aujourd'hui, à la logique terroriste – ce qui représente en soi une victoire de tous ceux qui usent de la terreur –, c'est que les attentats font débat. Les actes violents obligent à prendre parti, et c'est en cela que réside la vraie mobilisation, comme le disait déjà Kropotkine : « L'indifférence est désormais impossible. Ceux qui, au début, ne se demandaient même pas ce que veulent "les fous" sont forcés de s'en occuper, de discuter leurs idées, de prendre parti pour ou contre. Par les faits qui s'imposent à l'attention générale, l'idée nouvelle s'infiltre dans les cerveaux et conquiert des prosélytes. Tel acte fait en quelques jours plus de propagande que des milliers de brochures[1]. »

Le travail prescrit aux anarchistes est un lent travail de germination que le titre du roman de Zola, *Germinal*, évoque tout en le critiquant. Semer la révolution c'est non seulement agir en faisant éclater des actes révolutionnaires dès qu'un mouvement social s'amorce, mais c'est aussi parier que le peuple suivra, contre toute la *doxa* du conservatisme populaire. Selon Kropotkine, il ne faut tant adopter des décrets que prêcher l'exemple. La propagande par le fait se confond d'abord avec la vertu de l'exemple. C'est pourquoi elle mise sur l'esprit de révolte, quitte à sacrifier à une forme de slavophilisme quand c'est nécessaire, notamment en alimentant le mythe du paysan russe insurgé, incarné par la figure de Stenka Razine. Le ton même de l'appel de Kropotkine à la révolte, difficile à faire entendre en quelques citations, résonne aujourd'hui comme celui de l'exhortation au *jihad*. La frontière entre la guerre et la révolution se brouille dans cette injonction à la destruction. Prendre le risque de la révolution véritable – de celle qui ne se limite pas à un changement de gouvernement –, c'est clairement assumer de verser le sang : « Les

---

1. *Ibid.*, p. 214.

classes dirigeantes peuvent essayer encore de recourir à une réaction furieuse. Mais ce n'est plus le moment ; la lutte n'en devient que plus aiguë, plus terrible, et la révolution qui s'annonce n'en sera que plus sanglante [1]. » Cette germination mentale de la révolution totale passe par la destruction violente. La vie et la mort deviennent équivalentes. Le terrorisme rencontre en cela un processus psychique fondamental. Mais il transpose une logique de l'inconscient en stratégie politique et se transforme ainsi en politique de la cruauté.

Même si, chez les anarchistes, Kropotkine n'est pas celui qui incite le plus à recourir à la violence, il est cependant de ceux qui produisent les premières justifications systématiques de l'usage de la terreur. Il a voulu méconnaître que son propre discours reposait sur un pari et un acte de foi. Si ce sont les anarchistes qui ont posé les fondements de la terreur, c'est qu'ils ont cru en leur capacité à démasquer tout faux semblant, en ne voyant pas de quelles illusions ils étaient eux-mêmes dupes. Ainsi Kropotkine va-t-il jusqu'à dénoncer les erreurs des révolutionnaires. Il lui faut une terreur débarrassée des illusions de la terreur. Sa critique de la terreur n'est pas une critique de la terreur en tant que telle, mais une critique de la terreur envisagée du point de vue des théoriciens de la révolution, qui se rangent tous finalement aux côtés de l'autorité. De même que Georges Sorel justifie la violence prolétarienne au prétexte qu'il s'agit « d'actes de guerre » qui ont « valeur de démonstrations militaires », Kropotkine critique la terreur d'en haut pour justifier la terreur d'en bas, car la terreur de l'État n'a pour finalité que la domination, tandis que les violences prolétariennes ont la justice de leur côté [2]. Il se s'oppose pas

---

1. *Ibid.*, p. 215.
2. Georges Sorel, *Réflexions sur la violence*, Paris, Marcel Rivière et Cie, 1908, version numérique réalisée par J.-M. Tremblay, Université du Québec à Chicoutimi, coll. « Les classiques de sciences sociales » (http://classiques.uqac.ca), p. 75.

à la terreur en tant que telle, mais à la terreur centralisée, qu'il s'agisse de la Terreur jacobine de 1793, qui tua la révolution et la révolte, ou de celle qu'il accuse Marx et ses disciples de vouloir instaurer.

Ce qui rend la terreur étatisée si fondamentalement hétérogène à la terreur révolutionnaire, c'est que celle-ci s'enracine dans la révolte populaire et non dans une décision planifiée. Ce n'est pas seulement le sujet qui change, mais la nature du crime. La critique de la centralisation de la terreur contient en creux l'apologie de la terreur spontanée. La terreur ne peut faire partie d'un plan rationnel décidé à l'avance, même si, au terme de ce singulier « laisser-faire », c'est la grande œuvre de la révolution qui est censée s'accomplir. La véritable propagande ne peut être verbale ou écrite, car la terreur authentique émane spontanément de l'individu révolutionnaire, est « une manifestation tout à fait naturelle de la conscience indignée[1] ». La propagande par le fait que constitue un attentat se substitue à la propagande, dès lors que la terreur cesse d'être un simple moyen en vue d'une fin. En effet, dans la propagande, l'acte est un moyen ; or la terreur ne peut être un moyen en vue d'une fin : « Nous ne pensons pas du tout que la terreur peut servir comme moyen pour changer l'ordre actuel », précisent les anarchistes en opposant ce faux terrorisme à la terreur que font spontanément régner les révoltés[2].

La propagande par les actes permet de saisir la distance existant entre un acte terroriste et un simple chantage qui relèverait encore d'une croyance en la médiation et par là en la représentation politique. Pour qu'un chantage terroriste fonctionne, il faut que quelque chose en lui excède la dimension encore contractuelle du chantage. Certes, le chantage pervertit la forme du contrat, puisqu'il annule la

---

1. Point II des conclusions du congrès anarcho-communiste russe de 1906 approuvées par Kropotkine et Maria Korn, *in* Pierre Kropotkine, *Œuvres, op. cit.*, p. 254.
2. *Ibid.*, p. 254.

référence à un élément tiers, un Autre, en principe implicitement présent dans le contrat. Le contrat se prête à cette perversion, qui ne lui est pas consubstantielle, car il donne l'illusion d'un rapport duel, d'un simple chantage, privé de la médiation de l'Autre. Le terrorisme pervertit encore le chantage en plaçant dans l'échange un élément qui ne peut être contractualisé : la destruction.

La prise en compte de ces trois niveaux – contrat, chantage, terrorisme – et de leur hiérarchie permet de comprendre que si la dimension négociatrice est requise pour que le terrorisme s'incarne en actes particuliers, et distribue ses messages politiques, son effectivité provient de ce qui soutient sa logique : la possibilité assumée de mener le monde à sa perte. Si le contrat semble se définir comme une possibilité, pour les parties engagées, de ne pas avoir à subir de perte, si le chantage est une menace à la perte dans l'horizon d'un gain, le terrorisme innove en identifiant la perte à la mort.

La propagande par les actes constitue bien une stratégie de l'effroi, car elle prétend divulguer un message excluant toute équivocité. Par la propagande par les actes, il s'agit de sacrifier le moins possible au détour par le langage, comme le disent les anarchistes : « La première condition [...] est que les données d'un acte terroriste soient compréhensibles à tous, sans longues explications ni données complexes. [...] Si, pour comprendre un acte, l'homme de la rue, celui qui n'est pas militant, commence à se poser de nombreuses questions, l'influence de l'acte en question devient nulle, ou même négative [1]. » On ne peut donc résumer le terrorisme par l'adage « La fin justifie les moyens », qui relève encore de l'enchaînement causal, mais par « L'effet justifie l'acte » : « Le sens d'un acte terroriste se mesure à ses résultats et aux impressions qu'il produit [2]. »

---

1. *Ibid.*, p. 254.
2. *Ibid.*, p. 253.

Dans le terrorisme actuel, un but général est allégué qui brouille la compréhension du phénomène pour les non-terroristes : libérer les lieux saints et « libérer » l'ensemble du monde musulman. Cette fin volontairement générale et vague est comprise immédiatement par tout terroriste comme une autorisation à produire des effets de terreur. De manière générale, tout but de cet ordre, dans la mesure où il met dans l'impossibilité de dessiner les lignes d'un programme politique, vaut comme encouragement à la terreur. C'est donc comme propagande par les actes, entendue dans le sens rigoureux que lui donnent les anarchistes, qu'il faut saisir l'impact des attentats islamistes actuels. Ainsi, quand on demande à Ben Laden, dès 1998, comment il réagit aux attaques contre les ambassades américaines de Nairobi et de Dar es-Salaam, il répond : « C'est une immense vague de bonheur qui a balayé le monde musulman [1]. »

L'argument du désespoir, justification de la propagande par les actes

L'argument du désespoir, invoqué aujourd'hui en excuse aux actes terroristes, comme l'a montré Michael Walzer, n'est pas une invention d'Al-Qaïda ou des mouvements de libération palestiniens. Il ne souffre d'aucune évidence. Il est produit, en structure, par la propagande par les actes. C'est la raison pour laquelle on le voit apparaître chez les anarchistes dans de tout autres circonstances historiques que celles que nous connaissons. Plus qu'une autre forme de guerre ou de révolution, le seul verbe qui puisse accom-

---

[1]. Oussama Ben Laden, « Entretien avec Al-Jazeera » (septembre 1998), *in* Richard Labévière, *Oussama Ben Laden ou le meurtre du père*, Lausanne, Favre, p. 70.

pagner les attentats est celui qui consiste à arguer du désespoir de celui qui s'y engage.

L'argument du désespoir se déduit de l'individualisation de la terreur. De même que la terreur centralisée se pare de l'argument de la menace, la terreur individuelle s'abrite derrière celui du désespoir. Le rapport à la mort se modifie en effet d'un cas à l'autre. Dans l'exercice centralisé de la terreur, l'agent n'est qu'un exécutant ; sa mort est encore un fait d'autorité, un sacrifice traditionnel. Il en va différemment du terrorisme individualisé. Même si les anarchistes russes n'inventent pas l'attentat-suicide – car, à la différence des terroristes modernes, ils hiérarchisent encore la mort et la vie –, la conscience que la mort peut résulter de l'attentat est déjà très nette chez eux. Nous sommes déjà au-delà du risque encouru sur un champ de bataille. Le coup alors peut venir de n'importe où. Si les premiers terroristes ne sont pas des kamikazes, ils savent qu'ils peuvent mourir dans l'explosion de leur bombe ou périr sur l'échafaud s'ils sont arrêtés. Albert Camus a bien restitué cette conscience de la mort qui était celle des premiers anarchistes. Kaliayev explique à Dora : « Je sais maintenant que je voudrais périr sur place, à côté du grand-duc. Perdre mon sang jusqu'à la dernière goutte, ou bien brûler d'un coup, dans la flamme de l'explosion, et ne rien laisser derrière moi » – laquelle lui répond : « À mon avis, il est bonheur encore plus grand. L'échafaud[1]. » Comme le déclare Voinov au moment où il renonce au terrorisme pour une action révolutionnaire plus classique, fondée sur la propagande par les mots : « On risque sa vie, bien sûr, mais à tâtons, sans rien voir[2]. » Il dit bien que l'avantage des formes classiques de militantisme réside dans l'absence d'initiative individuelle. Quand le risque de la mort est couru par obéissance à une discipline, le ressort de l'acte

---

1. Albert Camus, *Les Justes*, *op. cit.*, p. 42-43.
2. *Ibid.*, p. 92.

réside dans la médiation, et le sujet peut ne pas y être entièrement engagé. Agir à contre-cœur est contradictoire à la logique terroriste. Pour les candidats au suicide, l'acte doit s'accrocher au fantasme du sujet lui-même. Le rôle du « désespoir » se déduit de cette manière. Ce qui est appelé « désespoir » donne la justification sans appel de l'acte. Cette justification se fonde en effet sur le sentiment, sur l'expression d'un malaise « intolérable », « insupportable », littéralement « invivable ».

Les anarchistes sont les premiers à user de l'argument de l'humiliation. Certes, chez eux, c'est dans l'ordre social et politique que ce désespoir se décline. Comme pour les terroristes modernes et les révolutionnaires en général, la révolte trouve son origine dans l'oppression. Pour Bakounine, celle-ci concerne l'humanité dans son ensemble, dont l'histoire n'a été qu'une « immolation perpétuelle et sanglante de millions de pauvres êtres humains en l'honneur d'une abstraction impitoyable quelconque : dieux, patrie, puissance de l'État, honneur national, droits historiques, droits juridiques, liberté politique, bien public[1] ». Pour les terroristes islamistes modernes, la partie opprimée de l'humanité est la population musulmane. Toutefois, le projet islamiste est universalisant non seulement comme peut l'être une religion prosélyte, mais aussi parce qu'il annexe la cause de la justice. La dénonciation de l'oppression doit, dans cette optique, s'appliquer à l'ensemble du monde soumis à la domination américaine. Ben Laden le dit en décembre 2002 : « La situation était parvenue à ce degré de frustration, de désespoir et d'atermoiement parmi les musulmans [...], d'injustice, d'arrogance et d'agressivité au sein de l'alliance américano-sioniste au point que le pays de l'oncle Sam s'enfonçait dans le péché, se repaissait de despotisme [...] alors advint la catastrophe[2]. »

---

1. Bakounine, *Dieu et l'État*, op. cit., p. 72.
2. Oussama Ben Laden, « Extraits de *Recommandations tactiques* », décembre 2002, trad. J.-P. Milelli, *in* Gilles Kepel et J.-P. Milelli (dir.), *Al-Qaïda dans le texte*, op. cit., p. 85.

Contrairement aux révolutionnaires classiques, les terroristes anciens et modernes transposent l'analyse politique de l'oppression dans le registre de la vie et de la mort. La propagande par les actes doit susciter la frustration, et produire une conscience que la vie est intolérable. Loin de courir seuls à leur propre mort, les terroristes, en posant des bombes, entendent signifier que la vie de chacun n'en est pas une. Chez Marx, l'idéologie est encore conscience inversée, puisqu'elle contient le message qu'il faut se réapproprier par une juste lecture de ce qui est donné « à l'envers ». Un sens fallacieux est encore un sens. Ici, au contraire, les « abstractions » dénoncées par Bakounine n'ont aucun sens, même fallacieux. De même pour l'Amérique de Ben Laden.

C'est la raison pour laquelle le terrorisme prend appui sur la psyché individuelle non seulement pour semer l'effroi et mener une guerre psychologique, mais aussi pour recruter des militants. Pour convaincre de passer à la terreur, l'analyse politique et économique n'est pas seule opératoire : il faut aussi faire appel au sentiment qui nous fait nous éprouver homme ou femme. C'est dans ce registre seul que peut résonner le désespoir. Kropotkine joue ainsi sur l'affect maternel des femmes : « Vous, femmes du peuple, cette histoire vous laissera-t-elle froide ? En caressant la tête blonde de cet enfant qui se blottit près de vous, ne penserez-vous jamais au sort qui l'attend, si l'état social actuel ne change pas[1] ? » Chez Ben Laden, l'humiliation porte sur la « virilité » au sens large : il accuse l'Amérique de priver les musulmans de leur virilité. En traduisant ainsi le mot arabe *rujûla*, Jean-Pierre Milelli précise que si l'acception du terme n'est pas seulement sexuelle, elle ne se restreint pas non plus « aux valeurs qui caractérisent un homme arabe accompli dans la tradition littéraire classique », pour désigner bien davantage l'ensemble des

---
1. Pierre Kropotkine, *Paroles d'un révolté, op. cit.*, p. 71.

« dimensions sociales et morales » de la virilité[1]. Sur ce point encore, on remarque une étrange résonance avec le discours politique anarchiste. Kropotkine en effet demandait aussi : « Voulez-vous que vos fils, eux aussi, végètent comme votre père a végété[2] ? »

Le refus de ces « abstractions », ainsi que les nomme mal à propos Bakounine en pensant à toutes sortes de cibles réelles, doit donc conduire à inverser une seule chose : le sacrifice des masses pour elles. Un tel retournement est nécessairement une forme de destruction. D'où ce qu'il appelle un « besoin de détruire », véritable « rage destructrice », « passion négative » sans laquelle il n'y a pas de révolution possible, « car il n'y a pas de révolution sans destruction profonde et passionnée, destruction salvatrice et féconde parce que précisément d'elle, et seulement par elle, se créent et s'enfantent des mondes nouveaux[3] ».

L'argument du désespoir a pour finalité de justifier celui de la légitime défense. La justification des représailles a la même signification que celle du terrorisme. Le terrorisme se prétend toujours représaille contre le terrorisme de l'autre. Pour le terroriste, le terroriste est toujours l'autre. Ici encore, les déclarations de Ben Laden contre la terreur américaine au regard de laquelle les attentats font figure de simple répression semblent résonner en écho aux thèses de Bakounine pour qui « ce sont les bourgeois qui sont sanguinaires, pas le peuple[4] ».

---

1. Oussama Ben Laden, extraits d'un *Entretien avec Al-Jazira*, novembre 1998, trad. J.-P. Milelli, *in* Gilles Kepel et J.-P. Milelli (dir.), *Al-Qaïda dans le texte*, *op. cit.*, p. 75, et note 25 p. 74.
2. Pierre Kropotkine, *Paroles d'un révolté*, *op. cit.*, p. 71.
3. Mikail Bakounine, *Étatisme et révolution*, *op. cit.*, p. 223.
4. *Ibid.*, p. 169 : « C'est en regardant ces tours détruites au Liban que l'idée m'est venue de rendre la monnaie de sa pièce au bourreau et de détruire les tours de l'Amérique, afin qu'elle endure un peu de ce que nous avons enduré et cesse de tuer nos femmes et nos enfants. Depuis ce jour, je me suis rendu compte que tuer délibérément des femmes et des enfants est une loi américaine bien établie : la terreur d'État s'appelle liberté et démocratie, mais la résistance s'appelle terrorisme et réaction », Oussama Ben Laden, « Message au peuple américain », octobre 2001, trad.

L'argument du désespoir sert à légitimer la pulsion de mort politique, le désir de destruction. Chercher dans le sujet le ressort de l'acte terroriste, faire appel au sentiment par lequel il vit sa vie, c'est en même temps le livrer à cet impératif radical et non médié qu'est la destruction.

Le terrorisme radical de Serge Netchaïev

C'est dans la partie la plus radicale de l'anarchisme russe que la violence extrême a été théorisée. Netchaïev, anarchiste qui fut un moment proche de Bakounine avant que celui-ci ne rompe avec lui, inaugura un discours qui fait de la destruction totale un devoir du révolutionnaire. La théorisation de la propagande par les actes est tributaire de cette première approche. Si c'est de Bakounine, en effet, que viendrait l'idée que « le besoin de détruire est aussi un besoin créateur », Netchaïev la radicalisa, posant les fondements de la violence extrême. Certes, l'influence de Netchaïev fut brève et sans lendemain et sa réputation fut douteuse, mais il exerça une fascination qui assura la pérennité des arguments terroristes qu'il contribua à mettre en forme. La première victime de cet engouement fut Bakounine lui-même qui l'adopta et peut-être rédigea avec lui le *Catéchisme du révolutionnaire* en 1869 [1]. Netchaïev, en effet, prend au sérieux le refus de la séparation des fins et des moyens et fait de la violence une fin en soi. Ainsi écrit-il : « Le révolutionnaire ne s'introduit dans le monde politique

---

J.-P. Milelli, *in* Gilles Kepel et J.-P. Milelli (dir.), *Al-Qaïda dans le texte, op. cit.*, p. 103.

1. Michael Confino, *Violence dans la violence, le débat Bakounine-Necaev*, Paris, Maspero, 1973. Selon Albert Camus, le manifeste a été rédigé en commun par Bakounine et Netchaïev (*L'Homme révolté*, Paris, Gallimard, 1951, rééd. coll. « Folio », p. 206). Cette thèse est remise en question par Michael Confino qui, tout en reconnaissant que Netchaïev paraît un temps à Bakounine le meilleur de ses disciples, pense que le *Catéchisme du révolutionnaire* est l'œuvre du seul Netchaïev.

et social, dans le monde dit instruit, et n'y vit qu'avec la foi dans sa destruction la plus complète et la plus rapide [...]. Il doit pouvoir détruire les situations, les relations ou les personnes appartenant à ce monde[1] » ; « notre mission est la destruction terrible, totale, générale[2] » ; « le révolutionnaire ne connaît qu'une seule science, la science de la destruction[3] ».

En cela, il n'apparaît plus comme exactement anarchiste, car le refus de l'autorité par les anarchistes s'accompagne d'une doctrine politique forte, ce qui fait défaut à Netchaïev[4]. Les doutes et le revirement de Bakounine témoignent qu'avec Netchaïev la théorie de la violence s'émancipe de l'idéologie. Bakounine a probablement été effrayé des effets produits sur quelqu'un comme Netchaïev par la doctrine anarchiste, dont celui-ci ne faisait que dégager les ultimes conséquences. Avec Netchaïev, le contenu même de la révolution se confond avec la destruction.

La matière idéologique de l'anarchisme classique, tout en ouvrant la voie terroriste, tempérait l'action directe en la dialectisant même à leur insu. Sans doute est-ce la raison pour laquelle les anarchistes, tout en posant les fondements d'un terrorisme sans limite, se sont, dans l'action, contentés de l'assassinat politique. À chercher des justifications à ses actes, le terroriste entre dans l'univers du discours, qui porte à différer l'acte. Le refus théorisé de la théorie est encore théorique et limite la pratique. La pensée n'est pas l'acte. Penser empêche même – souvent – d'agir. Les anar-

---

1. Serge Netchaïev, *Le Catéchisme du révolutionnaire* (II, art. 6), *in* Michael Confino, *Violence dans la violence, le débat Bakounine-Netchaïev, op. cit.*, p. 101.
2. *Ibid.*, II, art. 24, p. 104.
3. *Ibid.*, II, art. 3, p. 100.
4. « Quel est votre drapeau ? Quels sont vos principes théoriques et en quoi consiste votre but ? [...] Qu'êtes-vous ? Des socialistes ou bien des défenseurs de l'exploitation du peuple ? Des partisans de l'État ou bien ses ennemis ? Des fédéralistes ou bien des centralistes ? » ; Lettre de Bakounine à Netchaïev ; cité *in* Michael Confino, *Violence dans la violence, le débat Bakounine-Necaev, op. cit.*, p. 25.

chistes ont contribué à une levée générale de l'inhibition d'agir, qui accompagne un recul de la pensée. La vacuité inhérente à la pensée prédispose particulièrement celle-ci à l'entretien de la vie politique. La pensée politique maintient ouvert l'espace vide de la fondation politique. La pensée porte à parler et à tenir la politique, comme dans la définition d'Aristote, pour un échange de paroles[1]. Mais quand le révolutionnaire partisan de la propagande par le fait accepte de parler, il est, du point de vue terroriste, perdu ; d'où l'échec régulier des tentatives de négociation avec lui. Bakounine, Kropotkine et Alexandre Herzen – qui exerça sur eux une influence décisive – sont tous trois partagés quant à la destruction totale. Ils illustrent bien la difficulté logique de faire de celle-ci un but : comment tendre à quelque chose et à rien en même temps ? Mais Netchaïev, « cet esprit [...] presque sans contradiction[2] », porte la propagande par le fait à sa cohérence entière, et par là même parvient à une forme de conceptualisation du terrorisme.

C'est à dégager cette cohérence que s'emploie Dostoïevski dans ce véritable pamphlet inspiré par l'affaire Netchaïev qu'est le roman *Les Démons*[3]. De l'aveu de l'auteur, il n'est pas question dans ce roman de traiter le cas Netchaïev « sous son aspect anecdotique par la simple description d'un cas particulier survenu à Moscou », mais de la considérer comme un « phénomène social »[4]. Serge Netchaïev avait fondé une société secrète dans un cercle de jeunes étudiants agronomes, La vindicte du peuple ou Société de la hache. En 1869, il fait assassiner l'étudiant Ivanov, au prétexte qu'il aurait trahi l'organisation révolutionnaire, alors qu'il avait en réalité cessé d'adhérer à ses

---
1. Aristote, *Politique*, 1253 a, I, 2, trad. J. Tricot, Paris, Vrin, coll. « Vrin-poche », p. 29.
2. Albert Camus, *L'Homme révolté, op. cit.*, p. 206.
3. Gustave Aucouturier, *Introduction à Dostoïevski, Le journal d'un écrivain (1873-1881)*, trad. par G. Aucouturier, Paris, Gallimard, coll. « Bibliothèque de la Pléiade », 1972, p. IX.
4. Fedor Dostoïevski, *Le Journal d'un écrivain* (1873), *op. cit.*, p. 190.

idées. Il quitte la Russie mais est extradé en 1872. Son procès a lieu en 1878. Depuis les années 1860, Dostoïevski cherchait la manière d'exprimer ses idées à propos des nouveaux mouvements révolutionnaires et de la crise de la Russie. *L'Idiot*, auquel il travaille de 1867 à 1869, relève déjà de cette problématique : il oppose la figure du prince Mychkine à l'idéal révolutionnaire. Le meurtre d'Ivanov et les idées de Netchaïev, connues dès l'assassinat, lui fournissent un motif plus direct. Le roman, qui se veut une dénonciation des idées socialistes – et de la part de Dostoïevski un reniement de sa propre jeunesse fouriériste –, est aussi une analyse. La politique de la terreur est progressivement mise au jour dans le roman. Tout d'abord, Nicolas Stravoguine, qui représente plus ou moins lointainement Bakounine, et Pierre Verkhovensky (Netchaïev) semblent pénétrer la société locale essentiellement en faisant circuler des « proclamations » – forme de propagande classique au moyen de l'écrit clandestin. C'est même autour de la question de ces proclamations que se noue le meurtre d'Ivanov. Chatov – son nom, dans le roman – est en effet en possession de la presse à imprimerie de la société secrète. Comme il s'éloigne des idées de sa jeunesse, il n'imprime plus de proclamations, fait connaître sa volonté de quitter l'organisation et enterre la presse. Sommé de la remettre à Verkhovensky, il se rend avec ses anciens camarades sur les lieux où il l'a enfouie et est alors assassiné. L'assassinat de Chatov, dans le roman, est justifié par la volonté de souder l'organisation. Le principe de la terreur doit s'appliquer aux membres de celle-ci. Mais surtout l'assassinat de Chatov prend place dans le contexte d'un plan de déstabilisation générale de la ville et de la région. Ce que met en valeur Dostoïevski est l'imaginaire du feu, qui est une constante du discours terroriste.

Le moyen de la terreur est érigé au rang de fin : c'est l'incendie. Le feu, dont Clausewitz avait remarqué le rôle dans les nouvelles formes de guerre, déclenche de la terreur.

La propagande par les actes, c'est l'incendie général. Bakounine, déjà, dans son « Appel aux Slaves », compare la révolution à un incendie : « De l'océan de sang et de feu surgira à Moscou, haut dans le ciel, l'étoile de la Révolution pour devenir le guide de l'humanité libérée [1]. » Pour Henri Arvon, c'est ce qui explique que, à l'inverse de l'anarchisme paisible de Proudhon, celui de Bakounine apparaisse comme un « romantisme de la destruction » qui mène vers la violence des actes et que ces paroles littéralement « incendiaires » aient fait germer l'idée du terrorisme anarchiste. C'est ce que montre aussi Dostoïevski, à travers la fascination de Verkhovensky pour Stravoguine. Celui-là entend réaliser l'intention secrète de celui-ci, qui s'en montre stupéfait [2]. Or, dans *Les Démons*, l'action se déclenche par l'incendie d'un quartier de la ville : « Le principe de Netchaïev – écrit Dostoïevski –, sa nouvelle parole, c'est qu'il faut enfin provoquer la révolte [...], et plus il y aura de troubles et de désordres, de sang et d'effondrements, de feu et de destruction des traditions, tant mieux [3]. »

L'incendie, comme toute propagande par les actes, opère à deux niveaux. Il sert à dissimuler l'assassinat de la femme de Stravoguine, mais aussi à donner le signal de la mobilisation générale, dans l'esprit de Verkhovensky. Dans les carnets de Dostoïevski, on peut lire une première ébauche de la réaction du gouverneur de la province, Von Lembke : « L'incendie est plus profond, l'incendie est dans les cœurs, l'incendie est dans les esprits [4]. » La destruction vaut donc, selon lui, pour elle-même et comme par redoublement,

---

1. Bakounine, « Appel aux Slaves », cité par Henri Arvon, in *L'Anarchisme*, Paris, PUF, coll. « Que sais-je ? », 1971.
2. Fedor Dostoïevski, *Les Démons*, 2ᵉ partie, chapitre VIII, « Le tsarévitch Ivan », *op. cit.*, p. 436 *sq.*
3. *Id.*, *Carnets des Démons*, in *Les Démons*, trad. B. de Schlœzer et S. Luneau, Paris, Gallimard, coll. « Bibliothèque de la Pléiade », 1955, p. 1029.
4. *Ibid.*, p. 1086.

comme signal d'elle-même. Dostoïevski le formule à plusieurs reprises dans *Les Démons* et les carnets des *Démons*. Au moment où il élabore son plan conjoint d'incendie et d'assassinat, Verkhovensky dit à Stravoguine : « Nous proclamerons la destruction... Pourquoi, pourquoi cette idée est-elle si fascinante ? Oui, il faut parfois se détendre les membres ! Nous allumerons des incendies ! [...] C'est alors que commencera le gâchis. Ce sera un chambardement comme jamais encore le monde n'en aura vu [1]. » De même, à Chatov qui veut encore la destruction en vue d'une régénération, Netchaïev répond, en le corrigeant : « La destruction pour la destruction, et ensuite ce qu'on veut [2]. » Il s'agit bien d'une cohérence totale de l'idée de destruction et non d'une autre voie. La destruction pour la destruction conduit en effet à frapper de vanité ce qui succède à la destruction. L'après-destruction est presque une contradiction dans les termes : si quelque chose peut advenir, c'est que la destruction n'a pas été totale. Chatov est un traître car il pense à ce que doit rendre possible la destruction, tandis que la politique de la terreur, si elle est absolument cohérente, ne pense pas ce qui doit succéder à la terreur de la même manière que ce à quoi celle-ci est censée mettre fin. L'idéologie qui justifie le terrorisme opère toujours au premier niveau, celui de la rationalisation de l'action. Mais il est un autre niveau. Dostoïevski rend sensible ce feuilleté dont on trouve un lointain écho dans la métaphore de l'oignon utilisée par Hannah Arendt pour caractériser le totalitarisme [3]. Toute l'intrigue des *Démons* consiste à manifester le décalage entre les membres de la société secrète qui espèrent l'avènement de la société socialiste et le personnage de Netchaïev qui soupçonne ces buts de n'être qu'un habillage

---

1. Fedor Dostoïevski, *Les Démons*, *op. cit.*, p. 445.
2. *Id.*, *Carnets des Démons*, in *Les Démons*, *op. cit.*, p. 1040.
3. Hannah Arendt, « Autorité, tyrannie et totalitarisme » (1956), in *Les Origines du totalitarisme*, éd. Pierre Bouretz (dir.), Paris, Gallimard, coll. « Quarto », p. 889.

destiné aux raisonneurs, ces sortes de demi-habiles de la révolution. Verkhovensky provoque Lipoutine, fouriériste, en déclarant que « tout consiste dans l'écroulement de tout » et en qualifiant les buts du socialisme (abolition de la propriété, de la religion, de la famille) d'« inventions pour les imbéciles ». C'est pourquoi il dit : « Ce qu'il y aura après, ce n'est pas mon affaire : l'essentiel, c'est que ce qui existe soit ébranlé, bouleversé et craque[1]. »

Conclusion

Si le terrorisme contient nécessairement cette adhésion radicale à la thèse de la destruction pour la destruction, il faut pour le penser se mettre à la hauteur de la spéculation nihiliste. Si l'on peut tenir Dostoïevski pour un juste analyste de ce phénomène, et non pour un fabulateur, c'est parce que cette problématique trouvait un écho en lui, comme Freud l'a avancé[2]. Il a pu mettre au jour la filiation intellectuelle du nihilisme à l'anarchisme qui était par ailleurs encore très proche et très nette. C'est cette filiation qui nous échappe désormais, alors même que le terrorisme ne se comprend pas en dehors de la problématique nihiliste.

Le nihilisme doit nous permettre d'identifier l'aspect pulsionnel du terrorisme autrement que par l'opposition compulsion/ libre arbitre. Voir dans le terrorisme la mise en jeu de la pulsion de mort en politique n'est pas réduire sa détermination subjective à celle de l'impulsion. Le malentendu à cet égard provient de ce qu'en psychanalyse un pro-

---

1. *Ibid.*, p. 1029. Plus que la révolution, Netchaïev vise, selon Dostoïevski, la révolte : « Netchaev n'est pas un socialiste, mais un révolté, son idéal c'est la révolte et la destruction, et après – "quoi que ce soit" sur la base du principe socialiste que quoi que ce soit vaut mieux que ce qui est maintenant, et qu'il est temps d'agir et non de prêcher. » (*ibid.*, p. 1030).
2. Freud, « Dostoïevski et le parricide » (1928), trad. de J.-B. Pontalis, in *Résultats, idées, problèmes*, vol. II, Paris, PUF, 1985, p. 163.

cessus pulsionnel peut être parfaitement construit et même subir une forme de rationalisation consciente. La dimension du passage à l'acte ne peut toutefois entièrement s'insérer dans cette construction rationalisée. Même si l'acte n'est pas impulsif, il a néanmoins une source, un but et un objet, et il faut, pour qu'il soit mené à terme, comme « une poussée » du sujet – comme le terme le dit bien.

Que cette pulsion à l'œuvre dans le terrorisme soit de l'ordre de la pulsion de mort ne peut s'éclairer que par l'élucidation de ce qu'est le nihilisme ainsi que du type de négation et de négativité qu'il met au jour. Si la pulsion de mort signifie qu'il « y a quelque chose » qui « contraint à sortir des limites de la vie », elle opère, comme le montre Lacan, sur le plan de l'échange humain, du langage et du social, et non sur le plan biologique [1]. Ramener l'animé à l'inanimé, c'est, dans l'existence commune, choisir là aussi « la voie directe » de la pulsion de mort en « court-circuitant » la politique dans l'action directe [2]. Au-delà du retour à l'inanimé, il s'agit bien dans la pulsion de mort, au niveau individuel comme au niveau collectif, de quelque chose qui concerne le politique en son centre : « une volonté de destruction directe [3] ». La violence, dans sa forme terroriste particulièrement, témoigne en effet du jeu de la pulsion de mort par son refus des détours, des médiations, voire des méandres de la vie politique. Ce qui est en jeu dans tout terrorisme radical est donc le nihilisme, qui, historiquement, a contribué à donner forme à l'idée et à l'action anarchistes en Russie.

---

1. Jacques Lacan, *Le Moi dans la théorie de Freud et dans la technique de la psychanalyse*, op. cit., p. 103.
2. Christiane Lacôte, « Remarques cliniques sur la pulsion de mort », in *Les Destins de la pulsion de mort*, Séminaire de psychanalyse, 1999-2000, Association d'études de Freud et de Lacan, université de Nice-Sophia Antipolis, Faculté des lettres et des sciences humaines, p. 17.
3. Jacques Lacan, *L'Éthique de la psychanalyse, Séminaire VII, 1954-1955*, Paris, Seuil, 1986, p. 251.

Quatrième partie

Terrorisme et nihilisme

Le rapprochement du nihilisme et du terrorisme a été établi par André Glucksmann après le 11 Septembre, mais l'avait déjà été par Albert Camus dans *L'Homme révolté* qui concluait en effet le passage sur Netchaïev et Kravtchinski par : « Le nihilisme, souvent étroitement mêlé au mouvement d'une religion déçue, s'achève ainsi en terrorisme[1]. » Abdelwahab Meddeb, dans *La Maladie de l'islam*, emploie le terme pour désigner le passage de l'intégrisme musulman au terrorisme, qui selon lui, ne n'explique que par le « vecteur du nihilisme[2] ».

Loin de tout rapprochement fondé sur des similitudes imaginaires, il s'agit ici d'analyser le nihilisme comme vecteur du terrorisme en remontant à la source russe qui nous donne, pour diverses raisons, un témoignage unique sur l'enchaînement des idées qui conduisent à la légitimation du passage à l'acte terroriste. Paradoxalement, ce n'est pas la propagande politique que l'on trouve à l'origine du phénomène terroriste, mais un mouvement intellectuel : celui même qui fut nommé en Russie, « intelligentsia[3] ». Le

---

1. Albert Camus, *L'Homme révolté*, *op. cit.*, p. 212.
2. Abdelwahab Meddeb, *La Maladie de l'islam*, Paris, Seuil, 2001, rééd. coll. « Folio », p. 17.
3. Alain Besançon, *Les Origines intellectuelles du léninisme*, *op. cit.*, p. 117 *sq.*

parallèle avec l'émergence du terrorisme islamiste est frappant. Si, comme le montre Gilles Kepel, c'est dans le mouvement des Frères musulmans et dans ceux qui en continuèrent l'héritage en le radicalisant que l'on doit situer l'origine de l'islamisme moderne ; c'est là encore, dans un mouvement culturel, qu'il faut faire commencer le phénomène. En évoquant l'œuvre de Qotb et la véritable « révolution culturelle » que celui-ci effectue, Kepel qualifie l'ouvrage *Signes de piste* de « *Que faire ?* du monde islamiste[1] ». Il est difficile de savoir s'il pense au roman de Tchernychevski ou à l'ouvrage de Lénine, mais, le second ayant repris ce titre en hommage au premier, l'un est contenu dans l'autre.

Remonter de l'anarchisme au nihilisme pour comprendre le terrorisme moderne ce n'est pas seulement franchir un pas de plus dans la généalogie, mais tenter de comprendre la nature du refus qui amène à se poser la question : « que faire ? ». C'est cette question, « que faire ? », qui, entendue dans sa signification absolue, conduit à privilégier la propagande par les actes à l'explication par les mots. La genèse n'est pas seulement historique mais intellectuelle et psychique. La « propagande par les actes » est à la fois silence et langage. Or, comme le note Stanley Rosen, « le langage qui ne se distingue pas du silence c'est le nihilisme[2] ». L'argument du désespoir, l'ancrage de la révolte dans le sentiment, conçu – on ne sait pourquoi – comme critère de vérité, et le refuge dans l'action directe ont la prétention de dépasser le *logos* de la politique qui passe par les négociations et les compromis, la médiation et le retard, l'argumentation et la dialectique. Qu'il soit prémédité, voire syllogistique, comme le note Albert Camus, ne change

---

1. Gilles Kepel, *Jihad*, *op. cit.*, p. 53.
2. Stanley Rosen, *Le Nihilisme, un essai philosophique* (1969), trad. de l'américain par R. Harlepp, L. Fisher, P. Kerszberg, Paris, Ousia, 1996, p. 24.

rien[1]. Le terrorisme est nihilisme non par son incapacité à parler, comme voudraient le faire croire ceux qui entendent en lui un « cri », mais par sa récusation du langage.

Autour d'un tel projet, la polémique fait rage. La filiation révolutionnaire du terrorisme semble moins heurter la pensée que le rapprochement de celui-ci avec le nihilisme. Des voix s'élèvent pour dénoncer un tel ancrage du terrorisme dans le nihilisme. François Ewald dénonce un usage inflationniste du concept de nihilisme[2]. Dominique Janicaud se moque du rapprochement opéré par André Glucksmann, dans *Dostoïevski à Manhattan*, entre les personnages de Dostoïevski et Ben Laden[3]. Frédéric Gros dénonce « les indignations écœurées des intellectuels criant au nihilisme[4] ».

Pourtant, une telle comparaison ne paraît ridicule que si l'on surdétermine la place et le rôle de l'idéologie, c'est-à-dire de l'imaginaire, aux dépens du ressort de l'engagement dans le terrorisme qui requiert nécessairement, par-delà les différences, des éléments communs masqués par la conception du monde qui les habille. Il est sûr que le nihilisme russe qui naît dans les années 1860 est encore un véritable discours, tandis que le terrorisme marque un appauvrissement de celui-ci[5]. Mais les vingt années qui séparent l'apparition du phénomène nihiliste de l'émergence du terrorisme russe dans les années 1980 peuvent être aussi

---

1. « Dès l'instant où le crime se raisonne, il prolifère comme la raison elle-même, il prend toutes les figures du syllogisme. Il était solitaire, comme le cri, le voilà universel comme la science », Albert Camus, *L'Homme révolté*, *op. cit.*, p. 15.
2. « Le Nihilisme. La tentation du néant de Diogène à Michel Houellebecq », *Le Magazine littéraire* (hors-série), octobre-novembre 2006.
3. Dominique Janicaud, « La postérité des *Possédés* : quel nihilisme ? » *in* J.-F. Mattéi (dir.), *Nietzsche et le temps des nihilismes*, Paris, PUF, 2005, p. 121-129.
4. Frédéric Gros, *États de violence. Essai sur la fin de la guerre*, *op. cit.*, 2006, p. 221.
5. Armand Coquart, *Dmitri Pisarev (1840-1868) et l'idéologie du nihilisme russe*, Paris, Institut d'études slaves, 1946, coll. « Bibliothèque russe de l'Institut d'études slaves », t. 21, p. 20.

regardées comme l'éclosion en Russie d'une innovation qui, pour avoir posé les jalons de la révolution bolchevique, ainsi que le soutient Alain Besançon, excède largement, comme on le voit aujourd'hui, la préparation de l'installation du communisme[1].

---

1. Alain Besançon, *Les Origines intellectuelles du léninisme*, *op. cit.*, p. 117 *sq.*

Chapitre VII

La négation comme fin en soi, ou la naissance du nihilisme

La naissance du phénomène nihiliste est étrange. Elle se trouve dans un roman de Tourgueniev, *Pères et fils*, qui se voulait pourtant une simple description[1]. Cette œuvre du romancier russe dresse le portrait d'un jeune nihiliste, Eugène Bazarov. Le texte eut des effets qui débordèrent l'intention de son auteur. Contre toute attente, le personnage surgi de l'imagination de Tourgueniev fut à l'origine d'un véritable engouement, et le « bazarovisme » – comme on le nomma bientôt en Russie – s'imposa comme le signe de ralliement de la jeunesse étudiante.

Le texte parut en 1862 dans une revue conservatrice, *Le Messager russe*, après la rupture de Tourgueniev avec la revue d'avant-garde *Le Contemporain (Sovremennik)*. Malgré ses dénégations, il semble que Tourgueniev ait visé certains critiques littéraires radicaux dont spécialement Dobrolioubov. Le roman est donc bien, dans son intention première, une charte politique. Si l'auteur s'est défendu d'avoir dénoncé en Bazarov les idées nouvelles de la jeunesse, il est indéniable qu'il a nommé avec justesse un

---

[1]. Alexis Tourgueniev, *Pères et fils* (1862), in *Romans et nouvelles complets*, trad. du russe par F. Flamant et E. Scherrer, Paris, Gallimard, coll. « Bibliothèque de la Pléiade », vol. II, 1982.

phénomène encore composé d'éléments disparates, et que cela eut, pour le meilleur et le pire, des effets de vérité qui expliquent son rapport ambivalent de « sympathie et répulsion » à son héros, Bazarov, mais aussi l'impact durable du nihilisme russe [1].

Le nihilisme, une critique

La transformation de la description en événement social, n'est pas le fait de l'ouvrage de Tourgueniev mais un effet de la polémique politique déclenchée par la critique littéraire, ou plus exactement par les philosophes de l'époque, Tchernychevski, Dobroulioubov et Pisarev. La critique littéraire était alors en Russie, comme sous tout despotisme, le moyen, pour les philosophes, de contourner la censure. Plus essentiellement toutefois, la pensée de ces auteurs est en tant que telle de l'ordre de la critique. Elle reste pour cette raison parfois assez insaisissable. Plus que d'autres, leurs livres, dans la mesure où ils sont eux-mêmes consacrés à d'autres ouvrages sont écrits entre les lignes, non seulement en raison d'une persécution par ailleurs réellement subie, mais parce qu'il appartient au nihilisme de se méfier de toute affirmation. Le nihilisme apparaît comme un versant de la critique. La culture de la négation commence par le refus du choix d'un sujet personnel. Le seule option subjective consiste, chez les philosophes et critiques des années 1860, à trier, dans l'actualité littéraire, les textes prétextes à une critique sociale. Ainsi Dobrolioubov commente-t-il par exemple l'*Oblomov* de Gontcharov ou des ouvrages de sciences naturelles, parce qu'ils lui semblent pour des raisons diverses révélateurs de l'esprit du

---

[1]. Armand Coquart, *Dmitri Pisarev (1840-1868) et l'idéologie du nihilisme russe, op. cit.*, p. 135.

temps[1]. Bref, les philosophes des années 1860 sont des « critiques » en un sens absolu. Plus rien ne fait valeur à leurs yeux.

Certes, Tchernychevski réagit contre Tourgueniev, qu'il trouvait trop « négatif » à l'égard du nihilisme, en écrivant *Que faire ?*. Chez lui, le nihilisme semble une critique plus relative qu'absolue : une critique de la société actuelle et un hommage aux idées socialistes. Le roman est une sorte d'illustration de la philosophie de Charles Fourier. Néanmoins, à côté d'un propos sur le travail, la richesse, et la vie en communauté, on reconnaît l'empreinte nihiliste, et le sens absolu de la critique : à une jeune fille désespérée, le médecin Kirsanov n'hésite pas à promettre la mort si elle ne peut atteindre l'objet de son désir amoureux. Certes, Tchernychevksi présente cela comme le stratagème de celui qui s'est montré capable de reconnaître une « maladie de l'âme », mais il ne dissimule nullement le risque pris par le médecin avec la vie d'autrui. À celui qui lui fait remarquer qu'il est un « homme terrible », le héros répond : « C'est donc que vous n'avez encore jamais vu d'hommes terribles[2]. »

Dans le pamphlet mordant qui raconte ses études universitaires, Pisarev semble donner à la critique nihiliste une signification encore positive. Contre l'ennui suscité par les professeurs d'université, qui sont au mieux ridicules ou plagiaires, au pire ignorants et méchants, Pisarev paraît nommer « critique » une exigence de subjectivation du savoir absente de l'université[3]. Dans l'université règne une suffisance qui empêche la critique : « Lorsqu'une telle suffisance s'empare

---

[1]. Nicolaï Dobrolioubov, *Textes philosophiques choisis* (1856-1861), Moscou, éd. en langues étrangères, 1956.
[2]. Nicolaï Tchernychevski, *Que faire ?*, *op. cit.*, p. 337.
[3]. « [...] L'ennui aux cours, l'ennui à la maison – voilà ce que j'ai vécu ces deux années, voilà comment le monde enchanté de l'université a récompensé mon amour passionné et irréfléchi pour les trésors inconnus et inaccessibles de la pensée », Dmitri I. Pisarev, *Notre science universitaire* (1863), trad. du russe par Anatole Abragam, Arles, Actes Sud, 1999, p. 84.

de quelqu'un, il faut reconnaître qu'il est perdu ; l'esprit critique est mort, et la capacité de penser est remplacée par celle d'enfiler, les uns après les autres, des mots et des propositions[1]. » Mais comme il l'explique, cette critique fit de lui avant tout un nihiliste[2]. Dans la controverse suscitée par le roman de Tourgueniev, dans laquelle il joua un rôle de premier plan par l'essai qu'il consacra au personnage Bazarov plus qu'à son auteur, Pisarev imposa un autre sens de la critique nihiliste et contribua ainsi à la diffusion des idées nihilistes[3]. Pisarev vit que ce roman correspond aux « aspirations de son époque », il prit parti pour Tourgueniev, et sa compréhension de *Pères et fils* s'imposa au point d'éclipser quasiment l'auteur lui-même. L'influence étonnante de Pisarev s'exerça donc par l'intermédiaire du personnage d'un autre, qu'il s'appropria au point de lui conférer une présence quasi hallucinatoire ; les étudiants se mirent à imiter le ton de voix supposé de Bazarov (un peu haut), sa tenue (mal habillé), son port (négligé), et sa passion pour les sciences naturelles. Selon Pisarev en effet, « celui qui a regardé les choses, une fois dans sa vie, ne fût-ce que pendant quelques minutes, avec les yeux de Bazarov, celui-là reste nihiliste pour longtemps[4] ».

Serge Netchaïev a également subi directement l'influence de Pisarev et en a repris le programme[5]. Les intellectuels, selon Pisarev, ont moins pour finalité de construire un

---

1. *Ibid.*, p. 84.
2. *Ibid.*, p. 53.
3. Dmitri I. Pisarev, *Essais critiques* (1862-1868), trad. du russe en français, Moscou, éd. du Progrès, 1976.
4. Cité par Armand Coquart, *Dmitri Pisarev (1840-1868) et l'idéologie du nihilisme russe*, *op. cit.*, p. 222, 244.
5. Netchaïev était en 1865 membre d'un cercle fondé par Nefedov, futur militant populiste. On y lisait le *Russkoè Slovo (La parole russe)* et le *Sovremennik (Le contemporain)* et on y admirait Pisarev, qui écrivait dans ces revues ; Armand Coquart, *Dmitri Pisarev (1840-1868) et l'idéologie du nihilisme russe*, *op. cit.*, p. 445.

programme politique que de détruire les idées anciennes par la critique. De même, si Pierre Kropotkine se tourne vers l'anarchisme après 1876, il a été formé à l'école de Pisarev et n'a pas rompu toute attache avec lui. De même que Lénine se mettait en colère quand on critiquait Tchernychevski, de même Kropotkine a justifié l'héritage nihiliste. Le nihilisme est d'abord selon lui une critique, c'est-à-dire une opération de la négation : « Le nom n'est pas du tout mal choisi, puisqu'il renferme une idée : il exprime la négation de tout l'ensemble des faits de la civilisation actuelle [1]. » Lui-même accordait, comme Pisarev, une place majeure aux sciences naturelles et mineure à l'esthétique [2]. Si Bakounine, d'abord formé à l'école hégélienne durant la génération précédente, et vivant à l'étranger à partir de 1861, n'a pas de lien direct avec Pisarev, il voit néanmoins « dans le réalisme pisarevien un vestibule permettant d'entrer dans sa doctrine », en raison de la négation généralisée et de l'apologie des sciences naturelles [3]. Par quel jeu de la négation un projet critique se transforme en une entreprise de dénigrement, tel est le point majeur à élucider si l'on veut remonter aux sources du terrorisme. Ce n'est en effet pas par préjugé que les nihilistes ont été accusés de passer de la critique au dénigrement. C'est dans la relation à l'objet du refus que se joue un tel passage.

---

[1]. Pierre Kropotkine, *Paroles d'un révolté*, op. cit., p. 88.
[2]. Ce thème fait l'objet d'un traitement tout particulier chez Tourgueniev, qui met dans la bouche de Bazarov de nombreuses déclarations contre l'art et l'esthétique en général : « Raphaël ne vaut pas un centime », Alexis Tourgueniev, *Pères et fils*, op. cit., p. 578.
[3]. Armand Coquart, *Dmitri Pisarev (1840-1868) et l'idéologie du nihilisme russe*, op. cit., p. 437.

« *Tout nier* », ou le refus de l'hégélianisme[1]

Dès le début du roman de Tourgueniev, lors de la première conversation des personnages entre eux, se pose la question de la définition du nihilisme. Le héros, Eugène Bazarov, est un jeune étudiant qui est reçu à la sortie de l'université dans la famille d'un de ses camarades d'université, Arcade, qui partage, du moins au début, ses idées. Les pères, en l'occurrence le père et l'oncle d'Arcade, interrogent celui-ci sur son ami et demandent : « Quel homme est Bazarov ? » Arcade répond : « Il est nihiliste[2]. » Le père et l'oncle d'Arcade, les hôtes des jeunes gens, essaient de comprendre cette réponse énigmatique en évoquant deux hypothèses à partir de l'étymologie latine[3] : le nihiliste serait celui qui ne « reconnaît rien », ou qui ne « respecte rien », définitions que Arcade rectifie en disant : « qui envisage tout d'un point de vue critique ». Néanmoins, cette première définition, formulée par Arcade, est encore descriptive. Elle assimile le nihiliste à un révolté aux prises avec l'ordre établi : « Un nihiliste, c'est un homme qui ne s'incline devant aucune autorité, qui ne fait d'aucun principe un article de foi, quelque soit le respect dont ce principe est auréolé[4]. »

Dostoïevski reprend les éléments de cette description dans le portrait qu'il dresse de Andreï Semionovitch dans *Crime et châtiment* : « Nous allons plus loin que nos devanciers ; nous nions plus de choses ! Si Dobrolioubov sortait du tombeau, je discuterais avec lui. Quant à Bielinski, celui-là, je lui riverais son clou[5]. » Nier, comme le rappelle le personnage, c'est avant tout, nier les préjugés, et particuliè-

---
[1]. Les pages qui suivent ont fait l'objet d'un exposé dans le séminaire de Didier Deleule le 5 avril 2005 à l'université de Paris-X Nanterre.
[2]. Alexis Tourgueniev, *Pères et fils*, *op. cit.*, p. 545.
[3]. Les termes russes *nigilist* / *nigilism* viennent, comme le mot français, directement du latin *nihil*. Je remercie Nicolas Werth pour ces indications.
[4]. Alexis Tourgueniev, *Pères et fils*, *op. cit.*, p. 546.
[5]. Fedor Dostoïevski, *Crime et châtiment* (1866), trad. D. Ergaz, Paris, Gallimard, coll. « Folio », p. 389.

rement, comme dans le *Que faire ?* de Tchernychevski, ceux qui portent sur le mariage et la condition de la femme[1]. Semionovitch, même s'il est présenté comme « assez bête[2] » se distingue néanmoins, dans le peu de temps où il intervient, par un geste de droiture. Dostoïevski reconnaît l'existence de ce premier niveau du nihilisme compatible avec l'utopie de « l'établissement d'une nouvelle commune[3] », d'un nihilisme qui n'est pas encore celui des « démons » ou des « possédés ».

Au premier niveau de la critique, illustré chez Tourgueniev par Arcade, succède un second, celui de Bazarov. Paul Kirsanov, l'oncle d'Arcade, en fournit une première interprétation : « Nous avons eu les hégélistes, voici maintenant les nihilistes. » C'est à dessein que Tourgueniev n'emploie pas l'équivalent russe de l'adjectif « hégélien ». Ce qui est en jeu dans le nihilisme est une critique, voire, comme l'indique le terme péjoratif, un dénigrement de Hegel. Parmi les emplois du terme nihiliste qui ont pu inspirer Tourgueniev[4], se trouve un sens péjoratif du mot, répandu en Allemagne dans les années 1840 et utilisé pour désigner les « négateurs intransigeants » de la gauche hégélienne, comme Bruno Bauer[5], mais aussi David Strauss ou Ludwig Feuerbach, sans oublier Max Stirner. Celui-ci fait en effet paraître, en 1844, *L'Unique et sa propriété*, qui s'ouvre sur un texte intitulé : « J'ai fondé ma cause sur rien. » Comme chez les autres hégéliens de gauche, Stirner critique l'interprétation religieuse de Hegel et retient essentiellement de

---

1. *Ibid.*, p. 391.
2. *Ibid.*, p. 384.
3. *Ibid.*, p. 385.
4. On peut bien sûr trouver des acceptions antérieures du terme « nihiliste », par exemple au XVIIIe siècle chez Anacharsis Cloots par exemple, ou encore chez Jacobi, dans sa lettre à Fichte ; Vladimir Biaggi, *Le Nihilisme*, Paris, Flammarion, coll. « Corpus », 1998. Mais ces acceptions sont encore trop limitées pour aider à rendre compte du phénomène nihiliste.
5. Armand Coquart, *Dmitri Pisarev (1840-1868) et l'idéologie du nihilisme russe, op. cit.*, p. 137.

lui ce qui peut s'interpréter comme une critique de la religion. C'est cette critique qui conduit au principe du néant. En effet, « fonder sa cause sur rien », c'est refuser de la fonder sur Dieu ou tout autre entité divinisée, qu'il s'agisse de l'État, de la patrie, de l'humanité ou même de la liberté et de la justice[1].

Le nihilisme est un dépassement non dialectique de l'hégélianisme. Le père d'Arcade, Nicolas Kirsanov, tente de l'interpréter comme conflit des générations, c'est-à-dire comme négation soumise au temps, comme révolte – ce qu'il est effectivement pour son propre fils. Il n'a pas tout à fait tort. Le populisme russe s'est nourri de la lecture de Hegel, et un certain hégélianisme de gauche se prolonge dans la négation anarchiste. L'anarchisme de Bakounine, par exemple, s'inscrit dans la filiation hégélienne, même si l'héritage du maître est largement infléchi[2]. La lecture de Hegel en Russie remonte aux années 1835, et Bakounine découvrit avec enthousiasme la philosophie hégélienne avant de se rendre à Berlin en 1840 où il se lia aux hégéliens de gauche et se convertit à la philosophie de l'action[3]. Déjà, comme le montre Alain Besançon, cette reprise de la dialectique hégélienne privilégie le négatif : « Le sens du négatif est dans la destruction du positif[4]. »

Mais ce que vise Bazarov est plus radical encore et se retrouve plutôt chez Netchaïev. Pisarev, qui a influencé Netchaïev, ne prend pas la peine de réfuter Hegel. Il décrète simplement : « Inutile de s'étendre sur la philosophie de Hegel. Chaque lecteur aura entendu dire que ce n'est pas un truc simple, et que le comprendre c'est malaisé, et du reste inutile[5]. » L'inspiration lui vient probablement de

---
1. Max Stirner, *L'Unique et sa propriété* (1844), trad. de l'allemand par P. Gallissaire et A. Sauge, Lausanne, L'Âge d'homme, 1972, p. 79.
2. Henri Arvon, *L'Anarchisme, op. cit.*, p. 49.
3. Alain Besançon, *Les Origines intellectuelles du léninisme, op. cit.*, p. 106-107.
4. *Ibid.*, p. 108.
5. Dmitri I. Pisarev, *Notre science universitaire, op. cit.*, p. 79.

Büchner qui, dans *Force et Matière*, a des mots durs pour Hegel et tout ce « fatras inutile et incompréhensible [1] ». La négation devient en elle-même la fin, si bien que le but nihiliste n'est plus que la destruction. C'est un but sans programme : il y a une différence entre un programme, encore pris dans une conception hégélienne de la médiation et de la représentation, et un simple but [2]. C'est ce que comprend l'oncle d'Arcade, Paul Kirsanov, qui voit bien que les nihilistes passent du négatif comme moteur, le négatif hégélien, à tout autre chose que la dialectique. Il s'agit bien de parvenir au principe du néant ; c'est la raison pour laquelle il déclare à son neveu et à son ami : « On verra bien comment vous subsisterez dans le désert, dans le vide absolu [3]. » Si Pisarev a pu retrouver dans la nouvelle de Tourgueniev l'esprit même de l'époque, c'est qu'il voit en Bazarov un au-delà de l'hégélianisme qui seul donne réellement sens à l'idéal anarchiste.

Interpréter le nihilisme comme une critique de la société despotique est encore hégélien en son principe, et a donc été repris par la tradition marxiste. Ainsi Kravtchinski, qui réalise la première synthèse du terrorisme et du marxisme entend combattre, dans les années 1880, la représentation commune du nihilisme. Selon lui, les nihilistes ne sont pas les apôtres de la destruction : ils ne font qu'exprimer leur colère contre une odieuse tyrannie [4]. Dès la fin du XIXe siècle, la question consubstantielle au débat sur le terrorisme est posée : « Le nihilisme est-il seulement l'ennemi du despotisme ou bien l'ennemi de toute l'organisation sociale actuelle [5] ? » J.-B. Arnaudo précisait encore ces

---

1. Ludwig Büchner, *Force et matière* (1855), trad. française, Paris, C. Reinwald, 1869, p. 249.
2. Leo Strauss, *Nihilisme et politique*, op. cit., p. 64.
3. Alexis Tourgueniev, *Pères et fils*, op. cit., p. 546.
4. Serguis Stepniak (Kravtchinski), *Le Tsarisme et la révolution*, trad. de l'anglais, Paris, E. Dentu, 1886, p. 3.
5. J.-B. Arnaudo, *Le Nihilisme et les nihilistes*, trad. de l'italien par H. Bellenger, Paris, Dreyfous, 1880, p. 19.

interrogations en se demandant si les nihilistes combattent des maux spécifiquement russes, c'est-à-dire politiques, ou bien des maux sociaux qui se rencontrent dans le genre humain tout entier. Les nihilistes, selon lui, sont mal connus : on les prend pour des révolutionnaires voulant améliorer la situation ou bien pour de purs destructeurs aimant le néant. Parlant au nom du parti nihiliste, Kravtchinski, lui, va jusqu'au bout de la réhabilitation du nihilisme entamée par Tchernychevski et s'achevant avec Lénine ; selon lui, en effet, il faudrait changer le nom du nihilisme car « nihiliste signifie néant[1] ». Dans sa perspective, les actes terroristes représentent un « système de lutte politique ». De manière générale, il est une façon hégélienne puis marxiste de comprendre le terrorisme qui tente une positivation du nihilisme ; ainsi en est-il de la tentative d'enraciner le terrorisme dans une longue histoire et de l'émanciper de sa modernité. Kravtchinski revendique comme ancêtre Timoléon, libérateur de Syracuse, et comme modèle les exécutions de Charles Ier et de Louis XVI, dans l'idée que ces actes ont « aidé la cause de la liberté ». La fécondité de l'assassinat d'Alexandre II est déduite de cette histoire ; cet acte doit pouvoir être considéré comme utile car il imite la résistance antique au despotisme. C'est en vertu d'une logique identique que l'on cherche aujourd'hui des précurseurs des terroristes actuels chez les anciens zélotes ou les Assassins du Moyen Âge.

Tourgueniev, lui, saisit dans le nihilisme l'apparition d'une forme de négation irréductible à l'hégélianisme ou au marxisme[2]. Au-delà de la seule justification de l'assassinat politique et d'un terrorisme limité à l'exception, le nihilisme

---

1. Serguis Stepniak (Kravtchinski), *Le Tsarisme et la révolution*, op. cit., p. 3.
2. Les idées de Marx ne commencent à être connues en Russie que dans les années 1870. La première traduction du premier livre du *Capital* date de 1872 : Alain Besançon, *Les Origines intellectuelles du léninisme*, op. cit., p. 184.

est porteur d'une justification de la violence par la violence. On ne peut plus seulement dire que le négatif l'emporte sur le positif : le négatif est le commencement et la fin de la critique. Une négation qui ne se dépasse pas dialectiquement ouvre sur une contradiction qui n'a pas l'ambition d'être comprise. Le *logos* est l'horizon de la dialectique hégélienne. Toute contradiction, dans l'optique hégélienne, est dialectisable : toute contradiction doit pouvoir trouver son lieu dans le champ de la pensée et du langage. La compréhension de la négation et sa symbolisation par le langage tempèrent la négativité de l'opposition qui saisit par là son rapport méconnu à ce qu'elle nie. Même quand Marx refuse de réinstaller la négation dans l'ordre de la pensée, parce qu'elle est de l'ordre du réel de l'histoire, de la lutte des classes, elle demeure une articulation de la pensée et de l'action : la révolution prolétarienne est censée mettre fin à la contradiction économique en réinstallant à leur place les vrais propriétaires des moyens de production. Certes, la négation ignore encore, dans cette configuration, qu'elle est elle-même l'opérateur du symbolique, et la marque même du langage, mais elle ne se situe pas encore hors du langage [1].

Mais avec le nihilisme on a bien plutôt affaire à ce que Freud nomme « négativisme » *(Negativismus)* ou « plaisir généralisé de la négation » *(Verneinungslust)* [2]. La solution nihiliste n'est pas marxiste avant la lettre, non seulement parce que les nihilistes ne connaissaient pas Marx, mais parce que, même dix ans plus tard, quand Marx est connu en Russie, une alternative demeure, dans le mouvement

---

1. Freud a montré l'importance du symbole de la négation (*Verneinung*) pour le processus de la pensée et l'opération du jugement en particulier. C'est par la négation que ce qui est rejeté, refoulé peut néanmoins être admis et subsister sous le trait de la négation. Entendue ainsi, la négation est l'opération même de l'acte de symboliser ; Sigmund Freud, « La négation » (1925), trad. J. Laplanche, in *Résultats, idées, problèmes*, II, 1921-1938, trad. de l'allemand J. Laplanche (dir.), Paris, PUF, 1985, p. 135-139.
2. *Ibid.*, p. 139.

révolutionnaire, entre une négation marxiste, adoptée par Kravtchinski, par Lénine et les bolcheviques, et une négation nihiliste. Cette tension traverse toujours les mouvements révolutionnaires, car elle concerne par structure le rapport à la négation. Il n'est pas étonnant que la négation nihiliste ait été réactivée par la perte d'influence du marxisme sur les mouvements révolutionnaires, notamment après la chute du mur de Berlin et l'effondrement du communisme.

Le roman de Tourgueniev illustre bien le clivage progressif entre la négation socialiste et marxiste, et la négation nihiliste et anarchiste. Le conflit entre elles est incarné par le désaccord entre Arcade et son ami Eugène. Ces deux destins de nihilistes sont donnés par l'écrivain pour antagonistes. L'hégélien de gauche est faussement nihiliste. Il est voué à rentrer dans le rang et à gouverner, au moins sa maison. Arcade, une fois passée son amitié avec Eugène, se marie et administre ses biens. Il reste fidèle à l'idéal émancipateur de sa jeunesse, mais dès cette époque ce qu'il croit être son nihilisme est limité à l'action sociale et politique : il apparaît plus comme un radical que comme un anarchiste et s'inscrit dans la tradition du populisme au sens russe du terme. Selon Arcade, si le nihiliste doit tout détruire et « déblayer le terrain », c'est parce que « la condition actuelle du peuple l'exige ». Le nihilisme, pour lui, confère un sens à l'action collective, à l'engagement politique : « Nous n'avons pas le droit de nous adonner à notre égoïsme personnel[1]. » Arcade ne nie pas « tout », sa négation est conditionnée.

Au contraire, le nihilisme de Bazarov est sans condition, et le malentendu avec son ami apparaît à propos de l'interprétation du devoir de nier. Bazarov déclare en effet : « Nous agissons en vertu de ce que nous reconnaissons comme utile [...]. À l'époque actuelle, ce qu'il y a de plus

---

1. Alexis Tourgueniev, *Pères et fils*, *op. cit.*, p. 574.

utile, c'est la négation. Donc nous nions[1]. » « Tout ? lui demande Paul Petrovitch. – Tout », répond Bazarov. Le nihilisme de ce dernier se présente comme activité même de la négation, comme nihilisme actif et « négation qui agit ». Ce passage de la négation active, encore hégélienne, à l'activité de nier se fait par la médiation de la catégorie du « tout ». Chez Hegel, il n'est jamais question de négation totale. Comprendre la négation, c'est en comprendre la partialité ; toute négation est partiale et partielle. C'est pourquoi, chez les hégéliens de gauche, le dépassement de la négation peut s'identifier au mouvement de l'émancipation, ce qui n'est pas le cas pour Bazarov.

De fait, dans la suite de l'histoire, Tourgueniev peint Bazarov en négateur de la vie même. Sa position à propos de l'amour est gouvernée par la pulsion de mort : après avoir déclaré son amour à la femme qu'il aime, il préfère ne voir dans ce sentiment qu'une « affectation[2] ». Sa passion, note Tourgueniev, « ressemblait à de la haine », et celle qui en était l'objet presque consentant s'éloigne de ce qu'elle a entrevu en cette occasion : le « désert... ou quelque tableau repoussant[3] ». Plus tard, elle se rend compte qu'elle a seulement pris conscience de la peur que lui inspire Bazarov. Revenu chez ses parents, celui-ci commence à pratiquer la médecine et meurt, jeune, d'une infection contractée en pratiquant une autopsie.

Comme leur héros Bazarov, les philosophes des années 1860 meurent jeunes, comme attrapés par la négation réelle. Pisarev et Dobrolioubov disparaissent respectivement à 26 et 28 ans. On ignore si la noyade mortelle de Pisarev était volontaire ou accidentelle. Le dépassement de Hegel se traduit ici jusque dans l'existence. Pour Hegel, l'expérience de la négation est la traversée nécessaire qui

---

1. *Ibid.*, p. 573.
2. *Ibid.*, p. 706.
3. *Ibid.*, p. 630-631.

conduit, dans la vie, à l'âge adulte. La dialectique hégélienne s'inscrit aussi dans l'universel concret de l'existence individuelle – raison pour laquelle on peut voir en Hegel « le penseur le plus profond du passage à l'âge adulte [1] ». Après l'âge de la négation, protestation morale contre le monde, vient celui de la réconciliation avec le réel, qui ne consiste pas tant dans la résignation au cours des choses que dans la pensée de celui-ci. La traversée de la négation n'est pas l'abandon, mais la dialectisation de la critique. Dans l'interprétation polémique que Tourgueniev donne du phénomène qu'il invente, la négation devient le point d'arrêt sur lequel butte la vie. L'auteur, malgré l'ambiguïté de son propos, condamne le nihilisme d'un point de vue qui n'est pas sans rapport avec celui de Hegel, comme le titre et la fin du roman l'indiquent bien. Celui-ci s'achève sur la douleur des parents de Bazarov endeuillés par la perte de leur fils unique et souffrant de l'interruption de la chaîne de la vie et de la transmission. Le nihiliste est celui qui ignore l'avenir au prétexte que c'est une chimère et qui, pour cette raison, pratique la déception préventive. Avant même d'avoir vécu, Bazarov est déçu : la vie ne vaut pas la peine d'être vécue. Selon Pisarev, « la tragédie de Bazavov tient à sa totale solitude au milieu des vivants qui l'entourent. Sa personne provoque partout une dissonance brutale, sa présence, son être fait souffrir tout le monde, il le voit bien, il s'en rend compte ». Ou encore : « Il est déprimé, il étouffe [2]. »

Au-delà du phénomène historique, le roman de Tourgueniev donne une description psychique éclairante du nihilisme en le mettant en relation avec la pulsion de mort de la jeunesse qui fournit toujours au terrorisme sa réserve d'explosifs. Nicolaï Dobrolioubov, parce qu'il partage avec Dmitri Pisarev, l'idée que les romans décrivent des faits

---

[1]. Éric Deschavanne et Pierre-Henri Tavoillot, *Philosophie des âges de la vie*, Paris, Grasset, 2007, p. 287.
[2]. Dmitri I. Pisarev, *Essais critiques, op. cit.*, p. 49.

sociaux, dégage des conclusions étrangement proches de celles de Pisarev à partir du roman *Oblomov* de Gontcharov, pourtant bien éloigné dans son projet de *Pères et Fils*[1]. Oblomov n'est pas un Bazarov, loin s'en faut. Néanmoins la description de cet aristocrate saisi par l'apathie au point de ne plus quitter son canapé et de dormir toute la journée nous ramène au nihilisme. Selon Dobrolioubov, la question que ce roman nous incite à poser est : « que faire ? »[2].

Mais, pour parvenir au terrorisme, il faut autre chose qu'une simple révolution culturelle, même si celle-ci prépare l'accès au passage à l'acte. Le nihilisme présent dans le terrorisme ne se limite pas à la radicalité d'une critique qui absorbe le sujet. Certes, si les philosophes des années 1860 ne sont encore des terroristes, c'est pour certains, comme Pisarev ou Dobrolioubov, parce qu'ils n'en ont pas eu le temps. Mais Tchernychevski, lui, vécut jusqu'à l'âge de 60 ans, sans autre intention, quant au nihilisme, que d'en diffuser les idées. De même les penseurs des années 1840, comme Bakounine, Herzen ou Bielinski, se convertirent à l'action, mais n'en demeurèrent pas moins des esprits spéculatifs qui cultivaient une dialectique telle que, « au sein de la spéculation, elle dispensait le frisson de l'action[3] ». Les jeunes philosophes des années 1860 ont inventé un autre principe mais en sont restés à la première étape. Ce sont leurs successeurs qui dégagent des conséquences qui leur permettent de passer à l'acte violent.

Si un discours nihiliste est requis comme condition préalable de l'acte terroriste, il faut encore pouvoir aller du suicide au meurtre puis au massacre, comme aujourd'hui. Si le terrorisme est un meurtre qui requiert un suicide, comme

---

1. Ivan Gontcharov, *Oblomov* (1858), trad. du russe par H. Iswolsky, Paris, Gallimard, coll. « Folio ». Nicolaï Dobrolioubov, « Qu'est-ce que l'"oblomovchtchina" » (1859), in *Textes philosophiques choisis* (1856-1861), *op. cit.*, p. 264.
2. *Ibid.*, 264.
3. Alain Besançon, *Les Origines intellectuelles du léninisme*, *op. cit.*, p. 115.

le montre bien la forme accomplie du terrorisme d'aujourd'hui, ce suicide doit pouvoir aussi se transformer en meurtre. Mais si les philosophes des années 1860 ont théorisé la négation que les anarchistes de la génération suivante ont traduite en activité, c'est qu'une même logique les unit. Telle est du moins l'interprétation de Nietzsche.

Chapitre VIII

La volonté d'en finir, ou la négation devenue active : l'interprétation de Nietzsche

La lecture que donne Nietzsche du nihilisme, parce qu'elle met au jour le lien structurel du désespoir et de la violence, constitue la première grande interprétation du terrorisme. Pour la première fois, la question de la terreur s'émancipe de la « Terreur » et du problème de la Révolution française. Après Dostoïevski qu'il découvre en 1886, au moment où il rédige le cinquième livre du *Gai savoir*, Nietzsche voit dans le nihilisme le phénomène majeur de notre temps, celui qui préfigure la grande crise de l'avenir : « Ce que je raconte est l'histoire des deux siècles prochains. Je décris ce qui vient, ce qui ne peut plus venir d'une autre manière : l'avènement du nihilisme[1]. »

---

1. Friedrich Nietzsche, *Fragments posthumes*, automne 1887-mars 1888, textes et variantes établis par G. Colli et M. Montinari, trad. de l'allemand par P. Klossowski, in *Œuvres philosophiques complètes*, t. XIII, Paris, Gallimard, 1976, p. 362.

Le nihilisme, ou la folle croyance en la négation

En dégageant les conséquences des idées de leurs prédécesseurs nihilistes, les anarchistes nous montrent sur quelle croyance, méconnue de ses théoriciens, reposait le nihilisme. Ce que nous enseignent les anarchistes, c'est que c'est bien à tort que les nihilistes du type de Bazarov croient avoir « tout nié ». En vertu de cette posture, on serait tenté de voir en eux des sceptiques bien éloignés des fanatiques terroristes. En fait, selon Nietzsche, ils ne sont pas des sceptiques, mais des fanatiques. Le doute qu'ils portent sur toute croyance et leur négation de toutes les valeurs ne visent aucune ataraxie. Loin de se garder de l'affirmation comme de la négation et d'utiliser la négation comme un moyen de la suspension du jugement, ils forgent une nouvelle croyance, une croyance dans le pouvoir de la négation. Les nihilistes ne sont pas des incroyants, ils poussent même « la croyance en l'incroyance [...] jusqu'au martyre ». Loin d'exprimer l'émancipation d'un esprit libre, le nihilisme témoigne d'une aspiration du sujet dans la négation, qui le conduit à la négation de tout devenir, et donc de sa propre vie. Par conséquent, cette absorption dans la négation n'est pas la marque d'un sujet qui tient debout tout seul. Au contraire, si le nihilisme est violence, c'est, comme il l'écrit dans le cinquième livre du *Gai Savoir*, qu'il « témoigne avant tout du besoin de croyance, d'appui, d'épine dorsale, d'assise[1] ».

C'est la raison pour laquelle le « nihilisme sur le modèle de Saint-Pétersbourg » n'est qu'un de ces « misérables recoins et réduits » dans lesquels va se loger la violence contemporaine. La véritable incroyance, celle de l'esprit libre, est pacifique et pacifiante, car elle est acceptation de l'instabilité, abandon de toute visée d'harmonie et dissipation de l'illusion de tout équilibre. Elle n'est pas totalisante,

---

1. Friedrich Nietzsche, *Le Gai Savoir* (1887), trad. P. Wotling, in *Œuvres*, Paris, Flammarion, coll. « Mille et une pages », 2000, § 347, p. 261.

à l'inverse de l'incroyance nihiliste. On ne peut prétendre « tout nier » sans croire absolument. La catégorie du « tout » relève de la plus haute croyance. Si ce « tout » qui requiert la croyance sert de champ à la négation, si c'est sur elle que le sujet se repose pour avoir relation au tout, son seul logis est la violence. Nietzsche lie dans un seul mouvement la violence contre soi et la violence contre les autres : il s'agit de la même volonté d'en finir. Le symptôme le plus grave de la civilisation moderne réside en un épuisement qui s'exprime de diverses manières. « La petite musique de l'avenir » fait entendre que la culture est comme « portée vers une catastrophe : inquiète, violente, précipitée : comme un fleuve qui veut en finir, qui ne cherche plus à revenir à soi, qui craint de revenir à soi [1] ». Il appartient donc à la logique nihiliste que les anarchistes posent des bombes, tout en menaçant eux aussi « d'en finir » avec une vie qui « finalement se liquide [2] ».

Or ce symptôme, dont l'anarchisme est une manifestation et dont le nihilisme constitue le sens, est le signe d'une maladie de la volonté, selon Nietzsche. Rien de plus vrai, quand on lit la civilisation en médecin, que l'argument du désespoir inventé par les anarchistes pour justifier le terrorisme. Le désespoir est en effet le point culminant de la maladie de la volonté [3].

Le désespoir, une maladie de la volonté

La source du nihilisme, selon Nietzsche, est à chercher dans la théorie de la volonté de Schopenhauer. Celle-ci se présente explicitement comme un système alternatif à celui de Hegel. C'est précisément à lui que se réfèrent les nihilistes dans leur tentative de dépasser la conception hégé-

---
1. Friedrich Nietzsche, *Fragments posthumes*, automne 1887-mars 1888, *op. cit.*, p. 362.
2. *Ibid.*, p. 33.
3. Friedrich Nietzsche, *Le Gai Savoir*, *op. cit.*, § 347, p. 261.

lienne de la négation. La montée du nihilisme en Russie se produit dans un contexte où Schopenhauer, mort en 1860 et dont *Le Monde comme volonté et comme représentation* a paru en 1819, a déjà remplacé Hegel dans les lectures de la jeunesse [1]. On peut s'étonner qu'un penseur plus réactionnaire que Hegel et ayant, contre lui, délibérément prôné l'indifférence en matière politique ait pu exercer une influence sur la jeunesse révolutionnaire. Mais Jean-Michel Besnier a montré les étranges méandres de la filiation schopenhauerienne : au XXe siècle, on peut compter au nombre des disciples de Schopenhauer Max Horkheimer ou Thomas Mann. Une des explications de ce paradoxe réside dans la capacité du pessimisme à faire naître une pensée critique [2].

La parenté entre la théorie de Schopenhauer et l'anarchisme n'est qu'un aspect parmi d'autres de cette descendance multiple. C'est dans l'amitié que cette continuité conceptuelle s'est révélée à Nietzsche. L'abandon de Schopenhauer, son premier maître en philosophie, coïncide pour lui avec la rupture avec Wagner, dont la lecture de Schopenhauer dans les années 1850-1860 a notamment produit *Tristan et Isolde*. Le musicien avait d'ailleurs participé à la révolution de 1848 à Dresde aux côtés de Bakounine [3]. Se séparer de Richard Wagner, au début des années 1880, signifie pour Nietzsche tout simplement guérir. Quelques années plus tard, il parle de cet acte comme ce qui lui a permis de « prendre parti contre tout ce qu'il y a de malade en moi, y compris Wagner, y compris Schopenhauer, y compris l'"humanité" moderne ». Nihilisme et anarchisme sont une seule et même négation de la vie et expriment « la

---

1. J.-B. Arnaudo, *Le Nihilisme et les nihilistes*, *op. cit.*, p. 61 ; Franco Venturi, *Les Intellectuels, le peuple et la révolution*, *op. cit.*, t. I, p. 79.
2. Jean-Michel Besnier, « L'irresponsabilité politique », *in* Roger-Pol Droit (dir.), *Présences de Schopenhauer*, Paris, Grasset, 1989, p. 54 *sq.*
3. Henri Arvon, *L'Anarchisme*, *op. cit.*, p. 49.

volonté de périr, la grande lassitude » dont Schopenhauer s'est fait le porte-parole [1].

Si la théorie de Schopenhauer est essentiellement violente et morbide, c'est en raison d'un contresens sur la nature du désir. Certes, le philosophe reconnaît que le désir suppose un manque dans lequel il puise son origine et où il se ressource. Mais il identifie exclusivement ce manque à une douleur et une souffrance. Non seulement le désir est souffrance, mais il s'achève nécessairement dans la souffrance. Le désir ne peut parvenir à une quelconque satisfaction. Certes, la satisfaction, le bonheur ou le bien-être sont concevables, mais ils ne sont connus qu'indirectement et ne s'inscrivent pas dans la durée [2]. Loin d'atténuer cette constante de toute vie animale et végétale, l'intelligence humaine ne rend ce caractère que plus aigu : « la souffrance est le fond de toute vie » et l'existence humaine n'en est que la conscience.

Si l'on peut bien percevoir en quoi Schopenhauer et ensuite les penseurs existentialistes ont pu sembler élucider la question du désir humain en mettant au jour le manque qui le constitue, Nietzsche a le mérite de montrer que cela ne va pas [3]. L'objet de la critique de Nietzsche porte sur les

---

1. Friedrich Nietzsche, *Le Cas Wagner* (1888), trad. par H. Albert, in *Œuvres, op. cit.*, p. 978.
2. « Tout désir naît d'un manque, d'un état qui ne nous satisfait pas ; donc il est souffrance, tant qu'il n'est pas satisfait. Or nulle satisfaction n'est de durée ; elle n'est que le point de départ d'un désir nouveau. Nous voyons le désir partout arrêté, partout en lutte, donc toujours à l'état de souffrance ; pas de terme dernier à l'effort ; donc pas de mesure, pas de terme à la souffrance » ; Arthur Schopenhauer, *Le Monde comme volonté et représentation* (1919), trad. A. Burdeau, Paris, PUF, 1966, p. 392.
3. Malgré l'intérêt que Freud a pu trouver à la lecture de Schopenhauer, la psychanalyse emprunte elle aussi une autre voie. Selon Lacan, c'est en effet de manière encore très imaginaire que la question du manque est posée dans la philosophie traditionnelle et existentialiste. La négativité ou la néantisation introduites par le sujet humain sont une façon imaginaire de renvoyer à la castration symbolique, qui ne désigne rien d'autre qu'un consentement à la perte à laquelle nous voue le désir en tant que nous parlons. C'est parce que notre désir est le désir d'un être parlant qu'aucun objet n'est naturellement assignable et donc parfaitement correspondant. Il

prolongements mortifères de la conception schopenhaurienne de la volonté. La mort, pour Schopenhauer, est l'essence de la vie. On peut parler de nihilisme pour ce philosophe, car le caractère créateur du devenir est interprété, au-delà même de la corruption platonicienne, comme une destruction perpétuelle. Le devenir comme tel est nié pour un être humain, car « son existence est une chute perpétuelle dans la mort, un continuel trépas [1] ». Le vouloir-vivre même est une misère, tant nous sommes assaillis de besoins qui sont eux-mêmes assiégés de périls. L'amour de la vie n'est au fond que la peur de la mort ; aussi, quand la vie est bien assurée, ne cherchons-nous plus qu'à « tuer le temps », l'ennui étant une souffrance plus grande encore que le désir et son insatisfaction [2]. Bref, la vie est un « malheur radical [3] ». Schopenhauer érige la mélancolie en système. L'humeur mélancolique est un progrès par rapport à l'agitation et au divertissement communs, « un état plus noble que cette chasse perpétuelle à des fantômes toujours changeants [4] ».

La négation hégélienne est ici dépassée au profit d'un négatif absolu. Le bonheur même n'est rien de positif mais toujours quelque chose de « négatif », seulement connu par l'intermédiaire de la souffrance et de l'insatisfaction [5]. Le dépassement hégélien des tourments de la jeunesse par la compréhension de la rationalité du réel attire les sarcasmes de Schopenhauer. La jeunesse est l'âge du rêve, qui se protège du dévoilement du négatif. La véritable leçon de l'expérience est que l'« absolu néant » est préférable à la

---

n'y a donc pas plus de néant que de plénitude ; Jacques Lacan, *Le Désir et son interprétation*, séminaire de l'année 1958-1959, leçon du 29 avril 1959.

1. Arthur Schopenhauer, *Le Monde comme volonté et représentation*, op. cit., p. 393.
2. *Ibid.*, p. 396.
3. *Ibid.*, p. 408.
4. *Ibid.*, p. 403.
5. *Ibid.*, p. 403.

vie[1]. Certes, le suicide est, selon Schopenhauer, une illusion, mais il nous permet de comprendre le martyr. Le martyr est celui chez qui « la volonté de vivre s'[est] elle-même supprimée[2] ».

Ce tableau désespérant ne représente pour Nietzsche qu'un état d'affaiblissement, une maladie. La volonté n'est portée par Schopenhauer au rang d'essence de la vie que pour apparaître comme une volonté malade non pas puissante mais grosse de son mal. C'est le corps qui interprète le monde, et l'interprétation schopenhauerienne est une interprétation morbide, maladive, lasse et déprimée. En tant que médecin de la civilisation, Nietzsche ne se laisse pas égarer par la variabilité des symptômes. La volonté peut s'épuiser de diverses manières, dans la nervosité des Européens, toujours anxieux de « rater quelque chose[3] », ou dans ce que le philosophe qualifie de forme de bouddhisme, dont participe Schopenhauer.

Chez Nietzsche le bouddhisme désigne à la fois une culture et un avenir de la culture européenne, car s'il est appelé à fasciner l'Europe, c'est comme nihilisme passif. Le bouddhisme, en tant que théorie du Bouddha, est une doctrine spirituelle pour laquelle Nietzsche éprouve le plus grand respect. Bouddha a en effet inventé une « hygiène » plutôt qu'une religion, une lutte contre la maladie de la volonté[4]. C'est lui qui a posé les principes, encore actuels, de la critique du surmenage et de l'agitation, d'une clinique de la pression et du stress. Comme le montre Patrick Wotling, pour être une « expression radicale du nihilisme », le bouddhisme est aussi une recherche des « moyens de

---
1. *Ibid.*, p. 409.
2. *Ibid.*, p. 411.
3. Friedrich Nietzsche, *Le Gai Savoir, op. cit.*, § 329, p. 239.
4. *Id.*, *Ecce homo. Comment l'on devient ce que l'on est* (1906, posth.), texte établi par G. Colli et M. Montinari, trad. par J.-C. Hémery, Paris, Gallimard, 1974, coll. « Idées », § 6, p. 28.

guérison », et une forme de thérapie [1]. Certes, les moyens d'y parvenir comprennent la négation et l'éradication de ce qui, dans le désir, est tension et simple insatisfaction, *duhkha* [2]. Le bouddhisme – dont Nietzsche considère qu'il gagne l'Europe – n'a plus grand chose à voir avec le sens de la santé qu'avait le Bouddha. Il ne désigne plus qu'une forme du nihilisme européen et un nouveau symptôme de la maladie de la volonté.

Schopenhauer, malgré l'influence qu'exerça sur lui la sagesse bouddhique originelle, est emblématique de la transformation européenne de l'enseignement du Bouddha. Son désespoir est suspect. Il n'a rien d'une tentative de guérison, mais est pure jouissance de la maladie. Faire de la souffrance une essence de la vie, c'est en vérité se révolter contre les aléas de la vie. Considérer que la souffrance fait partie de la vie est une attitude résolument contraire à celle qu'adopte Schopenhauer. Souffrir de souffrir c'est souffrir de l'existence même. Refuser la souffrance c'est refuser la vie. Or la douleur qui constitue la souffrance est aussi nécessaire à la vie que le plaisir ; elle est un « signal d'alarme », et « qu'elle fasse mal ne constitue pas un argument contre elle, c'est son essence [3] ». Juger en fonction de la douleur et du plaisir est toujours superficiel pour lui, et ne peut donner lieu qu'à une petite politique, dont le programme consiste à écarter la douleur et à promouvoir une vie appauvrie ou à rechercher la douleur.

Contrairement à ce que le terrorisme contemporain peut avancer, le martyr n'est pas un héros, car l'argument du désespoir est aux antipodes de l'héroïsme. Le héros n'est pas celui qui peut se faire souffrir, mais qui est par-delà plaisir et douleur. Parler de la souffrance, la décliner sur

---

1. Patrick Wotling, *Nietzsche et le problème de la civilisation*, Paris, PUF, 1995, rééd. 1999, p. 305-306.
2. Anne Cheng, *Histoire de la pensée chinoise*, Paris, Seuil, coll. « Points », 1997, p. 351.
3. Friedrich Nietzsche, *Le Gai Savoir, op. cit.*, § 318, p. 234.

tous les tons, interpréter la vie en termes de souffrance c'est en encore haïr la vie. L'argument du désespoir transforme « la souffrance en objection », pour reprendre la belle expression de Patrick Wotling[1]. Si la terreur est un moyen d'agitation, c'est que, comme le dit Nietzsche en creusant la psychologie du nihiliste, pour celui qui passe à l'acte, seule la douleur est réelle, et « la douleur que l'on inflige est plus réelle que celle que l'on souffre[2] ». Dans cette interprétation, Nietzsche suit Dostoïevski qui fait explicitement dire à son personnage des *Démons*, le netchaïevien Kirilov : « La vie est souffrance, la vie est terreur, et l'homme est malheureux. Tout n'est maintenant que souffrance et terreur[3]. »

L'alliance de la peur et du désespoir est une question qui se pose avec acuité dans ces années-là. Gustave Courbet en donne témoignage dans la peinture. Deux de ses autoportraits peints dans la période juste antérieure à l'éclosion du phénomène nihiliste présentent une étonnante similitude d'expression et de regard : *Le Désespéré* (1843-1845) et *Le Fou de peur* (1843-1845). Le peintre se représente les yeux hagards, la main gauche dans les cheveux sur le sommet du crâne. Une des différences entre les deux toiles réside dans le geste de la main droite. Si *Le Désespéré* s'arrache les cheveux comme pour dégager l'oreille droite ou mettre fin à ce qui sort de sa tête, *Le Fou de peur* semble montrer un trou dans la terre à ses pieds, qui peut résonner comme une évocation de la terreur.

Selon Nietzsche, le nihilisme est le terreau de la violence. La politique du désespoir est essentiellement une politique de la vengeance. La promotion de la victime n'est rien d'autre que le prétexte de la violence la plus débridée, car la moins assumée. Le terroriste est celui qui met l'autre

---

1. Patrick Wotling, *Nietzsche et le problème de la civilisation*, *op. cit.*, p. 145.
2. Friedrich Nietzsche, *Fragments posthumes*, automne 1887-mars 1888, *op. cit.*, p. 322.
3. Fedor Dostoïevski, *Les Démons*, *op. cit.*, p. 122.

en position d'avoir déjà tué. La mort du terroriste vaut dévoilement de sa souffrance. On comprend que les actuelles bombes humaines préfèrent se nommer « martyrs *(shahids)* » plutôt que « kamikazes », moins par référence à la religion qu'à la souffrance. Si l'on peut tenir pour terroriste tout discours par lequel je mets l'Autre en position d'avoir voulu ma mort, c'est qu'au nom de la souffrance tout est permis.

Le fanatisme, un narcotique contre la douleur

Si l'imputation à l'Autre de mon propre désir de mort est source de la plus grande violence, c'est qu'elle procède bien, selon Nietzsche, du refoulement du désir de se venger. C'est l'imputation de la faute à l'Autre qui autorise, sans que plus aucune question ne puisse être posée, le passage à l'acte meurtrier. Le désespoir n'est pas seulement négation passive, mais négation active et moteur de la destruction. Le propos de Nietzsche vise à comprendre les différentes composantes du nihilisme : le nihilisme passif, nihilisme « épuisé qui cesse d'attaquer », et le nihilisme actif, celui qui « atteint son MAXIMUM de force relative en tant que force violente de la DESTRUCTION[1] ». Si, comme le décrit bien Michael Walzer dans son analyse des excuses au terrorisme, l'argument du désespoir est toujours fallacieux, c'est pour les raisons mises au jour par Nietzsche. Le désespoir prive l'action politique de tout sens. Pour le nihiliste, il est clair que « le monde tel qu'il est ne devrait pas être et que le monde tel qu'il devrait être n'existe pas ». De ce fait, l'existence (agir, souffrir, vouloir, sentir) n'a aucun sens : le *pathos* du « en vain » est le *pathos* nihiliste. Que l'action même soit vaine, qu'il soit vain, par exemple, d'attendre quoi que ce soit d'élections, de représentations ou de négociations ne signifie pas qu'il ne faille pas agir. Les terroristes

---

[1]. *Ibid.*, p. 28 – majuscules dans le texte.

donnent à la vanité de l'action une autre dimension que celle de la passivité : il ne s'agit pas de désespérer d'agir, mais d'agir sans rien espérer des effets de l'action. Il est même vain d'attendre quoi que ce soit de la destruction ; celle-ci s'impose comme un ultime horizon.

Ainsi la volonté de tout nier est-elle volonté de tout détruire. Elle est de même nature que l'épuisement ou l'affairement nerveux. Si le « grand mépris » comme la « grande destruction » sont des symptômes du nihilisme, c'est que celui-ci n'est pas seulement de l'ordre de la méditation[1]. Les anarchistes terroristes sont bien les enfants des nihilistes car il appartient à la singulière logique du nihilisme que celui-ci se prolonge dans le passage à l'acte : « Le nihilisme n'est pas seulement une propension à considérer le "en vain !" ni seulement la croyance que tout vaut d'être ruiné : on y met la main : on ruine [...]. L'anéantissement par le jugement seconde l'anéantissement par la main[2]. » La volonté de détruire n'est qu'illusoirement l'expression d'une force. Elle exprime en vérité le même évanouissement du désir qui se manifeste clairement dans le nihilisme passif. Le mépris de la vie précède nécessairement la destruction, qui en retour se réfugie dans le néant préconçu.

Si Nietzsche peut établir cette généalogie, c'est en raison de la décomposition qu'il fait subir à la notion de volonté. La notion paraît aller de soi, mais sa complexité apparaît dès lors qu'on s'interroge sur la négation de la vie. Peut-on séparer la tête et les jambes, le « jugement » et la « main » ? Même Schopenhauer, en s'appuyant sur une idée faussement claire de la volonté, se contente de conforter les préjugés communs. En vérité, le « vouloir » contient une « pluralité de sentiments » et « un sentiment musculaire concomitant », une « pensée qui commande » et « surtout un affect, et plus précisément cet affect qu'est celui du

---
1. *Ibid.*, p. 262.
2. *Ibid.*, p. 253.

commandement[1] ». À l'inverse de toute conception angélique du vouloir, il faut admettre que « dans tout vouloir on a affaire purement et simplement à du commandement et de l'obéissance[2] ». Au fond du prétendu « Ni dieu ni maître » ne se loge qu'une transformation de la maladie de la volonté. Le « Tu dois » du terrorisme remplace les maximes traditionnelles de la morale et de la politique. Mais il ne faut pas s'y tromper : il y a autant d'impératif d'un côté que de l'autre. Les nihilistes inventent certes la critique de l'autorité, mais c'est pour lui substituer un devoir de nier, par les mots et par la main.

C'est dans le fanatisme que culmine le nihilisme. De même que le terrorisme n'est qu'un désir de vengeance refoulé par lequel je projette sur l'Autre ma propre volonté d'en finir avec lui, de même la vanité du vouloir se transforme en fanatisme. Le fanatique a un rapport épidermique au commandement : il le refuse pour l'exacerber. Irrité par la volonté, il ne sait pas vouloir et ne sait pas vouloir se guérir. Nietzsche parle à son propos d'un « anarchisme d'exaspération[3] ». La violence est en effet grisante et remplit la fonction d'un narcotique. Promouvoir la souffrance au rang d'essence de la vie individuelle ou collective conduit à la violence, car toute souffrance cherche son toxique. C'est la douleur qui prend la place du commandement et semble faire oublier l'existence de celui-ci. Mais, comme le remarque Freud, la douleur est « impérative » : « Elle n'obéit qu'à l'action du toxique qui la supprime et à l'influence d'une diversion psychique[4]. » Le fanatisme est un narcotique destiné à supprimer la douleur, mais aussi à la relancer, pour jouir des effets du toxique. Le

---

1. Friedrich Nietzsche, *Par-delà bien et mal* (1887), trad. P. Wotling, Paris, Flammarion, coll. « GF », 2000, § 19, p. 65.
2. *Ibid.*, p. 67.
3. Friedrich Nietzsche, *Le Gai Savoir, op. cit.*, § 347, p. 261.
4. Sigmund Freud, *Métapsychologie* (1915), trad. J. Laplanche et J.-B. Pontalis, Paris, Gallimard, 1968, coll. « Folio », p. 46.

sentiment que le fanatisme réveille le vouloir est un effet du toxique, tout à la fois calmant et excitant. L'argument du désespoir est un élément d'une logique où c'est à la douleur que l'on confère la fonction impérative. Le terrorisme est l'illustration de cette promotion de la souffrance au rang de commandement.

Le sens de la généalogie nietzschéenne réside, comme chez Freud quelques années plus tard, dans l'après-coup. Loin d'une quelconque causalité mécanique qui justifierait que la douleur conduise au fanatisme, en une explication platement psychologisante, c'est rétroactivement qu'apparaît l'action du toxique sur la volonté. C'est le nihilisme qui, en excluant la douleur de la vie, n'assigne à la souffrance d'autre issue que la narcose. Le fanatisme endort la volonté dans l'entretien de la douleur. Le désir de la peur, le goût de la terreur, fonctionnent comme des anesthésiants de la vie. Le cinquième livre du *Gai Savoir* s'intitule au contraire « Nous, sans peur ».

C'est cette absurdité qui a intéressé Albert Camus dans les Mémoires de Boris Savinkov, *Le Cheval blême. Journal d'un terroriste*. L'inspirateur des *Justes* et de *L'Homme révolté* se dépeint en effet comme un être désœuvré, ennuyé, ne sachant ni ne voulant savoir pourquoi il est un terroriste. Pour lui, comme pour Pisarev et Schopenhauer, c'est l'ennui qui constitue la souffrance majeure. Quand il pense à sa cible, le narrateur n'éprouve aucun affect, « ni haine ni courroux. Ni pitié non plus ». L'attentat ciblé devient attentat aveugle sous l'effet de l'anesthésie de la volonté. Nietzsche ne pouvait avoir lu ce texte de Savinkov, car son auteur appartient à la génération suivante, mais cette autobiographie romancée d'un authentique terroriste – l'organisateur de l'attentat contre le grand-duc Serge en 1905 – illustre parfaitement son analyse du nihilisme. L'appauvrissement affectif de la volonté se double chez Savinkov de la surenchère fanatique d'une décision qui n'a même plus à être pensée : « Mais je veux sa mort. Je le sais :

il est nécessaire de le tuer. Nécessaire pour la terreur et la révolution. » Au moment même où il semble refuser qu'il y ait des esclaves, il se soumet aveuglément à la discipline révolutionnaire – ce qui lui permet d'organiser des attentats et d'être un chef terroriste tout en croyant détester l'ensemble des chefs [1]. C'est d'ailleurs grâce au rapport de force muet qui s'installe entre la cible et les terroristes, après le premier échec de l'attentat, que naît la haine, laquelle conforte alors la volonté de tuer. Le fanatisme l'emporte un temps sur l'absurde, en une résorption du nihilisme dans ce que Nietzsche décrit comme « une espèce d'hypnotisation du système sensible-intellectuel au profit de l'alimentation surabondante (hypertrophie) d'une unique manière de voir et de sentir [2] ». Dans le roman autobiographique de Savinkov, une fois le but atteint, l'ennui revient. Dans la réalité, Boris Savinkov ne s'est pas suicidé, du moins pas après les attentats (il s'est prétendument suicidé dans une prison stalinienne). Mais, dans *Le Cheval blême*, le narrateur quitte le lecteur au bord du suicide, après avoir non seulement réussi son attentat, mais tué son rival en amour. Savinkov lui fait dire : « Quand le désir existait, j'étais dans le terrorisme. [...] Je vais quitter cette ennuyeuse baraque de foire. Et même si dans les cieux s'ouvre le temple, je dirai : "Tout n'est que vanité et mensonge" [3]. »

Si l'on veut suivre la généalogie nietzschéenne, on doit se poser la question de l'athéisme des nihilistes. Dans la logique du nihilisme, « tout nier » semble d'abord signifier « nier le tout », ce qui revient à nier le principe même de totalité, et donc Dieu lui-même. L'athéisme des nihilistes russes est même un argument majeur souvent employé pour réfuter le rapprochement entre les terroristes islamistes actuels et les terroristes anarchistes russes. Une telle assu-

---
1. Boris Savinkov, *Le Cheval blême. Journal d'un terroriste* (1908), trad. du russe par M. Niqueux, Paris, Phébus, 2003, p. 38.
2. Friedrich Nietzsche, *Le Gai Savoir*, *op. cit.*, § 347, p. 261.
3. Boris Savinkov, *Le Cheval blême*, *op. cit.*, p. 187-188.

rance devrait reposer sur la conscience claire de ce que signifie « nier Dieu » et « être athée ». Or on peut douter qu'un sujet sache exactement pour lui-même ce que signifie « nier Dieu » ou « être athée ». Selon Nietzsche, le fanatique réinvente la totalité qu'il nie : le parti et la révolution deviennent le tout en lequel le sujet s'absorbe[1]. Pour lui, le fanatisme et le christianisme procèdent du même nihilisme. Le nihilisme européen est inventé par le christianisme dont l'anarchisme n'est que le prolongement. Les terroristes sont bien des « êtres en quête de compassion », ainsi que le dit par provocation Scott Atran[2].

Nihilisme et compassion : Dieu n'est pas mort

C'est le christianisme qui invente le refoulement de la vengeance – lequel conduit à la promotion de la souffrance. Comme le bouddhisme, le christianisme échappe à son destin originel en se métamorphosant. La dernière de ses métamorphoses réside dans un athéisme compassionnel qui donne l'anarchisme dans sa version la moins pacifiste. Le refoulement de la colère par les chrétiens a donné lieu à une forme rentrée de haine, le ressentiment, qui est au principe d'une cruauté bien plus raffinée que celle qui s'est trouvée bannie. C'est dans le christianisme, en tant qu'il se veut une révolte contre la souffrance et l'injustice, que se trouve le principe de cette cruauté nouvelle, de cette haine qui est une maladie mortelle. « La haine mortelle de la souffrance » est une maladie qui conduit à mourir et à mettre à mort.

Le principe de la compassion est le deuxième symptôme du nihilisme, après le « grand mépris » et avant la « grande

---

1. Friedrich Nietzsche, *Le Gai Savoir*, *op. cit.*, § 347, p. 262.
2. Scott Atran, « Terroristes en quête de compassion », art. cité.

destruction[1] ». C'est la compassion qui unit les démocrates, les anarchistes et les socialistes. La différence entre les uns et les autres n'est qu'une différence de rythme, de *tempo*. Les démocrates sont lents – « besogneux » –, les révolutionnaires sont des « impatients ». Ils sont tous chrétiens, « unanimes dans la religion de la pitié[2] ». Certes, la compassion, chez les anarchistes, est passée par le nihilisme. Elle n'est plus affective, mais filtrée par la raison[3]. Peu importe que ceux-ci se disent athées, car ils ne peuvent pas savoir qu'ils ne le sont pas. Ils ont nommé athéisme la critique d'une source d'autorité transcendante, sans se rendre compte qu'ils ont substitué une autorité à une autre : la conscience, la raison, la science sont mis à la place de Dieu[4]. Le raisonnement de Nietzsche n'est pas fonctionnaliste. Il ne s'agit pas d'affirmer qu'une autorité en vaut une autre, ni que la raison peut être mise sur le même plan que l'obscurantisme. Comme le dit Hannah Arendt, ce n'est pas parce que je peux enfoncer un clou avec le talon de ma chaussure que pour autant il n'existe aucune différence de nature et de valeur entre un marteau et un soulier[5]. Nietzsche lui-même critique le recours à une autorité non discutée. Son analyse vise avant tout l'athéisme qui s'ignore. On peut se réfugier dans sa conscience ou derrière l'autorité de la science de manière aussi fanatique et avec autant de « foi » que le chrétien s'en remet à Dieu[6].

Néanmoins, toutes les religions ne se valent pas, et c'est dans le christianisme que Nietzsche voit l'origine de la violence des anarchistes, qu'il ne confond pas avec les simples

---

1. Friedrich Nietzsche, *Fragments posthumes*, automne 1887-mars 1888, *op. cit.*, p. 262.
2. *Id.*, *Par-delà bien et mal*, *op. cit.*, § 202, p. 160-161.
3. *Id.*, *Fragments posthumes*, automne 1887-mars 1888, *op. cit.*, p. 331.
4. *Ibid.*, p. 31-32.
5. Hannah Arendt, « Qu'est-ce que l'autorité ? », in *La Crise de la culture*, art. cité, p. 135.
6. Friedrich Nietzsche, *Le Gai Savoir*, *op. cit.*, § 347, p. 262.

« exaltés de la fraternité » et autres « philosophaillons », mais en qui il voit « une meute [...] qui erre aujourd'hui par les rues de la culture européenne, montrant les crocs de plus en plus ouvertement[1] ». Telle est bien la différence entre le bouddhisme et le christianisme. Si, selon Nietzsche, le bouddhisme ne peut engendrer aucune violence, bien qu'il mette le rien au principe du désir et de la pensée, c'est qu'à l'inverse du christianisme il n'est pas né du ressentiment. La question du Bouddha est celle du surmenage, celle de Jésus de la vengeance des démunis. Le bouddhisme combat le ressentiment « parce que le ressentiment pousse à l'action[2] ». Le christianisme, en tant que religion du ressentiment, est une force insurrectionnelle qui privilégie toujours ceux qui sont rejetés par la société et contient donc un principe de destruction. Le bouddhisme est réfractaire au fanatisme moral et ignore les croisades chrétiennes contre le mal pour préférer des techniques d'annihilation de la souffrance. Le péché, ignoré du Bouddha, est prétexte à la guerre. C'est le christianisme qui invente la guerre pour le bien, bien plus corruptrice qu'une hostilité assumée[3].

La filiation du christianisme et de l'anarchisme est inscrite dès l'origine. La paix affichée et la guerre induite par la force active du ressentiment sont dès le début corrélées. Le christianisme s'instaure et se développe à partir d'un refus des institutions politiques existantes. À son commencement, le christianisme est anarchiste : « Le christianisme anarchiste est abolition de l'État[4]. » La généalogie nietzschéenne met au jour un même nihilisme à l'œuvre dans le christianisme et l'anarchisme politique, que les nihilistes russes du XIXe siècle illustrent bien. C'est du christianisme que provient, dans sa généalogie, la récusation de la

---
1. Friedrich Nietzsche, *Par-delà bien et mal*, *op. cit.*, § 202, p. 160.
2. *Id.*, *Fragments posthumes*, automne 1887-mars 1888, *op. cit.*, p. 281.
3. *Ibid.*, p. 307-308, 353.
4. *Ibid.*, p. 281.

valeur de l'existence terrestre. L'idée selon laquelle tout n'est que mensonge et vanité, présente chez Pisarev ou Savinkov, serait une idée chrétienne. Qu'un tel thème conduise au suicide semble un développement du christianisme. Que le dogme condamne le suicide ne prouve que mieux qu'il serait la conclusion obligée de la doctrine : si la vie est péché, la mort est libération, si le devoir du chrétien est de se libérer du péché, alors etc.[1]. De même la dénonciation de l'ennui et de l'absence de sens témoignent d'une irritation première à l'égard de la vie dont ni la faille ni le défaut ne sont supportés[2]. Les nihilistes comme les anarchistes du début du XXe siècle ne sont pas athées mais désenchantés : ils souffrent de la mort de Dieu. L'ennui nihiliste est haine d'une vie qui se révèle décevante au regard du rêve. Le nihiliste ne hait pas pour ne pas s'ennuyer, mais ennuie, c'est-à-dire hait. Celui qui hait est ennuyeux et succombe à son ennui. La religion de l'amour se prolonge en culture de la haine.

---

1. *Ibid.*, p. 285.
2. « Le *nihilisme* en tant qu'*état psychologique* devra survenir en premier lieu quand nous aurons cherché dans tout événement un sens qui ne s'y trouve pas : en sorte que celui qui cherche finira par perdre courage. Le nihilisme sera alors la conscience progressive du long *gaspillage* de force, le tourment du "en vain", l'insécurité, le manque d'occasion de se remettre d'une quelconque manière, de pouvoir se tranquilliser sur quoi que ce soit – la honte de soi-même pour s'être livré à une trop longue *imposture* » ; *ibid*, p. 282. Ces lignes s'appliquent parfaitement au récit que livre Dmitri Pisarev de ses études universitaires, comme à ce qu'il dit de Bazarov : « Dans sa large poitrine, un conflit bizarre et douloureux se déchaîne entre la haine et l'amour, entre un scepticisme implacable, dur et froid, au rictus diabolique, et le rêve ardent, nostalgique, parfois enthousiaste, de partir au bout du monde, mais sans quitter la terre, d'aller de l'avant, vers l'azur profond, doux et fascinant d'un bel avenir » ; Dmitri Pisarev, *Essais critiques*, *op. cit.*, p. 50-51.

De l'amour à la haine, de la vie à la mort : le renversement nihiliste

Si le christianisme invente le principe de l'individualité, comme l'a déjà montré Hegel, c'est au socialisme et à l'anarchisme que revient la tâche de révéler la portée insurrectionnelle contenu dans celui-ci : « Le socialisme n'est qu'un moyen d'agitation de l'individualiste » ; « l'anarchisme n'est à son tour qu'un moyen d'agitation du socialisme ». L'attachement à la fraternité, le sens de la collectivité et de la solidarité ne sont selon Nietzsche que tactiques insurrectionnelles du socialisme et outils de mobilisation des masses en vue de l'obtention d'une parcelle de pouvoir. Si l'individualisme s'inscrit en faux contre tout holisme, le socialisme récupère la totalité sur le mode de l'« action totale ». C'est dans l'évolution de cette dialectique que Nietzsche situe l'anarchisme terroriste. C'est par ce « moyen d'agitation » qu'est le socialisme que l'anarchisme « suscite la crainte ». Et, ajoute Nietzsche : « avec la crainte, il commence à fasciner et à terroriser[1] ». Le tout n'est plus que le tout de la destruction, parce que la compassion généralisée s'est retournée en haine générale, en haine du tout. Dans le nihilisme, amour de Dieu et haine de Dieu, religion et athéisme ne sont que l'envers l'un de l'autre et conduisent à la promotion de la mort comme seul horizon d'action.

C'est ce que Dostoïevski a bien vu. Dans les notes que Nietzsche a prises à la lecture des *Possédés (Les Démons)*, c'est la question de la mort de Dieu, qui avant même *Les Frères Karamazov*, est traitée comme point nodal du nihilisme. C'est cela qui conduit à la terreur, et qu'a observé Dostoïevski. La négation de Dieu produit une hypertrophie de la volonté, qui est irréversible et fait du suicide le point culminant de l'action volontaire, le « moyen intégral de

---
1. *Ibid.*, p. 147.

prouver son indépendance[1] ». Ce n'est pas seulement vrai de Kirilov ; le point limite du nihilisme, où l'affirmation de l'incroyance implique la preuve par la mort, est également atteint par Stravoguine – le Bakounine de Dostoïevski. La terreur décline ainsi toutes les variantes du meurtre et de la violence : se tuer, se faire tuer, tuer, tuer en se tuant ou en se faisant tuer.

Si par sa mort, le nihiliste veut prouver que tout dans le monde est vanité et mensonge, on comprend que le projet nihiliste rencontre la science, comme en témoignent non seulement le personnage de Tourgueniev, Bazarov, mais les nihilistes réels. Cette relation repose néanmoins sur un malentendu. Si la science moderne fascine les nihilistes, ce n'est pas parce qu'elle renouvelle notre rapport à la nature, mais davantage parce qu'elle contient en puissance la destruction du monde ancien, et qu'elle est chargée de mettre à nu le réel. La science naturelle est particulièrement prisée car elle permet bien que « soient arrachés tous les voiles, effacés tous les embellissements, c'est-à-dire toutes les falsifications[2] », comme le remarque encore Nietzsche. C'est Alexandre Herzen qui fut le premier à mettre en scène un médecin matérialiste dans son roman *À qui la faute ?*, mais la grande influence qui s'exerce sur les nihilistes comme sur les populistes en général est celle de Ludwig Büchner, et de son ouvrage *Force et matière (Kraft und Stoff)*[3]. Selon Büchner, le médecin est emblématiquement celui qui réduit les mouvements des êtres naturels à des forces et à de la matière. La pensée, la vie psychique et les sentiments sont

---

1. *Ibid.*, p. 323.
2. *Ibid.*, p. 322.
3. Le médecin Semion Ivanovitch, accusé d'avoir « une conception sèche, matérielle de la vie » et d'oublier « l'autre côté, celui qui échappe au scalpel et qui, seul, donne un sens à la matière grossière », répond : « Je ne connais ni matière grossière ni matière courtoise, je ne connais que la matière vivante » ; Alexandre Herzen, *À qui la faute ?* (1846), trad. du russe par A. Orane, Moscou, éd. de Moscou, p. 217-218.

strictement physiologiques[1]. Les « belles spéculations » de la philosophie ne dissimulent que « gambades de grenouilles et contorsions de vers[2] ». Dobrolioubov a contribué à la popularisation de ces idées en publiant dans le *Contemporain* des recensions d'ouvrages de physiologie[3]. L'héroïne du *Que faire ?* de Tchernychevski épouse un médecin et commence elle-même des études de médecine. Tourgueniev donne pour occupation principale à son héros la dissection des grenouilles[4]. Selon son autre personnage, Paul Kirsanov, un nihiliste est un homme qui ne croit pas aux principes, mais qui croit aux grenouilles[5]. Le vivant et le cadavre deviennent strictement équivalents.

Bien plus qu'un phénomène sporadique, le nihilisme chez Nietzsche relève de la psychologie de l'homme moderne. Il a déjà connu plusieurs phases et donnera lieu à de nouveaux développements. Le nihilisme des philosophes des années 1860 n'est que la première phase, celle qui s'éprouve encore comme « déception quant à une pré-

---

1. « Le cerveau est non seulement l'organe de la pensée et des fonctions supérieures de l'esprit, mais encore le siège unique et exclusif de l'âme. » C'est une vérité affirmée par les médecins selon Büchner et encore difficilement accessible à ceux qui ne sont pas médecins ; Ludwig Büchner, *Force et matière*, *op. cit.*, p. 220.
2. Alexandre Herzen, *À qui la faute ?* (1851) ; Ludwig Büchner, *Force et matière* (1855) cité par J.-B. Arnaudo, *Le Nihilisme et les nihilistes*, *op. cit.*, p. 50-60.
3. Nicolaï Dobrolioubov, « Coup d'œil comparatif psycho-physiologique sur le commencement et la fin de la vie par le professeur W. Bervi » (ouvrage publié à Kazan en 1853), ou « Le développement physique de l'homme en relation avec son activité intellectuelle et morale » (à partir d'ouvrages de K. Schnell et K. Bock parus en 1857) in *Textes philosophiques choisis*, *op. cit.*, p. 108-118 et p. 118-152.
4. Au début du roman, un enfant demande à Bazarov pourquoi il cherche des grenouilles. Celui-ci lui répond : « J'ouvre le ventre des grenouilles et je regarde ce qui se passe à l'intérieur ; et comme nous sommes toi et moi pareils à des grenouilles, sauf que nous marchons sur deux pieds, comme ça je saurai aussi ce qui se passe à l'intérieur de nous » ; Alexis Tourgueniev, *Pères et Fils*, *op. cit.*, p. 542. Au père d'Arcade lisant Pouchkine, Bazarov recommande plutôt la lecture de *Kraft und Stoff* ; *ibid.*, p. 569.
5. *Ibid.*, p. 547.

tendue fin du devenir[1] ». Les personnages réels et imaginaires de l'histoire du nihilisme russe, Pisarev ou Bazarov, illustrent bien le désespoir suscité par la question du sens de la vie, la question « pourquoi ? », sans que soit jamais remise en cause la pertinence de la recherche du sens. Le dénigrement et l'insulte sont les tropes du discours nihiliste. Dans *Pères et fils*, à l'oncle d'Arcade qui lui déclare que des gens comme lui n'entreprennent rien de sérieux et se bornent à insulter, Bazarov répond : « Exactement. [...] Et cela s'appelle le nihilisme[2]. » Le pli politique qui consiste à tenir pour bon tout ce qui sème, dans la cité, la polémique et la critique est un préjugé nihiliste qui ignore la force de la destruction.

Le développement ultérieur que cette instabilité engendre réside dans la négation même de la vérité de ce monde : « Il ne reste plus d'autre échappatoire que de condamner dans son ensemble ce monde du devenir comme illusoire et d'inventer un monde, au-delà de ce monde-ci, en tant que monde vrai. » Cette invention est la voie ouverte à la terreur. Le terroriste croit démasquer le réel, mais fabrique une autre forme d'arrière-monde, différent de celui des religions traditionnelles. Le nihilisme abandonne tout sans rien céder : il tient au rien qui le comble. S'il passe à la terreur, par le développement de sa propre logique, c'est qu'il refuse de renoncer au rien. Ce nihilisme arc-bouté sur le rien est aussi un nihilisme actif et destructeur, capable d'engendrer de nouvelles figures. L'interrogation « Que faire ? » n'est pas seulement nihiliste mais terroriste, comme l'a saisi Dostoïevski dans un dialogue où il met en scène Netchaïev (Verkhovensky dans *Les Démons*) : « À la question de Lipoutine : que faire ? Et qu'est-ce qui est sérieux finalement ? – Verkhovensky répond cette fois sérieusement, mais avec amertume que

---

1. *Ibid.*, p. 242.
2. Alexis Tourgueniev, *Pères et fils*, *op. cit.*, p. 576.

tout consiste en l'écroulement de tout[1]. » Lacan, parlant des idéaux révolutionnaires, déclare : « Ne demande "que faire ?" que celui dont le désir s'éteint[2]. » L'incendie, figure privilégiée de l'écroulement chez les nihilistes, est l'envers de l'extinction du désir.

On peut se demander quelles formes a prises le nihilisme depuis cette première description. Le terme est devenu habituel non seulement pour poser un diagnostic sur la modernité, mais aussi pour caractériser l'ensemble des phénomènes de terreur. Avant le terrorisme actuel, il a été employé pour parler du nazisme. Qu'est-ce que le nazisme nous apprend sur le nihilisme ? Que penser, au vu de cet exemple accompli de régime de terreur, de l'hypothèse nietzschéenne d'une généalogie chrétienne du nihilisme ? Comment confronter cette figure du nihilisme à celle du terrorisme islamiste contemporain ?

---

1. Fedor Dostoïevski, Carnets des *Démons*, *op. cit.*, p. 1092.
2. Jacques Lacan, *Télévision*, Paris, Seuil, 1974, p. 65.

Chapitre IX

Les développements du nihilisme après Nietzsche : le nazisme et l'islamisme

Un nihilisme sans pitié : le nazisme

Malgré leur acceptation du meurtre et du suicide, les révolutionnaires russes, héritiers du nihilisme, pouvaient se reconnaître dans le principe de compassion que Nietzsche met à l'origine de leur politique du ressentiment. Le nazisme, lui, s'inscrit en réaction contre le principe de compassion, revendiquant l'invention d'une politique impitoyable. Ivan Karamazov est sceptique et cynique, mais, pour considérer que, si Dieu n'existe pas, tout est permis, il ne s'insurge pas moins devant la mort injuste des enfants[1].

On ne peut trouver un équivalent de cette révolte dans le nazisme. Dans ses Mémoires, Albert Speer relate que Hitler lui-même refusait toute expression de compassion et n'éprouvait lui-même jamais la moindre pitié ni sympathie même pour les siens, souffrant, davantage, par exemple, après un bombardement sur une ville allemande, de la destruction des monuments que des pertes dans la population

---

1. Fedor Dostoïevski, *Les Frères Karamazov* (1880), trad. du russe par H. Mongault, Paris, Gallimard, coll. « Folio ».

civile[1]. Plusieurs années auparavant, un autre proche de Hitler a écrit, après s'être éloigné de lui, *La Révolution du nihilisme*, formulant sur le régime nazi un diagnostic controversé mais qui mérite attention. Le titre ambigu de Hermann Rauschning conduit à envisager à la fois l'hypothèse d'un nazisme héritier des thèses révolutionnaires qu'il combat et d'une révolution à l'intérieur même du nihilisme[2]. Pour Rauschning, Hitler s'est inspiré des techniques du coup d'État de Trotski et de Lénine. Selon lui, en 1939, après avoir été une « secte nationaliste », le nazisme est devenu un « mouvement plus révolutionnaire que national », un « mouvement radical et révolutionnaire avec des thèmes nationaux », ce qui est paradoxal pour une doctrine qui a préservé les structures économiques, ne produisant pas l'analogue de la critique économique des communistes ou des anarchistes[3]. Le paradoxe de la thèse de Rauschning a été souligné par Leo Strauss, dans un texte lui aussi contemporain du nazisme, la conférence « Sur le nihilisme allemand » de 1941[4].

Pourtant, la thèse de Rauschning ne vise pas seulement à rabattre le nazisme sur une idéologie révolutionnaire qu'il combat explicitement. L'auteur de *La Révolution du nihilisme* n'a pas seulement pour but, en conservateur, de renvoyer en miroir le socialisme et le national-socialisme, mais d'arracher le nihilisme à l'anarchisme de gauche. Il montre l'ambivalence essentielle de tout nihilisme et la malléabilité des idéologies au service desquelles il peut se mettre. Ainsi celui-ci peut-il appartenir tour à tour à ceux qui ne veulent

---

1. Albert Speer, *Au cœur du troisième Reich* (1969), trad. de l'allemand par M. Brottier, Paris, Fayard, 1971, p. 424.
2. Hermann Rauschning, *La Révolution du nihilisme* (1939, nouvelle éd. 1964), 2ᵉ éd., trad. de l'allemand par P. Ravoux et M. Stora, Paris, Gallimard, 1980.
3. *Ibid.*, p. 60.
4. Leo Strauss, « Sur le nihilisme allemand » (1941), in *Nihilisme et politique*, trad. de l'anglais par O. Sedeyn, Payot et Rivages, 2001, rééd. coll. « Rivages poche », p. 33-78.

rien conserver du monde tel qu'il est et à ceux qui souhaitent ne rien transformer. Dans les deux cas, c'est le rien qui fascine. Cette ambivalence n'est pas absente de l'anarchisme, ni du populisme russe dans son ensemble. Dans la Russie du XIXe siècle, le slavophilisme n'est pas l'apanage de la droite. Chez Alexandre Herzen, le socialisme a voulu s'allier avec une spécificité russe. Tourgueniev se fait l'écho dans *Pères et Fils* du double sens de la relation des jeunes nihilistes au peuple. Bazarov ne cache pas son mépris pour ses pauvres parents, mais ne supporte pas qu'on donne tort au peuple ; il ne se prive pas de critiquer les croyances populaires, tout en se dévouant aux petites gens. Mais c'est dans le nazisme que le nihilisme a fait apparaître sa double face révolutionnaire et meurtrière, démagogique et violente.

Quoique en désaccord sur le mot révolution, Leo Strauss et Rauschning partent d'un diagnostic identique : le nazisme serait une réaction au nihilisme de la modernité. Les modernes ne croient plus à rien, et c'est le relativisme de ce que Strauss nomme la « société ouverte » qui explique la nostalgie de la « société close » et de ses valeurs. Pour Strauss, si l'on peut admettre que le nazisme soit nihiliste « dans son effet », il ne l'est pas nécessairement « dans son intention ». Toute son analyse consiste à montrer comment ce nihilisme partiel a pu devenir un nihilisme absolu, comment la jeunesse allemande a pu passer d'un désir de détruire la civilisation moderne à la destruction de la civilisation en tant que telle – en quoi consiste le nihilisme[1]. L'erreur de la jeunesse fut de n'avoir pas su passer du « non » au « oui » qui est l'aboutissement de toute véritable critique ou protestation. La critique du nihilisme de la modernité, que Strauss partage, est restée, chez les nazis, nihiliste en son principe, elle n'a pas été capable de dire « oui » et d'accomplir ainsi le geste de la grande culture

---

1. *Ibid.*, p. 61.

britannique, qui, pour être à l'origine des valeurs de la modernité, est en même temps celle qui a su le mieux conserver les valeurs des anciens.

Si Rauschning montre lui aussi en quoi la réaction au nihilisme peut être nihiliste, c'est à partir de l'analyse de la violence nazie. Cet exemple témoigne qu'une politique qui assume le ressentiment n'est pas moins nihiliste que celle qui ignore que tel est le ressort de son action, comme fut ce que Nietzsche nommait la « petite politique » issue du christianisme, qui allait du socialisme à l'anarchisme en passant par la démocratie. Ce qui constitue le nihilisme réside toujours dans la violence du ressentiment, consciente ou inconsciente. C'est là que s'enracine en effet la volonté de « faire table rase » et d'édifier un « monde nouveau ». Pour révolutionnaire qu'apparaisse une telle volonté, elle est néanmoins essentiellement nihiliste. Peut donc être dite nihiliste toute idée selon laquelle c'est par le rien que quelque chose peut émerger, alors que le rien n'est toujours que le rien de la mort et de la destruction. Avec le nihilisme, les différentes figures de la négation, du « pas encore » au « déjà plus » se résorbent dans le préalable de la destruction : il faut, selon le raisonnement nihiliste, qu'advienne le « déjà plus » pour qu'émerge le « pas encore ». Mais ce qui est attendu est encore et toujours une négation.

Certes, Rauschning manque singulièrement de perspicacité en ne voyant dans le racisme et l'antisémitisme nazis qu'un « décor », vestige du vieux militarisme allemand[1]. Mais il repère en revanche l'absence nihiliste de programme politique au sens propre du terme et la portée destructrice de la mobilisation des masses sur la haine des juifs[2]. Le nazisme fabrique l'analogue de la propagande par les actes des anarchistes, en récusant la langue politique partageable par l'ensemble des êtres parlants. La terreur nazie est l'ana-

---

1. *Ibid.*, p. 61.
2. *Ibid.*, p. 131.

logue au niveau de l'État d'une propagande par le fait, car elle met le mouvement au principe de l'action, au lieu de l'habituelle délibération sur les fins et les moyens. Hannah Arendt retient cette idée et élargit son application à l'ensemble des régimes totalitaires. Le mouvement pour le mouvement, la mobilisation générale et constante du sujet, le dynamisme exigé de chaque individu constituent les éléments originaux qui spécifient le totalitarisme à l'intérieur du genre des tyrannies modernes [1]. Rauschning ne va pas jusque-là. Il parle, pour le nazisme, de dictature, mais l'obligation pour les masses et les dirigeants politiques d'être constamment en mouvement corrobore selon lui l'hypothèse du nihilisme. La récusation du langage commun, le soulèvement des masses et le mouvement général et permanent sont proprement nihilistes : « Pour le nihiliste lucide, les idées n'existent pas [2]. » Selon Rauschning, Hitler a réalisé ce dont les mouvements révolutionnaires cherchaient le secret : le moyen d'« affoler et déchaîner les masses [3] ». La doctrine, dans un système nihiliste n'est qu'une série d'« idées incendiaires [4] ».

Si, pour ces raisons, le nazisme est un mouvement révolutionnaire, c'est néanmoins selon Rauschning en un sens nouveau de l'idée de révolution. Toute révolution n'est pas, dit-il, nihiliste. Pour Rauschning, qui suit en cela la tradition hégélienne, la Révolution française est une révolution pour des idées qui ont pu être terrorisantes et terroristes mais pas nihilistes. Certes, il y a pour Hegel une « furie de la destruction » dans la Terreur révolutionnaire, car quand l'abstraction d'une idée de la raison gouverne l'action, celle-ci est purement négative *(negative Tun)* [5]. Hegel désigne bien ce que l'on peut nommer, avant l'heure, un négati-

---

[1]. Hannah Arendt, *Le Totalitarisme* (1958), in *Les Origines du totalitarisme. Eichmann à Jérusalem*, op. cit., p. 823.
[2]. Hermann Rauschning, *La Révolution du nihilisme*, op. cit., p. 71.
[3]. *Ibid.*, p. 66.
[4]. *Ibid.*, p. 71.
[5]. G. W. F. Hegel, *Phénoménologie de l'esprit* (1807), trad. J. Hyppolite, Paris, Aubier, vol. II, p. 135.

visme de la Terreur révolutionnaire, car la négation à l'œuvre dans ce moment de la Révolution française, pure et fondée sur le refus de toute médiation, aboutit à la mort et à la mort « la plus froide et la plus plate, sans plus de signification que de trancher une tête de chou ou d'engloutir une gorgée d'eau [1] ».

Dans ce sens nouveau de la révolution, la terreur est isolée et promue au rang d'unique moyen de domination. Elle est nihiliste, car c'est alors la mort seule qui domine. Que la terreur vienne d'en haut ou d'en bas, peut être dite nihiliste toute théorie de l'« action directe » qui se réduit à la négation par récusation de toute médiation, de tout passage par le langage. C'est là l'essentiel pour Rauschning. Il livre ce témoignage personnel : au lieu de se laisser aller à discuter, il était recommandé aux membres du parti d'appliquer la règle du fait accompli... et de laisser ensuite les adversaires débattre [2]. C'est ce qui lui a permis de saisir « le rapport nécessaire entre la théorie moderne de l'action directe et la philosophie de la violence [3] ».

L'idéologie – au sens de l'affirmation d'un but et d'un programme – n'est qu'un habillage, selon Rauschning, destiné à dissimuler le véritable usage de l'idéologie qui est exclusivement négatif. L'idéologie sert à faire porter le soupçon d'idéologie sur tout ce qui s'oppose à la violence. De l'anarchisme au nazisme en passant par le marxisme, il y a selon lui un fil commun : la promotion de la violence au rang d'unique moteur de l'Histoire. Le « petit-bourgeois » fait l'objet d'une critique commune : c'est de ce qu'il représente qu'il faut faire table rase. Ce qui était encore chez celui-ci de l'ordre de la contrainte morale est dénoncé à gauche et à droite comme pure idéologie. Rauschning tient particulièrement à rapprocher le nazisme de l'anar-

---

1. *Ibid.*, p. 136.
2. Hermann Rauschning, *La Révolution du nihilisme, op. cit.*, p. 97-98.
3. *Ibid.*, p. 76.

chisme, car c'est dans la tradition anarchiste et non chez Marx que la violence relève de l'instinct et n'est essentielle à l'homme que parce qu'elle l'est à l'animal. Est également proche de l'anarchisme la volonté nazie de détruire jusqu'au désir d'ordre [1]. Rauschning distingue en effet l'instauration d'une discipline par la violence et la valeur conférée à l'ordre dans la pensée conservatrice. Le désir d'ordre est fondé sur une contrainte morale assumée et sur des normes politiques formelles que le sujet s'engage à respecter. Il requiert une constance, un sens de l'honneur, du courage et autres valeurs qui sont, selon lui, d'abord des valeurs bourgeoises. Le nazisme est un nihilisme car il exerce la violence par le désordre et le chaos. Une discipline terrifiante requiert la destruction de tout repère capable de produire ordre et stabilité, de tout État au sens propre du terme. Il y a pour cette raison une « volonté d'anarchie » dans le nazisme [2].

Si le nazisme constitue un moment spécifique de l'histoire du nihilisme, c'est parce qu'il repousse les limites qui étaient encore celles des anarchistes. Quand Kropotkine parle de la « morale anarchiste », c'est certes pour détruire la morale bourgeoise, mais c'est encore au nom d'une « autre morale » – justifiant l'accusation nietzschéenne d'un prolongement du christianisme par d'autres moyens. Les nazis assument une immoralité de principe, car tout acte doit produire de la peur. La violence est inutile si elle n'est pas mise au service des effets de terreur. La peur est le moyen le plus efficace de destruction de l'ordre établi. Certes, « le *pathos* moral », ainsi que le nomme Rauschning, est un ressort de la propagande hitlérienne. Toutefois, ce n'est pas en vue de constituer une morale rivale de la morale traditionnelle, mais d'alimenter le ressentiment et la haine des

---
1. *Ibid.*, p. 95.
2. *Ibid.*, p. 332.

masses fascinées par Hitler[1]. De même, si les anarchistes avaient en tête une « autre démocratie » débarrassée de l'hypocrisie de la démocratie bourgeoise, s'ils étaient pour cette raison des démocrates impatients – ainsi que les qualifie Nietzsche –, le nazisme inaugure un nihilisme qui commence par la destruction de la démocratie. Enfin, les anarchistes attachaient encore une importance à la cohérence de la doctrine, ce qui n'est pas le cas du nazisme pour qui « seul le contradictoire est vivant[2] ». La *Weltanschauung* nazie est un agrégat d'idées révolutionnaires empruntées notamment à Georges Sorel, de mythologie germanique inspirée en partie par Richard Wagner, de militarisme allemand, de racialisme du XIXe siècle, d'antijudaïsme chrétien et d'antisémitisme de gauche, et pas toutes cohérentes entre elles. De même l'anticommunisme nazi n'a rien de doctrinal. Rauschning prévoit en 1938 l'alliance possible avec la Russie soviétique si celle-ci se révèle nécessaire à la politique nazie de domination du monde[3]. Le nazisme révèle la propriété du nihilisme d'absorber les contradictions. La négation, sur ce plan, est supérieure à l'affirmation. Si celle-ci requiert que l'on tranche, celle-là, parce qu'elle permet de nier en même temps des propositions contradictoires, peut laisser subsister des contradictions sous le signe commun de la négation. Une doctrine contradictoire est une doctrine nihiliste : sa négation interne est congruente avec le sens négatif de l'ensemble.

Malgré ces spécificités, il y a, selon Rauschning, continuité entre le nihilisme du XIXe siècle et le nihilisme nazi. Il force donc l'interprétation du nazisme pour faire de celui-ci un avatar du matérialisme des premiers nihilistes[4]. La destruction par le nazisme du judaïsme allemand, accomplie en 1938, et aussi du christianisme allemand sont pour

---

1. *Ibid.*, p. 100.
2. *Ibid.*, p. 103.
3. *Ibid.*, p. 285.
4. *Ibid.*, p. 133.

lui la preuve que l'on a affaire à une politique de destruction du spirituel comme tel. La montée en puissance du nihilisme est l'exacte contrepartie de « la décadence de l'esprit conservateur[1] ». L'anarchie, comme Nietzsche l'avait vu, n'est pas dépourvue d'une volonté de domination. Mais précisément le nazisme illustre que cette domination est une domination par le chaos, la terreur et la destruction. Parce que la domination nihiliste conduit à la destruction de tout ordre et que tout ordre est fondamentalement spirituel, le nazisme est une révolution nihiliste car il détruit « tous les éléments spirituels de l'ordre[2] ». C'est en se référant à Burckhardt qu'il définit la « grandeur d'un peuple » sur la « puissance des idées » et non sur « la conscience stérile de sa force[3] ».

Telle est la limite de l'analyse de Rauschning. Dans son souci de continuité généalogique, il tend à identifier le nihilisme et le matérialisme, refusant de considérer l'émergence possible d'un nihilisme non matérialiste. C'est aussi la raison pour laquelle Leo Strauss tient à corriger l'analyse de Rauschning et à définir le nihilisme comme « le rejet des principes de la civilisation en tant que telle[4] ». La civilisation n'est pas la culture. Les nazis, de fait, peuvent aimer la culture et l'art, et autres valeurs « spirituelles ». Pour autant, ils rejettent la civilisation, qui n'est de l'ordre ni du matériel ni du spirituel, mais consiste en la possibilité pour l'humanité de se référer à une loi symbolique qui règle et limite les actes à partir de quelques interdits majeurs. Strauss définit la civilisation, de manière non spiritualiste, comme « la culture consciente de l'humanité, c'est-à-dire de ce qui fait d'un être humain un être humain ». Pour lui, cela signifie plus encore « la culture consciente de la raison »

---

1. *Ibid.*, p. 151.
2. *Ibid.*, p. 341.
3. *Ibid.*, p. 365.
4. Leo Strauss, « Sur le nihilisme allemand », in *Nihilisme et politique*, *op. cit.*, p. 55.

pratique et théorique, c'est-à-dire la morale et la science. Le refus par les nazis de la compassion ne s'explique pas seulement par leur opposition au christianisme. Elle met en lumière un élément fondamental du nihilisme : la mise en question de l'identification de l'homme par l'homme.

La pitié n'est pas une donnée culturelle mais civilisationnelle. Certes, comme le montre Freud dans *Malaise dans la civilisation*, le lien d'identification au semblable n'est proprement opératoire qu'à l'intérieur d'une communauté. Il est potentiellement paranoïaque : je ne suis sûr de ressembler aux miens que parce que je constate que je suis différent d'un autre que je considère ainsi comme un étranger. L'impératif d'aimer son prochain comme soi-même est haïssable dans son hypocrisie, car il autorise à haïr celui en qui je suis incapable de reconnaître un semblable[1]. Mais qu'en est-il si le principe même de l'identification est refusé ? La compassion et la sympathie dissimulent certes la rivalité spéculaire et la haine du prochain, mais que se passe-t-il quand cette version imaginaire du lien à l'autre est récusée ?

Dans « Pourquoi la guerre ? », Freud souligne que la cohésion d'une communauté ne peut provenir que de deux sources, « la contrainte de la violence [ou] les liens affectifs entre les membres ». Cette alternative n'est pas nécessairement disjonctive, mais peut supporter toutes sortes de degrés. Cohésion forcée et cohésion spontanée coexistent la plupart du temps dans une société. Mais les régimes de terreur nous donnent à concevoir une cohésion volontaire acquise par autre chose que par les liens affectifs. Or, ajoute Freud, les liens affectifs sont appelés « identifications dans

---

[1]. « Il est toujours possible d'unir les uns aux autres par les liens de l'amour une plus grande masse d'hommes, à la seule condition qu'il en reste d'autres en dehors d'elle pour recevoir les coups » ; Sigmund Freud, *Malaise dans la civilisation* (1929), trad. de l'allemand par Ch. et J. Odier, Paris, PUF, 1971, p. 68.

le langage technique¹ » ? Il est certes fictionnel de tenir l'autre pour un semblable. Dans un régime de terreur, cette fiction est démasquée : l'autre n'est nullement un semblable. Le racisme nazi déjoue l'illusion qui assure notre lien affectif au semblable. C'est une folie et on sait qu'elle devait aller encore plus loin qu'elle n'était allée, et qu'une vaste recomposition de la notion même d'identité était prévue². On a pu croire que les nazis laissaient se juxtaposer en eux l'indifférence à leurs victimes et la compassion dans la sphère familiale : le commandant d'Auschwitz se décrit comme un bon père de famille. Mais les actes accomplis au moment de la capitulation du Reich, comme le « suicide » de leurs enfants par les époux Goebbels, témoigne qu'il s'agit là d'une rationalisation rétroactive et que la modification de l'identification, ou ce qui était appelé la « culture de la dureté », passait même à l'intérieur de la famille. Charlotte Beradt rapporte des rêves de Berlinois qui, dans les années 1933-1939, font état de cette éclipse de tout lien compassionnel au semblable³.

On peut donc dire que le nazisme a représenté une phase du développement du nihilisme précisément parce qu'il a semblé être une réaction à celui-ci. La compassion et la pitié ne sont pas toujours au principe du nihilisme. Ils n'y sont, dans le premier moment de celui-ci, qu'en tant qu'envers de la haine et du ressentiment. Le nazisme a fourni l'exemple d'une haine et d'un ressentiment assumés, privés de tout déguisement compassionnel. C'est cette mise à nu qui a constitué un pas définitif dans le développement du nihilisme contemporain, où l'autre comme tel n'est plus rien.

---

1. Sigmund Freud, « Pourquoi la guerre ? », in *Résultats, idées, problèmes*, vol. II, *op. cit.*, p. 208.
2. Philippe Burrin, « Apocalypse et ressentiment », in *Ressentiment et apocalypse. Essai sur l'antisémitisme nazi*, Paris, Seuil, 2004, p. 67-95.
3. Charlotte Beradt, *Rêver sous le IIIe Reich* (1966), trad. de l'allemand par P. Saint-Germain, Paris, Payot, 2002, p. 92.

La terreur d'en bas représente, à partir de là, un pas supplémentaire dans le développement du nihilisme.

Le terrorisme islamiste

Le terrorisme actuel présente lui aussi des points de convergence avec la tradition révolutionnaire, mais il comporte des spécificités qui font de lui une étape nouvelle. Il s'inscrit dans la crise de l'identification inaugurée par la terreur nazie. La valeur accordée à la compassion, en réaction aux massacres, ne masque pas le caractère impitoyable du lien contemporain à l'autre : que les conflits éclatent pour un « rien » est encore un symptôme du nihilisme.

Dans sa querelle avec Rauschning, Strauss entend aller au-delà de la dénonciation de la violence et de la destruction nihilistes. Son but est de mettre au jour le dévoiement nihiliste du principe de la guerre. La façon dont une société pense la guerre est toujours un indice de son rapport à la civilisation. Or, dans le nihilisme allemand, le rejet des principes de la civilisation, du lien à l'autre s'est opéré au profit des valeurs militaires, c'est-à-dire d'une guerre promue au rang de fin en soi et non plus de moyen de la politique et de la paix [1]. Si le nihilisme allemand est « parent du militarisme allemand », c'est que l'idéal militaire a été convoqué pour s'opposer à la doctrine de l'intérêt et de l'utilité, jusqu'à la promotion du « sacrifice de soi » et de la « négation de soi [2] ». Le terrorisme islamiste se présente aussi comme un semblable dévoiement de la guerre, au nom d'un idéal prémoderne qui alimente le ressentiment et la haine à l'égard de l'Occident [3]. Mais si le nihilisme nazi s'est édifié en réaction

---
1. Leo Strauss, « Sur le nihilisme allemand », in *Nihilisme et politique, op. cit.*, p. 67.
2. *Ibid.*, p. 73.
3. Abdelwahab Meddeb, *La Maladie de l'islam, op. cit.*, p. 19.

au principe compassionnel des sociétés animées par le respect des droits de l'homme, c'est contre la mort de Dieu, perçue comme une menace pour l'ensemble du monde, que s'élève le nihilisme islamique. De ce fait, si c'est par le retour aux valeurs militaristes que s'est opéré, dans le nazisme, le dévoiement de la guerre, c'est par le détournement de la tradition religieuse que le nihilisme a pris aujourd'hui cette troisième figure qu'est le terrorisme islamiste.

Comme tout nihilisme, le nihilisme des terroristes islamistes est révolutionnaire. C'est Dieu lui-même qui fonde ici la critique. Le terrorisme islamiste fait de Dieu un usage nihiliste : Il est seul digne de respect et rien d'autre que lui ne doit être respecté. Il n'y a pas plus de paradoxe à révéler la volonté séditieuse et anarchiste des islamistes qui inspirent les terroristes d'aujourd'hui, comme Hassan El-Banna, Maudoudi ou Sayyid Qotb, que de décrire, comme l'a fait Rauschning, celle du nazisme. De la même façon que le nazisme a fabriqué le mythe d'une germanité aryenne, de même les islamistes construisent l'artefact d'un islam unifié, privé des multiplicités de formes qui sont celles de toute tradition ancienne, nostalgique de la communauté originelle qui entourait le prophète. Comme dans le nazisme, l'appui prétendu sur la tradition vise à justifier la table rase et la destruction de l'ordre établi. Dans ce cas comme dans l'autre, l'ordre nouveau doit s'édifier dans une semblable éradication de l'ancien chez les amis comme chez les ennemis, et cette opération réduit à l'extrême le nombre des amis. Enfin, l'enjeu de ce nihilisme, qui épouse sur ce point encore le nihilisme nazi, réside dans la critique de la démocratie. La « société ouverte » refusée par les nazis est la société démocratique. De l'héritage révolutionnaire et séditieux, les nihilistes retiennent la critique d'un État censé usurper l'autorité légitime, qu'elle soit celle du peuple, du Führer ou du Prophète.

Néanmoins, le contenu de la modernité et de la démocratie s'est infléchi. Les islamistes s'en prennent à un autre visage de la société occidentale, qui éclaire le nouveau sens du nihilisme. L'objet de la critique du terrorisme islamiste c'est le plaisir et la jouissance dont les sociétés occidentales leur semblent renvoyer l'image. L'islamisme, dans la critique de la jouissance prêtée à l'Occident, a radicalisé un interdit de la représentation qui n'est pas si net, car « l'image en islam constitue plus une question qu'un interdit annulant l'interrogation [1] ». L'ennemi direct qu'est l'Occident ne doit pas occulter le plus vaste prisme d'adversité que le terrorisme islamiste essaie d'ébranler. C'est au nom de la lutte contre l'idolâtrie que, pour asseoir leur emprise sur l'Afghanistan, les talibans ont détruit les statues géantes du Bouddha taillées à même la montagne de Bamiyan. Selon Abdelwahab Meddeb, la destruction des bouddhas le 9 mars 2001 peut même être considérée comme un « prélude » voire un « signe annonciateur », que nul n'a pu et su décrypter, de la destruction des tours de Manhattan six mois après.

D'où le diagnostic formulé par Meddeb : c'est du corps que souffre l'islam des islamistes. Selon lui, « la société islamiste est passée d'une tradition hédoniste, fondée sur l'amour de la vie, à une réalité pudibonde, pleine de haine contre la sensualité [2] ». Le nihilisme islamiste est un nihilisme du corps. Si le corps est réduit au rien, il peut être renvoyé comme un simple déchet à la figure des ennemis. Si le corps est dénoncé, c'est parce que tout corps visible est tenu pour une idole outrageusement adorée. Dans les entretiens qu'il a réalisés avec des détenus musulmans incarcérés dans des prisons françaises – accusés, pour certains, d'association de malfaiteurs en vue d'une action terroriste –, Farhad Khosrokhavar rend compte de l'importance de cette thématique pour l'engagement dans la cause islamiste [3].

---

1. *Ibid.*, p. 150.
2. *Ibid.*, p. 135.
3. « En Europe [où] on est tout le temps tenté par les actes interdits : la sexualité, l'alcool, la drogue, l'oubli des obligations religieuses », *in* « Entre-

La liberté sexuelle est redoutée en elle-même, et en tant qu'elle menace de conduire celui qui s'y adonne à l'homosexualité [1]. L'Occident est le lieu de la perversion, laquelle est dénoncée comme relevant de la catégorie générale de l'idolâtrie *(taqut)*. Or « la lutte contre cette idolâtrie est un *jihad* [2] ».

Si les thèmes qui donnent au nihilisme sa texture sont nouveaux, on retrouve dans ce phénomène apparemment si éloigné du nihilisme russe des origines le même anéantissement de la vie. Ici, c'est le sexuel comme tel qui est récusé alors que les premiers nihilistes tentaient seulement de le ramener à une donnée physiologique et nerveuse. La haine de l'Occident donne une nouvelle allure à la justification du suicide ici promu, contre la tradition musulmane, au rang d'arme de guerre. Si l'Occident est dans son ensemble idolâtre, accorder de la valeur à la vie elle-même est idolâtre. Le vouloir-vivre est le début de l'idolâtrie.

Conclusion

Récusation du langage et récusation du désir constituent les éléments essentiels de toute forme de nihilisme. Si le nihilisme islamiste peut être dit nihiliste, c'est que, comme les autres variantes du phénomène, il passe de la dénoncia-

---

tien avec Ahmad », *in* Farhad Khosrokhavar, *Quand Al-Qaïda parle. Témoignages derrière les barreaux, op. cit.*, p. 27 ; « J'ai été choqué par la sexualité en Occident », *in* « Entretien avec Ahsen » ; *ibid.*, p. 61 ; « Ici, tout est à portée de main, l'alcool et le reste. [...] Ici, les jeunes achètent facilement l'alcool, se soûlent, font des bêtises », *in* « Entretien avec Karim » ; *ibid.*, p. 89 ; « Ici, on vous encourage à consommer de l'alcool, de la drogue ou à avoir des activités sexuelles non licites », *in* « Entretien avec Mohammad » ; *ibid.*, p. 103 ; « Le péché, ça remonte au moins à la période de l'ouverture de l'Europe dans les années 70-80. On a importé les pratiques sur la sexualité illicite, les droits de la femme qui permettaient de rompre avec la *sharia* », *in* « Entretien avec Ousman » ; *ibid.*, p. 125.

1. *Ibid.*, p. 133.
2. *Ibid.*, p. 98.

tion de la vie et du désir – qui peut prendre la forme du désespoir et de l'humiliation – au refus d'en passer par les voies du langage. De là l'engagement direct dans l'action, l'action directe, le terrorisme. Plus qu'une mise en jeu de la pulsion de mort, le nihilisme comporte aussi une position par rapport au savoir. Justifier le terrorisme au prétexte qu'il est l'arme des faibles c'est encourager la position nihiliste qui se définit comme refus de savoir. Le passage de la dépréciation de la vie à l'action directe témoigne du refus du questionnement du sujet sur son propre rapport à l'objet.

La dénonciation de l'adoration de l'objet est tentante en Occident, comme le remarquent avec satisfaction des islamistes. Qui ne verrait vertu dans cette analyse de l'idolâtrie des sociétés occidentales qui rabattent l'objet, toxique ou sexuel, sur un produit de consommation ? De même que le nihilisme nazi a réussi à changer la vision que l'Europe avait d'elle-même, de même la critique islamiste produit des effets sur les sociétés occidentales. Aussi doit-on interroger le rapport du nihilisme et du terrorisme à la démocratie et à la modernité.

Cinquième partie

Terrorisme, démocratie et modernité

En tant que nihiliste, le terrorisme est par principe ennemi de la démocratie. Le nihilisme porte au désaveu du langage, à « l'expression par les actes », tandis que la démocratie ne prend sens que dans un processus dialogique. La liberté de pensée et de discussion en est le fondement qui requiert que l'on renonce à agir pour se faire entendre et qu'on s'efforce de présenter ses idées de façon à permettre à autrui d'y répondre. La démocratie commence avec l'abandon de l'idée que la politique se réduirait à un rapport de force échappant au langage. La démocratie n'exige pas que tous soient amis, mais se développe nécessairement selon d'autres critères que le partage ami/ ennemi.

Néanmoins, selon que l'on entend par démocratie un régime libéral et représentatif opposé au despotisme et soutenu par la règle de la liberté politique, ou bien, comme Tocqueville, un mouvement de l'histoire correspondant à l'entrée des masses en politique tendant à l'égalité et incluant éventuellement des formes inédites de despotisme, les choses ne se présentent pas de la même manière. Si l'action terroriste, en tant que nihiliste, est antilibérale, elle n'en produit pas moins une forme d'égalité des victimes et cherche sa justification dans une aspiration déçue à l'égalité. Le terroriste se présente volontiers comme un ancien naïf, seulement coupable d'avoir cru aux idéaux fallacieux de la démocratie. L'hostilité du terrorisme à la démocratie doit donc être resituée dans la dialectique propre à la modernité qui ne se présente pas seulement comme la modernité démocratique, même si c'est nécessairement en référence à la démocratie que toute critique de la modernité s'articule. Le terrorisme est-il un simple avatar du rapport contradictoire de la modernité à elle-même ?

La peur qui hante la démocratie est de reconnaître dans le terroriste un ancien ami. D'où l'hypothèse qui consiste à supposer que le terrorisme est une conséquence de la démocratie[1]. Si le terrorisme est une guerre psychologique, il faudrait alors porter un diagnostic et se demander si le terrorisme est une « maladie auto-immune » de la démocratie[2] ou un accident survenu à la faveur des failles consubstantielles de celle-ci.

---

[1]. Gérard Chaliand et Arnaud Blin (dir.), *Histoire du terrorisme. De l'Antiquité à Al-Qaïda*, op. cit., p. 19.
[2]. Jacques Derrida et Jürgen Habermas, *Le « Concept » du 11 septembre, Dialogues à New York avec Giovanna Borradori*, Paris, Galilée, 2003.

Chapitre X

Le terrorisme, suicide de la démocratie ?

C'est le soupçon porté sur la démocratie politique qui nourrit la recherche d'excuses au terrorisme. Celui-ci court-circuite les procédures délibératives et électives du régime démocratique, puisqu'il se définit comme une stratégie politique opposée aux formes de la démocratie représentative accusées d'être vides, destinées à dissimuler des intérêts cachés et fonctionnant sur l'exclusion des opprimés. Mais une telle dénonciation est commune à toutes les formes d'opposition violente à la démocratie, de la préparation de la « lutte finale » révolutionnaire conditionnée par une conception de l'Histoire comme combat de classes au terrorisme contemporain en passant par les guerres de libération nationale et le terrorisme d'assassinat politique. Quelle est la spécificité du terrorisme contemporain ?

Les luttes révolutionnaires inspirées de Marx et de Lénine ou les attentats anarchistes sont soutenus par un rapport ambivalent et critique à la modernité et à la démocratie. Ce n'est pas la démocratie en tant que telle qui est dénoncée, mais bien plutôt le caractère fallacieux de la démocratie bourgeoise. Ni la liberté ni l'égalité n'ont progressé, selon les révolutionnaires du XIXᵉ siecle : seule la violence a gagné en intensité. Le terrorisme d'aujourd'hui est le premier qui se donne explicitement pour antidémocratique et antimoderne. Pourtant, c'est celui qui frappe la démocratie de l'intérieur et non de l'extérieur. De même que chez Nietzsche le nihilisme anarchiste n'est qu'un prolongement du nihilisme démocratique, qu'il dérange et bouscule, de même on peut – semble-t-il – se demander si la réaction islamiste à la modernité ne se situe pas dans le prolongement de la modernité elle-même.

C'est ce qui a retenu l'attention de Jean Baudrillard et de Jacques Derrida après le 11 septembre 2001[1]. C'est selon eux le caractère fondamentalement autodestructeur de la modernité occidentale qui se serait révélé dans l'attaque contre les tours du World Trade Center et qui constituerait le sens du mouvement de Ben Laden et l'« esprit du terrorisme ». Le terrorisme ne serait que le suicide de la démocratie.

Le terrorisme est-il une maladie auto-immune de la démocratie ?

Sans préciser à quelle figure de logique il pense, Jean Baudrillard affirme que « c'est très logiquement, et inexorablement, que la montée en puissance de la puissance exacerbe la volonté de la détruire ». Ce mouvement « logique » ne semble renvoyer qu'à la figure du destin, toujours porteur de renversements inattendus. C'est au nom de cette étrange « logique » que Baudrillard tient la puissance américaine pour « complice de sa propre destruction ». S'ajoute à cette étonnante démonstration la foi de son imaginaire :

---

[1]. Jean Baudrillard, « L'esprit du terrorisme », in *Le Monde*, 3 novembre 2001, rééd. *L'Esprit du terrorisme*, Paris, Galilée, 2002 ; Jacques Derrida et Jürgen Habermas, *Le « Concept » du 11 septembre, op. cit.*

« Quand les deux tours se sont effondrées, on avait l'impression qu'elles répondaient au suicide des avions-suicide, par leur propre suicide [1]. »

Plus cohérent philosophiquement, Jacques Derrida reprend le programme nietzschéen et formule un diagnostic sur le malaise de la civilisation révélé par les attaques terroristes. En s'étendant à l'ensemble des démocraties occidentales, le nihilisme européen a selon Derrida pris la forme d'une maladie auto-immune. Plus qu'une maladie de la volonté, en quoi consistait le nihilisme nietzschéen, les démocraties occidentales, et particulièrement les États-Unis, auraient développé une pathologie auto-immunitaire. Ce nouveau diagnostic fait appel à la notion de pulsion et engage une théorie de la maladie psychosomatique. La maladie auto-immune, telle que Derrida l'entend, est une défense de l'organisme contre son propre système de défense, une protection contre son système de protection, une fabrication d'anticorps contre le système de fabrication des anticorps.

Si le nihilisme est la théorie d'une négation absolue et jamais dialectiquement dépassée, le processus auto-immunitaire ouvre le champ complexe de la double négation : négation de la vie par les moyens mêmes de la négation de ce qui attaque la vie. Ce processus est celui de la pulsion de mort. De même qu'une agression et un désir de détruire ne sont pas nécessairement des effets de la pulsion de mort, mais peuvent être au service de la vie, de même un système immunitaire est une barrière de défense qui détruit un intrus destructeur. La négation de la négation est au service de la pulsion de mort, car le rapport de l'intérieur et de l'extérieur est brouillé. Si la maladie auto-immune peut, selon Derrida, servir de modèle pour penser le terrorisme, c'est que dans les deux cas la frontière de l'intérieur et de l'extérieur échappe à la logique militaire classique : quand

---

1. Jean Baudrillard, *L'Esprit du terrorisme*, *op. cit.*, p. 13.

l'ennemi vient de l'intérieur, c'est le soi qui attaque le soi. Le terroriste, viendrait-il de l'extérieur, se mêle à la population pour perpétrer son attentat et tue en se tuant. Pour se défendre contre le terrorisme et rester indemne, il ne faut pas seulement attaquer en retour l'ennemi extérieur qui nous attaque, mais s'attaquer soi-même à l'intérieur de soi-même. La maladie auto-immune est une forme de suicide : « Un processus auto-immunitaire, c'est, on le sait, cet étrange comportement du vivant qui, de façon quasiment suicidaire, s'emploie à détruire "lui-même" ses propres protections, à s'immuniser contre sa "propre" immunité [1]. »

Les raisons et les erreurs géopolitiques d'un diagnostic

La première raison avancée par Derrida relève de la géopolitique. Ce qu'il y a de terrible dans le 11 Septembre c'est que l'Amérique a été frappée par ceux-mêmes à qui elle avait confié pour mission de la défendre. Derrida reprend un peu caricaturalement l'idée de la fabrication américaine de terroristes comme Oussama Ben Laden. Il est vrai que l'illusion d'une alliance objective entre les nouveaux jihadistes afghans et la politique américaine d'expulsion de l'URSS hors de l'Afghanistan a pu être partagée un temps par les gouvernements américain et saoudien. Pendant la décennie 1980-1990, la CIA a financé certains groupes jihadistes, dont celui du cheikh Abdel Rahman, dans le cercle duquel aurait effectivement surgi l'idée de détruire le World Trade Center [2]. Que les États-Unis aient vu dans le *jihad* une occasion de faire des économies de moyens militaires est également vrai [3]. Mais cela ne suffit

---

1. Jacques Derrida, « Auto-immunités, suicides réels et symboliques », *in* Jacques Derrida et Jürgen Habermas, *Le « Concept » du 11 septembre, op. cit.*, p. 145.
2. Gilles Kepel, *Jihad, op. cit.*, p. 457.
3. *Ibid.*, p. 477.

pas à faire de Ben Laden un agent américain, la tactique des services secrets consistant toujours à espérer gagner des informations tout en ouvrant l'œil – et *vice versa*. Seul un raisonnement téléologique peut justifier de tenir pour « paradoxes suicidaires » les alliances objectives de la politique américaine avec les divers ennemis de l'URSS, de l'Iran, de l'Irak, selon la conjoncture conflictuelle de l'époque, laquelle ne permet en aucun cas de prévoir l'avenir (les métiers du renseignement sont en effet toujours des métiers de l'urgence[1]). Déplorer ces alliances objectives, c'est refuser d'admettre les limites que nous impose le jeu politique à tel ou tel moment de l'histoire, comme si un joueur d'échecs avait la possibilité de jouer un coup indépendamment de la place des pièces sur l'échiquier – comme en vue de la partie idéale.

On peut certes affirmer, rétroactivement, que la guerre froide a protégé de la guerre terroriste. L'ennemi, n'étant plus derrière le rideau de fer, est désormais partout. Il n'y a plus de camps, mais la guerre est sans limites. La volonté rationnelle qui fondait la politique de dissuasion et postulait que l'ennemi était animé par le refus d'envisager sa propre destruction, est rendue impuissante par une volonté assumée de détruire, au risque de sa propre destruction. Mais c'est cyniquement alors que l'on considère qu'il fallait entretenir le totalitarisme soviétique pour se défendre de l'émergence du terrorisme islamique. L'accusation adressée aux États-Unis d'avoir favorisé l'islamisme terroriste va de pair avec la dénonciation de l'anticommunisme. Mais encourager les pays de l'Est à exercer une emprise protectrice n'aurait pas été seulement cynique, mais périlleux, et aveugle – car c'était ignorer le mouvement de force islamiste qui, s'il a profité de l'effondrement du socialisme politique, se préparait à surmonter les obstacles géopolitiques, notamment en sapant les principes de la dissuasion

---

1. Hélène L'Heuillet, *Basse politique, haute police. Une approche historique et philosophique de la police*, Paris, Fayard, 2001.

et en redonnant actualité à une « petite guerre » désarrimée de toute idée d'émancipation nationale. On peut sans prendre de risque penser que le *jihad* se serait développé même sans la CIA. Les phénomènes sociaux ne se laissent pas ainsi fabriquer de toutes pièces.

Le trauma et la jouissance morbide

La logique auto-immunitaire, qui mène au-delà du principe de plaisir, rend seule compte, selon Derrida, du trauma spécifique engendré par le terrorisme. Or le trauma est en effet ce à partir de quoi Freud a conçu la pulsion de mort comme un « au-delà du principe de plaisir » et ce qui l'a amené à renoncer à la première topique de l'appareil psychique en découvrant le rôle de la répétition dans la mise en place d'une jouissance morbide. Freud lui-même autorise la comparaison de la névrose traumatique avec les maladies auto-immunes, découvertes pourtant par Frank Burnet une vingtaine d'années après la publication de l'*Au-delà du principe de plaisir*. Selon lui, on peut en effet tenter de « concevoir la névrose traumatique commune comme une conséquence d'une vaste rupture de la barrière de défense[1] ». Contrairement à toute considération rationnelle d'utilité ou d'intérêt – à tout principe de plaisir –, le traumatisé ne vise pas la suppression de l'excitation déplaisante, mais au contraire ne cesse de la répéter et de la revivre, parfois seulement dans ses rêves, parfois jusque dans la réalité. Un événement purement extérieur s'invite dès lors dans la vie psychique, la mobilisant et la monopolisant sur un objet non désiré, jusqu'à mettre l'existence en péril. Ce que la mort a manqué, la mort le réussit, mais cette fois avec la

---
1. Sigmund Freud, « Au-delà du principe de plaisir » (1920), in *Essais de psychanalyse*, trad. de l'allemand par S. Jankélévitch, Paris, Payot, coll. « PBP », p. 38.

collaboration de celui qui n'en était la première fois que la victime accidentelle. Selon Derrida, le traumatisme de l'attaque terroriste conduit à une telle répétition qui met en péril la vie de la cité touchée par l'attentat. La répétition de l'attaque vient de la victime elle-même. Comme le remarque Derrida, il ne faut pas céder à une compréhension naïve de la compulsion de répétition, conçue comme reproduction du passé. En fait, dans le trauma, c'est le présent qui est comme conçu rétroactivement comme répétition de l'avenir ; le sujet adopte en effet à son égard une position d'extériorité, comme s'il assistait à un film. L'usage du futur pour parler d'un événement présent spécialement important est éloquent : « L'épreuve de l'événement a pour corrélat tragique non pas ce qui se passe présentement ou ce qui s'est passé au passé, mais le signe avant-coureur de ce qui menace de se passer[1]. » Mais Jacques Derrida ne prend pas en compte que – contrairement à ce qui peut se passer quand l'événement traumatique provient d'un facteur non intentionnel, comme un tsunami ou un tremblement de terre – cette attente d'un mal plus grand encore participe de la stratégie terroriste de la guerre psychologique. Ce qu'il lui importe de souligner, c'est qu'ainsi traumatisée par un ennemi qui se loge à l'intérieur de soi la puissance attaquée est obligée de se nier elle-même.

Or cette négation porte, selon lui, sur la démocratie elle-même. Certes, Derrida n'affirme pas comme Jean Baudrillard que la destruction de l'Amérique constituerait le rêve universel des hommes de notre temps, assurant aux terroristes la victoire mentale de réaliser une aspiration plus largement partagée qu'il n'y paraît[2]. Nulle haine de la puissance américaine ne vient compromettre le propos de

---

[1]. Jacques Derrida, « Auto-immunités, suicides réels et symboliques », *in* Jacques Derrida et Jürgen Habermas, *Le « Concept » du 11 septembre, op. cit.*, p. 148.
[2]. Jean Baudrillard, *L'Esprit du terrorisme, op. cit.*, p. 10.

Derrida avec le ressentiment anti-américain[1]. Ce qui l'anime cependant est une critique des manquements à la démocratie. Le cercle de la répression policière et de la restriction des droits et des libertés joue pour lui un rôle équivalent à la répétition traumatique. La répression est cette répétition même, interprétée comme attente anxieuse du pire à venir. C'est dans une réaction à l'agression, qui aggrave le mal qu'elle est censée prévenir, que se situe *in fine* l'autodestruction : « La répression, au sens psychanalytique et au sens politico-religieux, politico-militaire, politico-économique, nous savons maintenant qu'elle produit, reproduit, régénère cela même qu'elle tente de désarmer[2]. » De plus, dans la lutte contre le terrorisme, les démocraties se détruisent elles-mêmes comme démocraties : elles peuvent suspendre l'état de droit, autoriser l'exception, retrouvant l'ancienne logique de la raison d'État. La logique de raison d'État de la souveraineté joue alors comme logique auto-immunitaire, comme Derrida le dit dans *Voyous* : « La souveraineté ne donne ni ne se donne le temps. Là commence la cruelle auto-immunité dont elle s'affecte souverainement mais aussi dont elle s'infecte souverainement[3]. »

---

1. Pour Derrida, il n'est pas question de prendre parti « contre » l'Amérique ; Jacques Derrida, « Auto-immunités, suicides réels et symboliques », *in* Jacques Derrida et Jürgen Habermas, *Le « Concept » du 11 septembre, op. cit.*, p. 169. Le thème du « suicide » n'a pas la même signification chez Baudrillard et chez Derrida. Pour le premier, il désigne la fin de la puissance, pour le second la fin de la démocratie.
2. *Id.*, « Auto-immunités, suicides réels et symboliques », *in* Jacques Derrida et Jürgen Habermas, *Le « Concept » du 11 septembre, op. cit.*, p. 152.
3. *Id.*, *Voyous*, Paris, Galilée, 2003, p. 154.

Critique de la thèse auto-immunitaire

Toute l'attention de Derrida se porte sur le caractère inédit du conflit terroriste qui, à l'inverse de ce qui se produisait dans « la guerre froide » à laquelle il succède, construit un ennemi disséminé, non localisable, invisible et parfois inidentifiable. Mais la thèse de la maladie auto-immune, dans la forme qui est ici présentée, opère une curieuse réduction de l'altérité. Cela pose problème dans le cadre d'une pensée soucieuse par ailleurs de maintenir la dimension de l'Autre. Faire du terrorisme essentiellement une affaire des démocraties avec elles-mêmes, c'est singulièrement relativiser le point de vue de l'autre. Les attaques contre la démocratie ne seraient donc que la conséquence des erreurs des démocraties et des injustices occidentales.

La thèse du suicide des démocraties dans le terrorisme comporte toutes les ambivalences de la culpabilité. L'idée ahurissante de Baudrillard selon laquelle le terrorisme anti-américain « est là, partout, tel un obscur objet du désir », suscitant en chacun le sentiment d'une « complicité inavouable », exprime – si l'on veut tenter de la sauver par une interprétation généreuse – une telle culpabilité à l'égard des laissés-pour-compte de la puissance économique[1]. En tant qu'amis de l'Amérique nous pouvons nous sentir comptables de sa politique. Mais la culpabilité comporte l'inconvénient d'être autocentrée, aveuglée par ses projections imaginaires sur autrui, incapable de saisir les véritables ressorts des actes d'autrui, de crainte d'y déceler de mauvaises intentions. La réalité occultée par la thèse du suicide est notamment celle de la haine, à peine concevable, éprouvée par les terroristes pour une idée aussi abstraite que celle de « monde occidental ». Qu'on puisse, comme Avishai Margalit, s'interroger sur les raisons qui ont causé cette haine n'empêche pas qu'on en prenne la mesure. Or celle-ci nous

---

1. Jean Baudrillard, *L'Esprit du terrorisme, op. cit.*, p. 12.

conduit à une dimension non rationalisable à l'injustice économique, une dimension sensible et esthétique, comme la haine des villes et des architectures en hauteur, la haine de l'esprit du capitalisme ou la haine de la discursivité [1].

Dans la maladie auto-immune, quand l'organisme se retourne contre lui-même, le système immunitaire fait une sorte d'erreur qui déclenche le choc en retour : il confond le soi et le non-soi, et s'attaque à soi en considérant qu'il s'agit du non-soi. La thèse selon laquelle les démocraties se suicident dans le terrorisme repose sur une curieuse métaphore. La maladie auto-immune, ainsi considérée, fait référence à la notion d'organisme. Certes, elle ne mérite pas l'accusation d'organicisme, car il s'agit là d'une caractérisation banale en son fond du mal politique comme pathologie, voire d'un déguisement de la critique sous la clinique [2]. Mais l'usage derridien de la notion de maladie auto-immune repose sur un schème immunologique que des recherches actuelles remettent en question, le partage du soi et du non-soi [3]. On voit bien que même si l'existence de maladies auto-immunes sert d'un côté à brouiller le partage du soi et du non-soi et a pu naguère servir à ceux qui remettaient en cause la notion de barrière immunologique, l'argument de l'auto-immunité demeure tributaire de la conception d'un moi-forteresse et d'une identité-substance [4].

---

1. Ian Buruma et Avishai Margalit, *L'Occidentalisme. Une brève histoire de la guerre contre l'Occident* (2004), trad. de l'anglais par C. Chastagner, Paris, Climats, 2006.
2. Judith Schlanger, *Les Métaphores de l'organisme*, Paris, Vrin, 1971, rééd. L'Harmattan, 1995, p. 176-177.
3. Thomas Pradeu, « Les incertitudes du soi et la question du bon modèle théorique en immunologie », in *Médecine/Sciences*, n° 10, octobre 2005, p. 872-875 ; Thomas Pradeu et Edgardo Carosella, « Analyse critique du modèle immunologique du soi et du non-soi et de ses fondements métaphysiques implicites », in *Comptes rendus de biologie de l'Académie des sciences*, 2004, p. 481-492, www.sciencedirect.com.
4. Thomas Pradeu et Edgardo Carosella, « Analyse critique du modèle immunologique du soi et du non-soi et de ses fondements métaphysiques implicites », art. cité, p. 485, 487, 490.

L'identité démocratique n'est peut-être pas plus « un soi » que l'identité biologique. Si l'enjeu réside, comme le pense Derrida, dans le statut de la mondialisation, rien n'indique que celle-ci doive se concevoir comme une totalité close. Que toutes les parties du monde soient aujourd'hui interdépendantes ne signifie pas qu'elles soient homogènes comme les parties d'un organisme parfaitement identique à lui-même, mais plutôt à envisager celui-ci comme ouvert et vivant de ses échanges. Le monde n'est pas un, et tout n'est pas dans tout.

Analyser le rapport du terrorisme à la démocratie doit aussi s'entendre d'un autre point de vue. Le terrorisme n'est pas seulement une question pour la démocratie, mais la démocratie est le problème du terrorisme. Jacques Derrida donne une nouvelle formulation de la critique de la croyance en une « immunité » des démocraties : immunité au fascisme, immunité au totalitarisme et aujourd'hui, immunité au terrorisme. Mais il adopte un argument en miroir qui conduit à rendre les démocraties responsables des maux qu'elles ne savent éviter. Les démocraties ne sont pas plus des forteresses que les sujets humains, et elles n'ont pas toujours seulement affaire à elles-mêmes.

Dans la métaphore derridienne de la maladie auto-immune, c'est de l'immunité elle-même que vient le péril. Ainsi, la guerre elle-même est relativisée, et la continuité entre la pathologie et l'état de santé n'en est que renforcée. La question du suicide de la démocratie est un autre aspect de la querelle de la continuité de la démocratie et du totalitarisme[1]. Cette thèse, quelque appui qu'elle prétende trouver chez Tocqueville, s'oppose au projet tocquevillien d'une « science politique nouvelle » capable non d'entériner la destruction, mais d'« instruire la démocratie[2] ». L'instruction

---

1. Serge Audier, *Tocqueville retrouvé. Genèse et enjeux du renouveau tocquevillien français*, Paris, Vrin, 2004, p. 213 *sq.*
2. Alexis de Tocqueville, *De la démocratie en Amérique*, vol. I (1835), Paris, Flammarion, coll. « Garnier-Flammarion », introduction, p. 61-62.

de la démocratie n'invite pas seulement à se montrer vigilant sur le respect de la liberté politique et de dénoncer les mesures de sécurité prises après des attentats. De même que le totalitarisme n'est pas inscrit dans l'essence de la démocratie, même s'il est un produit – impossible avant l'ère des masses et l'égalité des conditions – de la modernité, le terrorisme n'est pas une pathologie développée par le mouvement de protection interne de la démocratie, même s'il n'est possible que parce qu'il en épouse certains traits.

Si les guerres mondiales sont des guerres de masse, elles fonctionnent encore comme des guerres traditionnelles, c'est-à-dire de façon aristocratique. Le terrorisme est une forme de guerre qui se passe des valeurs aristocratiques. Il est la forme de guerre qui correspond le mieux à l'ère démocratique. Il faut le savoir pour se garder de lui.

Chapitre XI

Terrorisme et démocratie de masse

Terrorisme aristocratique, terrorisme démocratique

Si l'on adopte les catégories de Tocqueville, on peut dire que le terrorisme d'assassinat politique correspond encore à une conception aristocratique de la politique, tandis que le terrorisme aveugle correspond pleinement à l'âge démocratique. La conception aristocratique de l'histoire sacrifie toujours à l'idée du pouvoir personnel : telle personne est responsable de tel état de choses. La conception purement démocratique du déroulement des faits est au contraire acéphale : personne ne dirige le cours des choses[1]. Assassiner un tyran ou un chef d'entreprise, c'est encore croire à l'emprise des hommes sur les choses. On comprend que cette pratique aristocratique du crime politique s'accompagne, comme le remarque Michael Walzer, d'un code de l'honneur. En revanche, faire exploser une bombe, se faire exploser en avion, en train ou à pied, c'est agir directement sur la masse impuissante. Tel est en effet le paradoxe démocratique : personne n'agit et tout le monde agit, bref « on dirait que la société marche toute seule par le concours libre et spontané de tous les hommes qui la composent[2] ». On ne

---
1. Alexis de Tocqueville, *De la démocratie en Amérique, op. cit.*, I, 20, p. 106.
2. *Ibid.*, p. 108.

peut que s'étonner de ce que l'honneur, ce ressort de la monarchie, disparaisse alors[1]. L'attentat aveugle singe les valeurs de la démocratie, et, au lieu d'honneur, le terroriste arbore la « vertu » censée faire de lui plutôt un martyr qu'un kamikaze, ou encore un « juste », comme le dit Camus en se persuadant que les anarchistes russes sont des démocrates.

De plus, le terrorisme, quand il énonce une revendication précise, n'est efficace qu'en démocratie. Ce sont des masses qu'est attendue la « complicité inavouable » dont parle Baudrillard. Encore faut-il que les masses comptent et parlent, se faisant, par leur émotion, l'écho de la propagande par les actes. L'action directe vise un effet indirect sur la politique, car médié par les masses, et la voie démocratique. Le résultat des élections législatives espagnoles succédant aux attentats du 11 mars 2004, qui assurèrent la victoire du Parti socialiste opposé à la présence de l'armée espagnole en Irak, est l'un des exemples contemporains les plus éloquents.

Presse, terrorisme et démocratie

Mais ce n'est pas seulement de la procédure institutionnelle démocratique dont le terrorisme a besoin pour parvenir à ses fins, mais également de tout le fonctionnement d'une société démocratique, de la presse et de tous les moyens de diffusion de l'information. Contrairement au crime nazi perpétré en secret, le crime terroriste de masse recherche la publicité. Comme le note Regis Debray en reprenant l'idée de propagande par le fait, cet « acte de guerre destiné à faire sensation » doit être analysé comme étant « moins un combat qu'une adresse (avec ou sans communiqué de presse). Un envoi de lettre, écrite avec le sang des autres ». Il compare l'attentat à « un slogan taciturne, où les cadavres

---

1. Montesquieu, *De l'Esprit des lois*, (1648), III, 3 ; III, 7, *op. cit.*, p. 144-146, 149-150.

alignés tiennent lieu de mots[1] ». Tocqueville a montré l'importance de la presse dans les sociétés démocratiques : sa puissance est une nécessité indirecte du pouvoir de la foule qui constitue la source même de l'autorité. C'est d'être le contre-pouvoir obligé au pouvoir de la foule que la presse tire son propre pouvoir, qui doit pouvoir l'emporter sur ce dernier – pourtant immense. La presse est la seule manière de vaincre le pouvoir de la foule, qui s'exerce toujours dans la proximité. C'est le voisinage, en démocratie, qui fait régner l'ordre. La foule supprime toute distance entre moi et les autres. Les individus collés les uns aux autres en subissent la pression parce qu'ils sont isolés et privés du soutien des hiérarchies protectrices de l'Ancien Régime. Ainsi tout ce qui n'est pas conforme à l'opinion majoritaire est-il banni plus cruellement que ne le faisait la censure d'Ancien Régime. Mais, par la pression inverse de la presse, on redonne au sujet singulier la possibilité de se faire entendre et de corriger la tyrannie possible de la majorité. La presse est un des meilleurs « correctifs » de l'égalité, puisque celle-ci est responsable du pouvoir nouveau de la foule là où régnaient des personnes[2]. La presse invente une nouvelle sorte d'adresse, elle « permet d'appeler à son aide tous ses concitoyens ».

Si la presse est un correctif de l'égalité, c'est néanmoins parce qu'elle en est un instrument, non seulement car elle correspond à une société de masse, mais aussi du fait que l'imprimerie a fait progresser l'idée d'égalité en assurant la diffusion du savoir (Internet a encore accentué ce mouvement). Il peut paraître curieux de voir Tocqueville, si soucieux des dérives possibles de la démocratie, ne pas imaginer les effets pervers du développement de la presse. Cette rigueur tocquevillienne nous met en garde contre la

---

1. Régis Debray, « Le passage à l'infini », in *Les Cahiers de médiologie*, n° 13, premier semestre 2002, p. 11.
2. Alexis de Tocqueville, *De la démocratie en Amérique*, vol. II, Paris, *op. cit.*, IV, 7, p. 392.

facilité avec laquelle nous continuons, comme les Anciens, à tuer le messager de mauvais augure. Le « terrorisme » n'est pas une fabrique de médias assoiffés de sensations. Si les terroristes misent sur la presse, c'est précisément parce qu'elle a vocation à recueillir l'expression d'une adresse qui va à l'inverse du pouvoir de la foule et sert à répercuter toute attaque de la masse.

Mais le terrorisme qui se sert de la presse est encore un terrorisme de message qui n'a pas entièrement renoncé à parler. La presse, telle que l'entend Tocqueville, est imprimée, écrite. Elle restaure une subjectivité éclipsée dans la foule, car c'est grâce au fait de n'être pas « un » mais partagé que l'on peut lire et échapper à la tyrannie de la majorité. Pour lire vraiment, il ne faut pas lire avec son identité – ou alors le discours est de propagande –, mais avec les questions qui nous habitent ; il faut accepter de se départir de soi pour – paradoxalement – rester subjectivement ouvert. La division subjective ne fonde certes pas le droit à l'incohérence et ne se confond en tout cas pas avec une quelconque fragmentation. C'est en prenant en partie appui sur Freud que Walzer essaie de la penser : le désir inconscient nous surprend toujours[1]. Cette division entretient en quelque sorte dans le sujet un lieu vide, qui est en principe, en politique, la « zone d'immunité » du sujet. C'est en cette zone que vient se loger le crédit que l'on fait au sujet de ses potentialités de changement, de sa capacité à s'engager ou à se désengager, de la possession d'un savoir sur ce qui le concerne. Or ce n'est pas seulement la zone d'immunité des civils que ne respecte pas le terrorisme de masse, mais cette zone d'immunité privée qui représente l'abri de tout sujet. Le terrorisme de masse vient solliciter chacun dans

---

1. Michael Walzer, « Le moi divisé », in *Morale maximale, morale minimale* (1994), trad. de l'anglais par C. Fort, Paris, Bayard, 2004, p. 131. Cette référence n'est toutefois qu'un appui, car au bout du compte c'est comme « autocritique » et référée au moi, et non au sujet que la division est pensée, ce qui n'est pas psychanalytique.

son identité, dans ce qui le fait « un », au prix d'un forçage. Il prend en effet pour cible des hommes en masse, menacés non pas en raison de ce qu'ils auraient commis, non pas même pour leur identité, mais parce que, formant une masse anonyme, ils sont rigoureusement interchangeables. La menace terroriste n'est générale que parce qu'elle est anonyme. Tout le monde est menacé parce que personne ne l'est en particulier. S'il n'y a plus de zone d'immunité, c'est parce que chacun est réduit non pas à une quelconque identité, mais au lieu où il se trouve par hasard.

C'est bien ce que signifie l'extension de la notion d'« Américains ». En visant les « Américains », le terrorisme contemporain a signifié qu'il visait tout le monde dans ce monde américanisé. S'il est par essence totalitaire, comme le pense Michael Walzer, ce n'est pas parce qu'il ne respecte pas l'identité non américaine de certaines de ses cibles, mais parce que l'Américain n'existe pas en tant que tel. Même en possession de la nationalité des États-Unis, un Américain n'est jamais « un » Américain, mais un sujet divisé même par rapport à sa citoyenneté, serait-il fidèle patriote. Pour Al-Qaïda, tous les Occidentaux sont en eux-mêmes des Américains, donc des cibles aléatoires des attaques. Mais cela dépasse le monde créé par la presse écrite et suppose un autre univers médiatique.

Médias visuels et terrorisme

Comme souvent en politique, les lieux communs ont une vérité. Du 11 Septembre on a dit et redit que le plus frappant fut que le monde entier pût assister en direct à l'attentat, et que de fait, en des endroits divers du monde, des téléspectateurs surpris assistèrent à la chute du deuxième avion sur le World Trade Center, qui mérita un temps son appellation de centre du monde. Immédiatement, même sans savoir exactement ce qui se passait, l'idée que les

États-Unis étaient attaqués a été retenue comme seule compatible avec la stupeur éprouvée. C'est le seul attentat qui non seulement fut si meurtrier en si peu de temps, mais qui transforma l'ensemble des citoyens du monde en spectateurs.

Or, comme le note Régis Debray, l'histoire du terrorisme n'est pas seulement une histoire « des moyens de faire mal » – en quoi il ne se distinguerait pas des autres sortes de guerre –, mais aussi « des moyens de faire peur ». C'est en cela que l'approche « par le médium » est utile. Les médias visuels sont en effet un moyen de faire peur qui a changé l'histoire du terrorisme : « La terreur ne vaut que par son bruit ; son efficace, dans l'espace et dans le temps, progresse avec les machines à communiquer.[1] » C'est par la médiation du spectacle que la terreur se propage.

Là encore toutefois, il n'y a pas de causalité directe. Rien ne peut supprimer la distance entre l'épouvante qui saisit le témoin oculaire de la terreur qui s'immisce chez le spectateur. L'image, comme le remarque Wolfgang Sofsky, a la propriété d'« épargner la panique et l'épouvante des hommes sur les lieux de la catastrophe[2] ». La panique et l'épouvante sont réservés à l'*hic et nunc*. C'est parce qu'on ne peut rejoindre l'affect immédiat, que l'on sait inaccessible, que l'on peut, comme spectateur, faire fonctionner l'emprise de la terreur. Celle-ci suppose en effet une temporalité, une lenteur, une indétermination du danger qui contraste avec la surprise de la catastrophe, tout en étant produite par elle. C'est encore comme temporel que doit s'appréhender le déchirement de la réalité : que la ruine et le massacre aient été prévus signifie que, pendant que le quotidien enchaînait les jours et les nuits, se tramait l'interruption de la continuité.

---

1. Régis Debray, « Le passage à l'infini », in *Les Cahiers de médiologie*, art. cité, p. 11.
2. Wolfgang Sofsky, *L'Ère de l'épouvante. Folie meurtrière, terreur, guerre* (2002), trad. par R. Simon, Paris, Gallimard, 2002, p. 189.

L'épouvante, que Sofsky tient pour l'affect essentiel de celui qui subit une attaque soudaine, n'est toutefois pas réservée au terrorisme. Le tsunami aussi est épouvantable et s'est préparé souterrainement. La mise en place de la terreur après l'événement requiert la conscience d'une intention humaine. Pour révéler cette volonté, la presse semble suffire, et l'attentat peut se réduire à une simple propagande par le fait. Mais sa répercussion en écho sur tous les écrans du monde est assurée par les médias visuels et suscite la terreur. Car ce qui se répercute ainsi est aussi le plus difficilement transmissible : la mort immédiate.

Le terrorisme est l'accès à la violence par le spectacle, c'est-à-dire par un singulier sentiment de sécurité qui ne fait pourtant pas éprouver, comme devant la mer déchaînée, qu'il est doux de se tenir sur le rivage. Le passage dans cette violence pure de la mort massive des autres à celle du combattant lui-même non pas en vertu d'un risque ou d'un enjeu, mais d'une instrumentation de sa mort en vue de la mort des autres, peut se comprendre comme un accomplissement de cette logique nouvelle de la terreur. Celle-ci ne fonde pas, comme chez Hobbes, un calcul raisonné des gains et des pertes, mais alimente la jouissance de la violence, comme répétition de la mort – et de la mort surmontée. Le média visuel permet une telle répétition. Si le 11 Septembre reste sur ce point encore emblématique, c'est que les images de l'attentat ont défilé en boucle durant plusieurs journées.

Le spectacle, ici, contribue donc à l'abandon de toute zone d'immunité et de neutralité sur le plan psychologique lui-même. La crainte de la mort violente, dans l'état de nature hobbésien, me fait agir : je verrouille ma porte durant mon sommeil[1]. Je surmonte ma peur de la mort par

---
1. Thomas Hobbes, *Le Citoyen, ou les fondements de la politique* (1642), trad. S. Sorbière, Paris, Flammarion, coll. « GF », préface, p. 72.

une précaution. La peur de la mort rend les hommes prudents dans la vie, tant qu'elle demeure de l'ordre du risque, et se pense comme conséquence des actes du sujet. Les images en boucle d'un attentat nous font comprendre l'inanité de toute prudence comme de toute précaution. Le spectacle de l'attentat me procure à la fois le sentiment de surmonter ma peur de la mort et m'indique qu'il s'agit d'une illusion, c'est-à-dire d'un jeu d'images. Comme tout jeu, l'illusion ne dure que le temps de l'emprise. D'où la nécessité, pour surmonter la peur de la mort, non pas d'une routine accomplie sans conscience – comme le sont les rites par lesquels nous veillons imaginairement ou réellement sur nous-mêmes –, mais de rester indéfiniment devant son poste de télévision, malgré l'horreur que le spectacle nous inspire. Cette fascination – en son sens propre d'attirance mêlée de répulsion – est jouissance de la peur de la mort surmontée, et « même celui qui au début était encore partagé entre l'attirance et la répulsion pénètre dans le cercle de la fascination[1] ».

Par cette simple opération visuelle, l'entretien du sentiment de la menace devient l'instrument même de l'autoconservation imaginaire de chacun, au moment même où la menace est universellement ressentie. Le spectacle de la violence permet de répéter à bon compte l'expérience de la peur surmontée, mais il associe la vie et la mort, la menace et la conservation. Chacun fait l'expérience de cette sorte de victoire qui se nomme la survie. C'est à Elias Canetti qu'est empruntée cette notion de survie. Un hobbésien ne survit pas, mais fuit le danger. Le spectateur d'un attentat survit au danger, car il le vit imaginairement. Mais sa vie dépend alors de l'expérience du spectacle de la violence. Le goût des images violentes est tentative de répéter l'expérience de la survie. Chez Canetti, ce sentiment de la survie

---

1. Wolfgang Sofsky, *L'Ère de l'épouvante, op. cit.*, p. 16.

est une expérience de la puissance[1]. On se trouve dans la situation d'avoir survécu quand on assiste à la mort de l'autre. Le spectacle de la violence fait massivement de nous des survivants. Mais l'expérience de la survie brouille le partage du criminel et de la victime. C'est comme « survivant » que Baudrillard parle de « complicité inavouable » avec les terroristes[2]. Le spectacle rend complice par l'expérience de la survie. Comme le remarque Canetti, survivre, c'est comme avoir tué l'autre. La première manière de chercher à survivre est de tuer l'autre.

Si les terroristes modernes se font eux-mêmes bombes, c'est qu'ils sont les premiers à jouir de ce spectacle. Dire que sans ce spectacle leur action ne serait pas efficace c'est encore méconnaître la logique de la destruction. Leur propre jouissance passe par l'existence des grands médias démocratiques. Ce sont eux qui les font à la fois martyrs et héros : des « vedettes ». Comme le martyr, le terroriste est témoin et spectateur de la mort d'autrui. Comme le héros, il survit en tuant. Les bombes humaines actuelles enregistrent une vidéo de leur testament qui assure leur gloire posthume et joue probablement le rôle de l'ultime récompense, bien plus forte métaphysiquement que les prétendus anges et vierges censés venir les accueillir au paradis. La différence entre martyr, héros et célébrité vient, selon Zygmunt Bauman, de la différence des actes et des spectacles. Pour cette raison, il voit dans le terrorisme actuel un mélange de martyre et d'héroïsme. Toutefois, si l'on prend la mesure de l'importance du spectacle de la terreur, on peut se demander si les raisons d'agir des kamikazes modernes ne se diluent pas – pour reprendre la métaphore de Bauman – dans une logique de destruction qui assure leur célébrité[3]. L'accès à la notoriété n'est pas une des

---

1. Elias Canetti, *Masse et Puissance* (1960), trad. de l'allemand par R. Rovini, Paris, Gallimard, 1966, rééd. coll. « Tel », p. 24.
2. Jean Baudrillard, *L'Esprit du terrorisme, op. cit.*, p. 12.
3. Zygmunt Bauman, *La Vie liquide, op. cit.*, p. 68.

moindres raisons de devenir *shahid*. On ne peut pas non plus méconnaître la motivation, pourtant souvent moquée, de l'aspiration à l'immortalité dans la candidature à l'attentat-suicide. Mais elle n'est pas séparable de l'accès à la notoriété, non pas parce que le *shahid* se contenterait de la renommée posthume, mais en raison de l'acte de semer la terreur tel que les médias visuels le répercutent. L'immortalité est acquise par le fait même de provoquer l'effroi, si l'on suit l'analyse canettienne et sofskienne de la survie. Si « l'illusion de l'immortalité se nourrit de voir mourir les autres », le ressort psychologique de l'attentat-suicide tire son efficacité du spectacle de la terreur[1]. Les arguments qui tentent de justifier le terrorisme actuel par des motifs politiques raisonnables comme la légitime défense ou la conservation ne rendent pas compte de cette spécificité du rapport à la mort de celui qui se sert de lui-même pour frapper aveuglément et tuer le plus de personnes possible : « La soif de survie porte en elle-même la puissance de la violence[2]. » Le spectacle de la terreur nous porte indistinctement à la guerre et à la violence. Ainsi les terroristes retournent-ils contre eux-mêmes les médias de la démocratie, lesquels ne sont pas tant suicidaires que renvoyés à une ambivalence inscrite dans leur propre fonction de répercussion de l'information. En tout état de cause, le nihilisme terroriste n'est ce qu'il est que par ignorance de ses propres ressorts. Son opposition déclarée à la société du spectacle est en vérité traversée par le désir de lever le voile sur des potentialités pourtant destinées à rester refoulées.

Faut-il pour autant incriminer les images ? Il semblerait que les terroristes du 11 Septembre comme les kamikazes palestiniens retournent contre elle-même la culture de l'image, haïe des islamistes. Mais ce qui est en question dans le spectacle de la terreur est, plus précisément que

---

1. Wolfgang Sofsky, *L'Ère de l'épouvante*, *op. cit.*, p. 17.
2. *Ibid.*, p. 18.

l'image, le visuel. La différence entre l'image et le visuel ne tient pas à la part d'invisibilité contenue dans l'image, car c'est par erreur que l'on confère au « visuel » une vocation à la transparence. Visualiser n'est pas éclairer. Les images du 11 Septembre ne montraient rien de plus qu'un écran de fumée. La différence tient à ce que l'image appelle un commentaire, tandis que le visuel nous laisse cois[1]. Le visuel déferle en flux tandis que l'image apporte un cadre à la vision. C'est le visuel qui donne le sentiment d'abolir la distance entre la chose vue et le spectateur, alors même que ce qui s'éprouve ne s'éprouve que dans cette distance. La masse des spectateurs laissés sans voix devant la violence ne peut faire assemblée.

Marie-José Mondzain nous permet de saisir le lien entre la conception occidentale de la démocratie et celle de l'image. Ce n'est pas un hasard si la démocratie, en tant qu'elle requiert jugement et pensée, a mis l'image à son service. L'image en tant que telle contient une adresse et met l'altérité en place. Elle ménage un espace vide et une distance capables de laisser de la place pour l'autre. Mais de même que la souveraineté du peuple a pu se retourner en pouvoir totalitaire par mépris du caractère symbolique du pouvoir[2], de même le règne de l'image montre son envers terroriste possible dès lors que la distance vise à s'abolir et qu'elle se transforme en simple fait visuel. Tout terrorisme procède d'une abolition de l'écran entre lui et moi : c'est bien pourquoi ce spectacle colle si désagréablement au regard.

Le héros et le martyr appellent l'image et la légende : il y a toujours à dire à leur sujet. Le terroriste d'aujourd'hui mène à son extrême tension la propagande par le fait en allant jusqu'à chercher à créer sa propre adresse dans cette assemblée

---

1. Marie-José Mondzain, *Image, icône, économie. Les sources byzantines de l'imaginaire contemporain*, Paris, Seuil, 1996, p. 11.
2. Claude Lefort, « La logique totalitaire » (1980), in *L'Invention démocratique*, Paris, Fayard, 1981, rééd. 1994, p. 85-106.

muette de tous les spectateurs du monde. C'est de la masse des spectateurs terrorisés ou enthousiasmés que les terroristes attendent l'effectuation de leur acte et la reconnaissance de celui-ci. Ils sont plus proches de Richard Durn que du caporal Lortie, pour reprendre la distinction établie par Jean-Pierre Lebrun entre deux faits divers ayant diversement défrayé la chronique [1]. On sait qu'à la différence de l'attaque menée par le caporal Lortie contre le Parlement québécois en 1984, qui s'apparente à un crime politique classique, accompli pour des raisons symboliques, les coups de feu mortels tirés par Richard Durn sur le conseil municipal de Nanterre ont valeur de « moyen d'expression » et sont adressés à tous les spectateurs du fait divers. Comme l'a rappelé Charles Melman, Richard Durn n'était pas psychotique et son acte mérite plus la dénomination d'*acting out* que de passage à l'acte, « dans la mesure où il s'agit de se faire voir, où il s'agit de se montrer, où il faut qu'il y ait du spectacle, il faut qu'il y ait des spectateurs [2] ». Quand la mort devient l'acte duquel on attend la validation d'une adresse, non seulement elle suppose les médias, mais la propagande par les actes subit un curieux retournement : désormais, s'exprimer ce n'est plus parler, mais faire parler de soi.

Contrairement à ce que le terme semble indiquer, les médias ne font pas médiation [3]. Les médias actuels servent à leur insu de canal au nihilisme contemporain. Le statut de la négation change en effet aussitôt que la médiation disparaît. La négation ne peut plus être médiatrice et bascule vers le rien nihiliste. Elle ne peut plus, comme le zéro en arithmétique, servir à compter, offrir l'appui d'une place vide et d'une place d'exception capables de laisser place à l'altérité.

---

1. Jean-Pierre Lebrun, *La Perversion ordinaire*, op. cit., p. 45.
2. Charles Melman, *Pour introduire à la psychanalyse aujourd'hui*, op. cit., p. 266.
3. Marie-José Mondzain, *L'Image peut-elle tuer ?*, Paris, Bayard, 2002, p. 59.

Dans le nihilisme, c'est le rien, promu au rang d'objet positif, qui interdit le fonctionnement de la négation. Ainsi le héros et le martyr, en sacrifiant leur vie, s'adressaient-ils à un au-delà ou à un en deçà, dieu, ancêtres ou descendance, c'est-à-dire à un lieu déterminé dépositaire des significations de leur acte. Si l'on peut être sûr que, malgré la référence théologique qu'ils allèguent, ce n'est pas le cas des terroristes actuels, lesquels s'inscrivent au contraire dans l'histoire du nihilisme, c'est qu'ils ont besoin de s'adresser à tous pour que leur acte répercute d'eux-mêmes moins une image au sens strict que la retransmission de la destruction qu'ils ont causée. La négation est opératoire pour un sujet quand elle sert à décompléter le tout, selon le geste inaugural de Platon dans le *Parménide*. Dans le nihilisme, elle se supplée au tout. C'est le tout lui-même qui doit donc devenir le rien. La promotion du rien en objet est rendue possible par l'effacement du rôle opératoire, et donc médiateur, de la négation. En l'absence de médiation et de négation opératoire, le sujet ne peut savoir où est sa place. Comme les flux visuels, meurtre et spectacle marchent en boucle. L'un appelle l'autre. Le massacre appelle les yeux de tous les spectateurs, lesquels se retrouvent tous unis, en masse, dans le spectacle du massacre. Le terrorisme est structurellement la forme de guerre qui correspond à l'enlisement dans la figure non du tout, mais en quelque sorte du « tous », caractéristique de la « perversion ordinaire » selon Jean-Pierre Lebrun. En effet, « lorsque nous avons affaire à un "tous" complet, la violence cherche son interlocuteur et, faute de le trouver, s'adresse à tout le monde ou se retourne contre le sujet qui ne trouve à qui s'adresser [1] ».

C'est cette « perversion ordinaire » qui nous oblige à reprendre sans cesse le projet tocquevillien d'instruire la démocratie – plutôt que d'instruire son procès. La démocratie, en effet, a vocation à maintenir ouvert le lieu de la

---

1. Jean-Pierre Lebrun, *La Perversion ordinaire*, *op. cit.*, p. 45.

négation. Une négation opératoire rend possible une division. Or la division est le propre de la démocratie, non seulement parce que l'éthique démocratique respecte la division du sujet, sans sonder le degré d'engagement de chacun, mais parce qu'au niveau institutionnel la liberté est garantie par un lieu vide, conséquence du fait que le pouvoir n'est plus incarné dans un corps monarchique et n'appartient à personne. Comme le dit Claude Lefort, « à considérer ce phénomène, l'opération de la négativité se confond avec l'institution de la liberté politique [1] ». Par conséquent aussi, la démocratie vit du dissentiment et s'oppose à l'incorporation totalitaire de la société dans un « peuple-un », un grand « nous » indivisé et autosuffisant [2]. On ne peut dès lors s'étonner que les voix dissidentes prennent une tournure « négationniste » (l'attentat du 11 Septembre comme complot des services secrets israéliens), car c'est encore une déclinaison de la négation nihiliste.

Toutefois, si le terrorisme anarchiste est fils de la presse, le spectacle de la terreur n'est pas encore spécifique du terrorisme actuel. Qu'il l'utilise comme il utilise la presse ne permet pas de conclure que tel est là son médium spécifique. La tentative de réaliser un « peuple-un » communiant dans le spectacle de la mort s'apparente encore à une logique totalitaire qui rend compte partiellement mais pas entièrement du terrorisme actuel. Si le projet totalitaire n'est pas absent du terrorisme actuel, celui-ci invente aussi une nouvelle forme de violence politique, dont de nombreuses coordonnées nous échappent encore. La spécificité technique de son efficace réside moins dans les médias visuels traditionnels que dans la nouvelle forme de communication inaugurée par Internet.

---

1. Claude Lefort, « Les droits de l'homme et l'État-providence », in *Essais sur le politique. XIXe-XXe siècle*, Paris, Seuil, 1986, p. 39.
2. *Id.*, « La logique totalitaire », in *L'Invention démocratique, op. cit.*

« Il n'y aurait pas d'Al-Qaïda sans l'Internet »

Gilles Kepel a frappé l'opinion en l'affirmant dans le journal *Le Monde* en 2006 : « Il n'y aurait pas d'Al-Qaïda sans l'Internet. » Il y a stricte concomitance : « Le basculement dans le terrorisme mondial se fait à partir du moment où Internet commence à être efficace, c'est-à-dire la deuxième partie des années 1990[1]. » Le mot choisi par Ben Laden pour dénommer son organisation joue sur l'ambiguïté, présente en arabe, de la « base » au sens militaire et au sens informatique.

L'efficacité d'Internet se présente à plusieurs niveaux. Loin de constituer une réhabilitation de l'écrit, comme on le présente parfois, Internet transgresse les limites de la visibilité. Comme le note Régis Debray, le projet télévisuel est de saisir la spontanéité, l'expression du visage qui échappe au contrôle de soi, et de capter sur le vif ce que le sujet aurait aimé laisser caché[2]. D'où une inévitable morbidité, la mort représentant tout à la fois la limite de la maîtrise de soi, l'acmè de la spontanéité et le domaine par excellence de la pudeur et de la discrétion, elle est l'objet même de la curiosité visuelle. L'effet de masse de la télévision est toujours compromis par les limites de ce qu'elle offre au regard. Si elle semble satisfaire ce que Lacan appelle la « voracité de l'œil », elle la frustre nécessairement dans le même temps[3]. On ne voit rien à la télévision, malgré les efforts des reporters, captifs de la demande sociale, pour repousser la limite de ce que l'œil le plus avide peut tolérer. Les images d'un attentat sont particulièrement décevantes : tout va trop vite et l'horrible cache tout. Internet ne souffre pas

---

1. Gilles Kepel, « Il n'y aurait pas d'Al-Qaïda sans l'Internet », in *Le Monde*, 19 janvier 2006.
2. Régis Debray, *Vie et mort de l'image. Une histoire du regard en Occident*, Paris, Gallimard, 1992, coll. « Folio », p. 484.
3. Jacques Lacan, *Les Quatre Concepts fondamentaux de la psychanalyse, séminaire XI (1964)*, Paris, Seuil, coll. « Points », leçon du 11 mars 1964, p. 131.

de tels obstacles. L'horreur se voit sur l'Internet, non à la télévision. C'est par l'Internet que le crime commis contre le journaliste Daniel Pearl a été connu et vu. Les vidéos des kamikazes circulent aussi sur l'Internet. Le réseau des sites accessibles dans le monde entier conjugue pour la première fois recrutement et effet de terreur.

Le paradoxe des effets de mondialisation de l'Internet réside dans la fragmentation – fondamentalement différente de la télévision. Les nouvelles techniques de télédiffusion par satellite permettent que partout, si on le souhaite, on puisse voir la même chose. À côté de la télévision, l'Internet paraît le lieu de la complexité. C'est un labyrinthe dans lequel il n'est pas aisé d'accéder à ce que l'on cherche. Certains sites se cachent, comme ceux des jihadistes. L'Internet suppose une initiation. Le réseau informatique assure de nouvelles cachettes. Mais il permet aussi de nouvelles possibilités de communication directe. Plus encore que les médias visuels traditionnels, l'Internet supprime la médiation. Si l'usurpation par une minorité du monopole de la violence attaque la démocratie en s'appropriant le lieu vide du pouvoir au nom même d'une conception de l'individualité libre et en comptant sur la presse, comme ont fait les anarchistes russes, si les terrorismes soutenus par les régimes totalitaires retournent le principe de la souveraineté populaire en prétendant incarner le « peuple-un », uni contre l'oppresseur grâce au spectacle de la terreur, le terrorisme actuel a besoin de l'Internet pour retourner contre elle-même la démocratie délibérative et communicative.

Même si le terrorisme actuel hérite du totalitarisme autant que de l'anarchisme, il a renoncé à l'un comme à l'autre, pour emprunter une nouvelle voie, qui passe par la fragmentation, la désunion assumée des groupes et des individus, par la sinuosité et la délocalisation. Le modèle du panoptique, applicable à la société télévisuelle, cesse d'être pertinent pour l'Internet. Il cède la place à celui du réseau. Le terrorisme peut frapper partout car on peut se connecter partout sur un site dont on peut ignorer dans quel pays il a été mis en ligne.

Le champ de bataille est la « toile » elle-même, et, avant de tuer, le terrorisme se présente comme une guerre d'information entre les services de sécurité et les sites sur lesquels se font les recrutements et se préparent en partie les attentats. C'est même la raison pour laquelle les terroristes reviennent, afin de perpétrer l'attaque, aux recettes patentées des espions traditionnels. Mais si le contact humain et l'échange oral apparaissent comme les seules valeurs sûres, ce n'est pas par antimodernisme, mais modernisme accompli. C'est la connaissance du champ et son usage qui permettent d'en contourner la limite.

Si la presse sert, dans le terrorisme, à expliciter la propagande par le fait, à relayer ou à imaginer des revendications et des causes, si le spectacle médiatique unifie les victimes réelles ou menacées en une grande communauté fusionnelle, le réseau Internet fabrique la société rivale et virtuelle à laquelle adhèrent les jihadistes. De même que c'est parce que la presse a vocation à laisser s'exprimer minorité et individualité et que l'image en tant que telle éduque à la liberté, de même le réseau Internet semble constituer un nouvel espace public réalisant les conditions d'une démocratie mondiale. L'Internet semble renouer avec l'esprit fondateur de la démocratie. De même que l'écrit a assuré l'égalité devant la loi – impossible à garantir si celle-ci n'est pas écrite –, de même Internet semble promettre l'égalité devant le savoir, l'information et la consommation. Avec l'Internet, la distance de l'individu avec les centres de diffusion du savoir, les instances de décision ou les grands centres d'échange des biens disparaît. D'où l'idée, comme le remarque Jean-Michel Besnier, d'une technique « proprement rédemptrice » qui « lèverait les obstacles dressés par l'Histoire sur le chemin de la liberté [1] ».

---

1. Jean-Michel Besnier, « Laïciser Internet : les tics et le temps », in *Raison publique*, n° 2, avril 2004, p. 41.

Si l'on peut s'interroger sur la valeur de cette nouvelle utopie, c'est que la communication en démocratie passe par la délibération commune. Tel est le sens du « sens commun » qui constitue l'idée de démocratie. Cette délibération est pensée depuis Aristote comme discussion publique, actualisation du *logos* politique. Dans cette tradition, la communication publique est une école de la prudence où le point de vue de l'autre modère la radicalité du mien en apportant un complément de jugement[1]. Or on peut douter que les échanges sur le Web satisfassent non seulement au protocole mais aussi à l'esprit et à l'effet de ce que l'on pourrait attendre d'une « e-democratie ». À les observer, on remarque que les échanges portent au contraire à radicaliser les positions, comme l'a montré Cass. R. Sunstein après l'étude de discussions menées sur l'Internet[2]. Plus encore que la télévision qui me permet de « zapper » quand ce que j'entends et vois me déplaît, la communication par l'Internet me conforte dans mon point de vue : je vais de site en site, en fonction de ce qui me convient. Elle favorise ce que Sunstein appelle une « polarisation ». L'altérité qui pouvait encore subsister à la télévision, quand l'image n'était pas complètement rabattue sur le visuel, peut être aisément contournée sur le réseau Internet. Si l'échange avec autrui nous conduit à consentir à une perte, la perte de l'assurance en nos propres convictions, le « surf » sur la toile n'apporte que des gains de certitude. Le « Net » réalise la communauté à laquelle aspirent les terroristes. Dans l'idéologie islamiste, elle fonde l'*umma* virtuelle et numérique à laquelle les attentats se réfèrent.

Ce sont donc les effets de groupe que favorise l'Internet. La hiérarchisation des sites en fonction de leur fréquenta-

---

[1]. Aristote, *Politique*, III, 11 op. cit., p. 222 sq.
[2]. Cass. R. Sunstein, « Délibération, nouvelles technologies et extrémisme », in *Raison publique*, n° 2, avril 2004, p. 14 sq.

tion dans le moteur de recherche Google le montre bien[1]. À la jonction de l'individu et de la masse, le groupe, particulièrement le groupe virtuel, permet à des individus isolés dans la masse de créer un lien par lequel ils s'isolent ensemble de la masse et en même temps se fondent en elle, par le chemin labyrinthique qui permet d'aller, sur l'Internet, du plus accessible au plus secret – tout en restant en ligne.

La promesse de transparence participe de ce même idéal fusionnel. La transparence ne produit que l'illusion de la démocratie, et elle n'est que l'effet de l'éclipse de l'altérité et la disparition de la médiation. Elle favorise la fusion et la polarisation. À la promouvoir comme idéal, on considère que la démocratie réside entièrement dans l'accès à l'information et dans la capacité éventuelle à exprimer une opinion, pas dans la confrontation requise par la délibération. Comme le dit bien Jean-Michel Besnier, l'usage du numérique et l'espoir mis en lui d'une démocratie électronique mécaniquement suscitée par la connection au réseau « révèle que, chez les modernistes, le concept de démocratie connote davantage la consultation que la confrontation des opinions[2] ». Toute médiation peut bien alors être dénoncée comme « opacifiante » alors que l'idéal régulateur de la confrontation des opinions suppose la reconnaissance d'une instance tierce, médiatrice, et le consentement à une modification subjective grâce au détour par l'altérité. L'Internet permet de supprimer l'« influence » que nous pouvons avoir les uns sur les autres et favorise le clivage pervers en assurant une socialisation de la haine qui aide à soutenir la séparation entre une adaptation affichée à la société haïe et le ressentiment. C'est ce type de clivage du dévouement et de la haine qui contribue en effet au devenir terroriste[3].

---

1. Bernard Stiegler, *Aimer, s'aimer, nous aimer, du 11 Septembre au 21 avril*, Paris, Galilée, 2003, p. 78.
2. Jean-Michel Besnier, « Laïciser Internet : les tics et le temps », art. cité, p. 37.
3. Serge Tisseron, « Logiques du clivage », in *Les Cahiers de médiologie*, n° 13, premier semestre 2002, p. 233 *sq*.

Mais surtout la démocratie est une forme de temporalité. Elle requiert une installation de la durée, nécessaire à l'émergence des effets de transformation d'une parole sur une autre. Ce temps est celui de la finitude, puisque à la place de la transcendance fondant l'autorité de l'Autre incarné, la démocratie laisse subsister un lieu vide. La fragilité constitutive de celle-ci consiste à entretenir le respect de ce lieu de l'Autre, tout en le laissant vide. Si les démocraties semblent exiger une grande discipline de la part de leurs citoyens, c'est que ceux-ci doivent à la fois respecter l'autorité de l'institution, s'accommoder d'une dissymétrie qui tient par structure à la répartition des places d'autorité et en même temps savoir qu'aucune source transcendante ne garantit la légitimité de la place d'exception. À l'éternité de l'autorité transcendante se substitue la succession des représentants. La mémoire des hommes et la culture ont alors vocation à remplacer la transmission par la voie de la tradition.

Si le médium électronique peut entretenir l'hostilité à la démocratie, c'est que la temporalité de l'Internet n'entretient pas la mémoire requise à l'exercice démocratique. Comme le montre Jean-Michel Besnier, cela se décline en plusieurs sens. Il n'est pas sûr que l'Internet ait une mémoire. Les problèmes de conservation sont d'autant plus importants que l'innovation technologique est rapide[1]. Le sens et la valeur de la durée comme régulateurs de l'échange et facteurs de toute décision ont tendance à s'éclipser devant un éternel présent, changeant et oublieux, et au profit d'une « fuite dans l'instantané[2] ». La préparation de l'avenir, en démocratie, incombe en principe à chaque génération soucieuse de remplir son devoir à l'égard de la suivante, si nul secours ne peut être attendu de la tradition et de la religion. Mais cette dimen-

---

1. Jean-Michel Besnier, « Laïciser Internet : les tics et le temps », art. cité, p. 41.
2. *Ibid.*, p. 44.

sion suppose la mise en place de la dimension temporelle. Or c'est à une « mise hors jeu du temps » que l'on assiste avec le développement des nouvelles technologies cognitives, dont les techniques de l'information et de la communication font partie [1].

Certes, toute innovation technologique est propre à susciter des rêveries eschatologiques : fin du monde ou aube nouvelle sont tour à tour promis dès qu'un tournant de l'histoire est amorcé. Mais, comme le remarque encore Jean-Michel Besnier « la religiosité secrétée par les extrapolations élaborées à partir des TIC va sans doute plus loin que cet empressement infantile à réenchanter le monde [2] ». Il y a selon lui une religiosité propre aux technologies de l'information, qui se déploie à la faveur d'une insuffisante réflexion sur la technique et ses usages. À la nouvelle version de l'éternité fondée sur les attributs de l'instantanéité, de l'oubli et de la négligence du futur, s'adjoint en effet une forme inédite d'aspiration à la totalité. La communication fait communauté. Que celle-ci soit censée être ouverte et dynamique ne doit pas occulter le fait qu'en se débarrassant des obstacles de l'espace et du temps, elle aspire à réunir tout le monde. Elle apparaît parfaitement congruente avec l'aspiration religieuse traditionnelle. La religion ne désigne pas seulement un rapport à la transcendance *(relegere)*, mais, selon une seconde étymologie latine *religare*, « la mise en continuité horizontale des membres de l'espèce humaine [3] ».

Il n'est donc pas étonnant que le terrorisme islamiste ne soit pas technophobe, ni que les nouvelles technologies apparaissent comme une possibilité de ranimer la tradition, voire de remonter à sa source. La technique, chez les islamistes, n'est pas instrumentalisée, mais promue au rang de

---

1. *Ibid.*, p. 44.
2. *Ibid.*, p. 45.
3. Jean-Michel Besnier, « La société de l'information ou la religion de l'insignifiance », in *Revue européenne des sciences sociales*, n° 123, 2002, p. 150.

fin. Les techniques de la communication donnent à la notion d'utopie un sens littéral qui peut être investi par les islamistes terroristes. L'*umma* peut recevoir un contenu purement virtuel, n'être nulle part et se réaliser partout *hic et nunc*. Le projet d'une identité universelle, analysée par Olivier Roy comme fondement de l'islamisme contemporain, se comprend par cette nouvelle utopie. Si Qotb et les Frères musulmans ont élaboré une conception révolutionnaire de l'islam, celle-ci n'aurait peut-être pu servir à mondialiser le terrorisme sans l'appui de la nouvelle eschatologie de la communication. Mais cette religion est une religion désarrimée de son ancrage traditionnel, une « religion de l'insignifiance » – pour reprendre l'expression de Jean-Michel Besnier – qui ne reconnaît plus aucun point fixe.

Conclusion

Le fil qui noue cet étrange amalgame au nihilisme apparaît clair. Toute eschatologie ouvre sur le néant. La promesse d'une aube nouvelle et l'annonce du déclin témoignent du même passage mental à la limite. Quand la négation n'est plus opératoire, elle ne peut plus remplir sa fonction de coupure et de lien. Ainsi la démocratie, qui repose sur la négation opératoire, le lieu vide et la division du sujet, est-elle à l'opposé du nihilisme. Mais la constitution par évidement de la démocratie permet aussi de comprendre en quoi le nihilisme est la première menace qui guette la démocratie. Il est nécessaire que les formes du nihilisme varient avec les moyens inventés par la démocratie pour se développer. Dans l'optique tocquevillienne d'une instruction de la démocratie, les détournements nihilistes des médias démocratiques sont riches d'enseignement. Qu'il n'y ait « pas d'Al-Qaïda sans l'Internet » ouvre sur une réflexion normative sur le sens et l'éthique de la démocratie ; elle vise par exemple, selon Jean-Michel Besnier, à « rétablir un lien social fondé sur le corps, la parole et la loi[1] ».

Si la menace prend la forme d'une guerre d'autant plus meurtrière qu'elle s'enracine dans un monde virtuel persuadé de son universalité, elle est indissociable d'une nouvelle jouissance, celle qui s'attache précisément au « rien ». « Surfer » sur l'Internet, c'est « se *scotcher* » devant l'écran. L'Internet découvre un infini qui sidère le sujet, le laissant immobile et collé, prêt à n'importe quel acte. Si la démocratie peut toujours offrir une prise au nihilisme, c'est aujourd'hui de cette manière. Curieusement, Jean-Michel Besnier repère dans ce nihilisme contemporain une convergence avec certains traits du bouddhisme, « l'impermanence, l'interdépendance et la vacuité[2] ». Celui-ci est aussi éloigné de la véritable tradition du Bouddha que celui dont Nietzsche repère les effets dans l'Europe de la fin du XIXe siècle. Le bouddhisme réel est d'autant plus haï des terroristes islamistes qu'il leur fait concurrence en Asie et entre de fait en interaction culturelle avec l'islam pour la majorité de la population[3]. En opposition aux deux théories symétriques de l'hétérogénéité des cultures – le « choc » des civilisations – et de leur uniformisation sous le coup de la mondialisation, le terrorisme actuel nous contraint à concevoir la réapparition du « désir d'en finir avec la finitude[4] ».

La relation ambiguë du terrorisme à la modernité peut se comprendre comme un tel refus du caractère irréversible du temps. Le succès de l'islamisme dans la classe des techniciens et des ingénieurs montre que la domination technologique n'est pas en elle-même tenue pour incompatible avec la cause de l'islam. Alors même que le terme de *jihad*

---

1. *Ibid.*, p. 46.
2. *Ibid.*, p. 148.
3. Aminah Mohammad-Arif, « Au(x) pays de Rama et d'Allah : l'islam dans le sous-continent indien », in Andrée Feillard (dir.), *L'Islam en Asie, du Caucase à la Chine*, Paris, La Documentation française, 2001, p. 89.
4. Jean-Michel Besnier, « La société de l'information ou la religion de l'insignifiance », art. cité, p. 149.

semble renvoyer à la tradition, les moyens mis en œuvre pour le mener contraignent à une sympathie forcée avec la technique, retournée contre elle-même dans les manières les plus sophistiquées de perpétrer des attentats, par exemple se servir d'un avion civil comme d'une bombe. Comme le dit Jean-Pierre Dupuy, c'est « en se moulant dans la modernité et en exploitant à fond les moyens de sa puissance » que cette contestation de la modernité parvient à ses fins de destruction [1]. Tel est le premier indice de la confusion délibérée des registres temporels.

Au-delà de l'usage des objets de la technique, la place des femmes dans le terrorisme participe de cette ambivalence de la relation à la modernité et pousse à son terme la confusion des temps. Le terrorisme, du nihilisme révolutionnaire russe aux différents mouvements d'action directe d'extrême gauche des années 1970, est toujours apparu comme une forme de violence compatible avec la féminité ; c'est là qu'on vit pour la première fois émerger de grands leaders féminins, dont Fusaka Shinogobu est la figure emblématique. Le premier attentat meurtrier des anarchistes de formation nihiliste fut le fait d'une femme, Vera Zassoulitch, qui tua en 1878 le général Trepov d'un coup de revolver. La Fraction armée rouge était composée à parité d'hommes et de femmes [2]. Le terrorisme islamiste fit exception pendant un certain temps, mais si les femmes kamikazes sont minoritaires, le phénomène des *shahidas* est suffisamment important pour être remarqué et commenté [3]. De même que le premier attentat-suicide a été commis au Liban en 1983, c'est aussi au Liban que, le 9 avril 1985, la première femme kamikaze s'est fait exploser à l'approche

---

1. Jean-Pierre Dupuy, *Pour un catastrophisme éclairé. Quand l'impossible est certain* Paris, Seuil, coll. « Points », 2002, p. 29.
2. Anne Steiner et Loïc Debray, *La Fraction armée rouge. Guérilla urbaine en Europe occidentale*, Paris, Méridiens-Klincksieck, 1988, p. 82 *sq*.
3. Barbara Victor, *Shahidas, Femmes kamikazes de Palestine* (2002), trad. de l'anglais par R. Macia et F. Bouzinac, Paris, Flammarion, 2002.

d'un convoi militaire israélien. Sana Mheidleh était encore une adolescente, âgée de 16 ans à peine, et son exemple fut suivi à la fois par des jeunes filles et par des femmes adultes. À partir de 2002, les Palestiniennes offrent des candidates au suicide. Wafa Idris, 28 ans, la première d'entre elles, s'est fait exploser dans la rue Jaffa à Jérusalem. Le Hamas a commencé par désapprouver l'attentat-suicide des femmes, mais a modifié sa position sous la pression de l'opinion palestinienne, dans le cadre de sa rivalité avec le Fatah et les Brigades al-Aqsa. Le cheikh Yassine a ainsi déclaré que les femmes qui commettent un attentat-suicide seraient récompensées au paradis en devenant plus belles que les 72 vierges promises aux hommes martyrs. Le plus étonnant, pour la réflexion sur la temporalité démocratique, est que cette autorisation à devenir bombe humaine est perçue par les femmes palestiniennes comme un acte d'émancipation.

Au lieu de chercher à trancher dans l'ambivalence du rapport terroriste à la modernité, il faut peut-être essayer de chercher la raison de cette relation ambiguë dans le brouillage de la temporalité propre au nihilisme depuis son origine jusqu'à nos jours. C'est cette confusion des temps que l'on peut nommer messianisme.

Sixième partie

Terrorisme et messianisme

Le terrorisme repose sur un rapport au temps antagonique avec la temporalité démocratique car il est l'une des manifestations, en politique, d'une relation messianique à la temporalité. Le but de cette partie est de montrer que la forme de temporalité messianique que le terrorisme révèle rencontre les coordonnées subjectives de l'appréhension moderne du temps[1].

Le messianisme n'est pas attaché à une idéologie particulière, religieuse ou révolutionnaire, mais représente une structure indépendante qui peut se greffer indifféremment sur à peu près n'importe quel système de croyances. Le devenir des religions et des idéologies politiques dépend largement de la présence et de la place de l'élément messianique en elles. Si le messianisme ne requiert pas nécessairement une idéologie religieuse, il instaure toujours un rapport au temps. Il nous permet de comprendre que le terrorisme, à l'intérieur d'une même époque, puisse être indifféremment laïc ou religieux. On radicalise souvent à

---

1. Tel est le point de départ de la réflexion de Gérard Bensussan sur le messianisme : « Le messianisme est absolument moderne. Bien qu'issues d'une ancestrale tradition, les questions qu'il porte marquent sans conteste l'entrée en modernité de notre histoire » ; Gérard Bensussan, *Le Temps messianique, Temps historique et temps vécu*, Paris, Vrin, 2001, p. 15.

l'extrême la dimension religieuse du terrorisme islamiste, oubliant le grand nombre d'attentats commis par des laïcs, y compris au nom de l'islam. Si c'est le messianisme qui, comme nihiliste, est le vecteur du terrorisme, la différence entre une idéologie religieuse comme l'islamisme et une doctrine athée comme l'anarchisme russe n'est plus aussi importante.

C'est le messianisme qui permet également de comprendre le rapport ambivalent du terrorisme à la modernité. Il est lui-même à la fois conservateur et révolutionnaire. En effet, même si l'idéologie qui habille un mouvement messianique est conservatrice, celui-ci devient révolutionnaire en raison même de l'ouverture du temps sur l'impensable. Si c'est le cas, c'est que le messianisme comporte en lui-même une propension au nihilisme. Pour cette raison, le messianisme est un élément central de la compréhension du nihilisme particulièrement lorsque celui-ci prend la forme terroriste. L'auteur d'un attentat-suicide ne veut pas seulement détruire. Le désir de détruire laisserait intacte la question de savoir pourquoi tel candidat décide de se porter volontaire. La réponse à la question « Pourquoi lui et non un autre ? » réside nécessairement dans la croyance en une mission de laquelle le terroriste se trouve investi. Le passage à l'acte terroriste requiert le sentiment intérieur d'accomplir une mission salvatrice – ce qui constitue le cœur du messianisme.

Chapitre XII

Nihilisme et messianisme

Le messianisme désigne une forme de temporalité orientée par l'attente de ce qui est supposé nous sauver. Même si ce que l'on retient en premier lieu du messianisme est l'espoir, l'attente du salut se présente toujours comme réponse à un désespoir. Cela est vrai de tout mouvement millénariste, comme le souligne Jean Beachler : « Plus le désespoir est grand, plus l'espoir doit être démesuré pour le contrebalancer[1]. »

Mais on peut aussi se demander si le désespoir n'est pas suscité également, en retour, par l'attente du salut. L'attente du salut justifie la négation absolue qui constitue le nihilisme, négation dont il serait, d'un point de vue messianique, illusoire de croire qu'elle puisse être opératoire. Si la question « Que faire ? » a paru la question nihiliste, la question « Et après ? » est son prolongement messianique. Les deux aspects sont liés. Le nihilisme engendre le messianisme. L'espoir messianique est un espoir frappé de vanité, puisqu'il n'est pas concevable dans la suite ordonnée du temps. L'espoir messianique est un espoir fou – envers et vérité du désespoir.

---

1. Jean Beachler, *Les Phénomènes révolutionnaires*, Paris, PUF, 1970, rééd. La Table ronde, 2005, p. 105.

Messianisme et philosophie de l'histoire

Le messianisme, en son sens strict, semble incompatible avec les philosophies de l'histoire. Si, en Russie, le nihilisme apparaît au moment où s'éclipse la référence à Hegel, le nihilisme contemporain s'inscrit dans la disparition de la référence à Marx. Les philosophies de l'histoire de Hegel et de Marx ne sont pas au sens propre animées par l'attente du salut. La patience, chez Hegel, est aussi dans une certaine mesure celle de Marx. La patience est le temps lui-même, et elle est vouée à être récompensée par l'aboutissement du processus historique : le salut est inscrit dans le déroulement même de l'historicité. Pour Hegel, si l'histoire est toujours *in fine* histoire de la prise de conscience de l'esprit par lui-même, elle est concrètement histoire des progrès de la liberté politique. De même quoique inversement, pour Marx, c'est le dynamisme économique révolutionnaire de la bourgeoisie qui rend inéluctable son renversement par la révolution prolétarienne. Si dans les deux cas les hommes, grands ou pas, doivent mettre leur énergie et leur passion au service de l'histoire, c'est parce qu'ils ont tout à attendre de celle-ci. Plus qu'une dimension messianique, les philosophies de l'histoire déploient une téléologie [1]. Et si l'on tient à employer le terme de messianisme pour désigner l'attente d'une fin qui n'est pas de l'ordre d'un projet forgé et réalisé par la simple volonté, comme le fait par exemple Karl Löwith, alors il faut parler, comme Gérard Bensussan, d'un messianisme téléologique, afin de distinguer cette forme de messianisme des autres versions [2]. L'action des hommes qui épousent une philosophie de l'histoire peut être guerrière

---

1. Karl Löwith, *Histoire et salut. Les présupposés théologiques de la philosophie de l'histoire* (1953), trad. M.-C. Challiol-Gillet, S. Hurstelnet, J.-F. Kervégan, Paris, Gallimard, 2002.
2. Gérard Bensussan distingue le messianisme eschatologique du temps téléologique des philosophies de l'histoire qui, même si elles constituent une reprise sécularisée de celui-là, n'en sont pas moins distinctes ; *Le Temps messianique, op. cit.*, p. 12.

ou révolutionnaire, mais elle n'est pas terroriste au sens strict. Combattants et militants convaincus d'aller dans le sens de l'histoire peuvent, bien entendu, commettre des crimes, et le terrorisme actuel n'autorise pas la nostalgie des assassinats commis au nom de l'histoire. La limite contenue dans le crime politique n'est certes pas une restriction quantitative, mais c'est néanmoins une limite politique. On est sûr, chez Hegel comme chez Marx, de ne pas attendre en vain. La « fin des temps » viendra et c'est d'elle dont les hommes hâtent la venue par leur action. Mais l'histoire contraint même les héros à en passer par la prose de la finitude.

Le terrorisme, quand bien même il se développe par accident au sein de mouvements révolutionnaires animés par une conception téléologique de l'histoire, relève d'un autre rapport à l'historicité, qui est messianique au sens propre, et nihiliste. C'est Kant qui a le premier, dans le *Conflit des facultés*, décrit le terrorisme comme un type particulier du rapport moral à l'histoire. Notre rapport à l'histoire ne saurait en effet se réduire à la dimension épistémologique de la connaissance du passé ni à l'art de la prophétie ou de la divination de l'avenir, mais il est aussi soutenu par une interrogation morale. Nous souhaiterions savoir, à la croisée de la pensée rationnelle et de la religion, ce que l'humanité va devenir du point de vue moral, ce qui conduit à porter une appréciation sur l'éthos des générations antérieures et à comparer le présent et le passé. La question qui se pose, dans le conflit de la faculté de philosophie avec la faculté de droit, peut donc se formuler ainsi : « Le genre humain est-il en constant progrès vers le mieux ? »

Kant avance que la perspective morale sur l'avenir de l'humanité peut donner lieu à trois sortes de prédictions qui décrivent les trois solutions possibles au problème du progrès moral : l'humanité progresse vers le bien, régresse vers le mal ou bien stagne. S'il est clair que l'expérience ne nous permet aucunement de trancher dans un sens ou dans l'autre, on peut qualifier ces positions d'un point de vue moral. Peut être nommée « terroriste », selon Kant, la conception de l'histoire qui consiste à considérer le « genre humain en perpétuelle régression vers le pire ».

La portée du texte excède le cadre de la polémique sur la Révolution française, dans le contexte de laquelle se généralise la notion de terrorisme, précisément parce que Kant entend remonter à la source morale du terrorisme, au « terrorisme moral » *(der moralische Terrorismus)*. Le danger du terrorisme moral réside dans sa puissance d'annulation. La première annulation est logique. L'idée d'une évolution constante vers le pire est contradictoire, selon Kant, car on a nécessairement soit affaire à une succession temporelle, structurellement indéfinie, soit à un déclin qui, par définition, va, comme tout déclin, rencontrer son point d'arrêt. Mais Kant ne s'en tient pas à cette réfutation. Le terrorisme commence réellement avec la solution apportée à cette difficulté : si l'évolution de l'humanité contredit à son amélioration morale, alors il faut précipiter la fin de celle-ci. La notion nihiliste de « rien fécond » en participe[1]. L'idée d'une évolution vers le pire dicte une politique du pire aussi criminelle qu'incohérente : « Quand se développe un amoncellement de grands forfaits et de maux à leur mesure, l'on dit : à présent, cela ne peut plus empirer ; nous voici parvenus au dernier jour ; le pieux visionnaire rêve déjà du retour de toutes choses et d'un monde renouvelé lorsque l'univers actuel aura péri par le feu[2]. » La propension à excuser le désespoir terroriste vient de ce qu'il adopte, même laïc et *a fortiori* religieux, un air de piété. L'incendie, l'explosion et la bombe se parent toujours d'un alibi purificateur et visionnaire : sous les décombres, la régénération du monde. Ainsi, c'est l'attente indéterminée, ou, comme le dit encore

---

1. Leo Strauss, « Qu'est-ce que le nihilisme ? », in *Nihilisme et politique*, *op. cit.*, p. 52.
2. Kant, *Le Conflit des facultés* (1798), trad. J. Gibelin, Paris, Vrin, 1935, III, a : « De la conception terroriste de l'histoire de l'humanité », p. 96.

Strauss, « un progrès vers un but qui est lui-même progressif et par conséquent qui ne peut pas être défini », qui allie messianisme et nihilisme. Le nihilisme se nourrit d'une attente indéterminée qui justifie la destruction du monde.

*La tension vers l'explosion :
un « messianisme de l'événement »*

Ce qui distingue l'espérance plus ou moins fondée d'une amélioration morale de l'humanité dans les philosophies de l'histoire, du terrorisme, c'est que, si, dans le premier cas, l'attente du salut s'inscrit dans le fil du passé et du présent, dans le cas du terrorisme, l'attente porte sur un avenir qui rompt avec le présent et le passé. Même dans les philosophies de l'histoire, il y a toujours un saut entre ce qui est attendu et ce qui existe ou a existé historiquement. La fin de l'histoire doit conduire en principe à envisager l'histoire d'un autre point de vue que comme un « tissu de folie et de vanité puérile[1] ». Pourtant la fin de l'histoire justifie en même temps rétrospectivement la suite des temps qui prennent sens par ce qui est finalement advenu. Le passage au terrorisme repose sur une tout autre logique.

L'acte terroriste suppose la destruction nécessaire pour que puisse commencer une autre histoire. La temporalité dans laquelle il s'inscrit requiert, plus qu'un saut final, la dimension de la rupture. Gérard Bensussan, dans sa tentative de rendre compte de la transformation de la temporalité humaine par l'attente, distingue non seulement le messianisme eschatologique du messianisme téléologique, mais aussi ces deux premières formes classiques de messia-

---

1. Kant, *Idée d'une histoire universelle d'un point de vue cosmopolitique* (1784), in *Opuscules sur l'histoire*, trad. S. Piobetta, Paris, Flammarion, coll. « GF », p. 70.

nisme de ce qu'il nomme un messianisme de l'événement[1]. Par opposition aux deux premières formes, dans les messianismes de l'événement, l'attente de l'avenir est une négation de celui-ci : la voie du futur ne passe pas par la médiation temporelle. Le temps mesuré intègre la négation de manière opératoire. En vertu de cette mesure, chaque instant tombe dans le passé au moment même où il est vécu, mais chaque moment conduit au suivant. L'inquiétude du temps qui passe est sans relation avec le messianisme, car elle s'installe à l'intérieur d'une temporalité péniblement éprouvée comme suite de médiations. L'attente messianique abolit le temps de la finitude, tout en révélant un aspect essentiel de la temporalité[2]. L'inquiétude est conscience aiguë du passage du temps, tandis que l'attente d'un événement suspend le temps, qui ne passe littéralement plus. Le messianisme de l'événement perd la mesure du temps et la possibilité de mesurer la valeur des vies à leur durabilité. La vie, si elle se contente de durer, n'a, d'un point de vue messianique, pas plus de valeur que la mort.

Le messianisme de l'événement aspire, dans le temps, à un événement qui abolit la temporalité ordinairement désespérante et inquiète. La finitude que le temps nous contraint d'admettre est rejetée par cette forme de messianisme total qu'est le messianisme de l'événement. Si le temps mesuré confronte le sujet humain à la perte, car il fait et défait les choses, l'absence de mesure seule est conçue comme réparatrice. Si le messianisme eschatologique est patience et espérance, le messianisme de l'événement est désespoir et impatience. L'attente cesse d'être un support de l'existence et une ouverture sur la transcendance : elle devient insupportable et contraint au passage à

---

[1]. « Le temps est attente. Mais cette attente n'est pas l'égrènement des heures, des minutes et des secondes » ; Gérard Bensussan, *Le Temps messianique*, *op. cit.*, p. 12.
[2]. *Ibid.*, p. 123.

l'acte. L'attente, créée par le messianisme de l'événement, se lasse d'elle-même : on n'en peut plus d'attendre, il faut agir.

Le messianisme de l'événement est pour cette raison le plus moderne des messianismes. On comprend pourquoi « il n'y aurait pas d'Al-Qaïda sans l'Internet ». Le rapport au temps inauguré par les sociétés de communication comporte une dimension messianique, nommée par Jean-Michel Besnier « mise hors jeu du temps [1] ». Parce que l'homme communicant est, comme le dit Philippe Breton, un « être sans intérieur », sans profondeur, son attente s'inscrit dans la temporalité de la communication [2]. Contrairement à l'homme de la psychanalyse, mû par un ressort inconscient et ayant par conséquent un « centre de gravité [3] », l'homme nouveau reçoit son message par voie directe, il attend le salut et celui-ci dépend d'un événement capable de le projeter dans la jouissance absolue. Il passe de l'Internet à la bombe sans rupture de registre.

On ne peut comparer le registre temporel du terrorisme avec le messianisme eschatologique. L'attente messianique, dans le judaïsme, ne prive pas le moment présent de son sens, mais au contraire lui confère le sens d'un tremplin. Elle récuse le désespoir qui vouerait à l'attente de l'événement. Loin d'inciter à commettre l'irréversible, elle fait surgir au cœur de la temporalité finie et mesurée de la vie quotidienne une incertitude qui invite à la tempérance. C'est une ouverture de la temporalité plus qu'une fermeture. Dans sa lecture de Franz Rosenzweig, Gérard Bensussan souligne que ce messianisme n'a à la rigueur pas à voir avec le futur, « car il n'est pas l'anticipation ou le calcul

---

1. Jean-Michel Besnier, « Laïciser Internet : les TIC et le temps », art. cité, p. 45 ; « Le cyberespace aspire à finir avec le temps », Jean-Michel Besnier, « La société de l'information ou la religion de l'insignifiance », art. cité, p. 148.
2. Philippe Breton, *L'Utopie de la communication*, op. cit., p. 54.
3. Charles Melman, *L'Homme sans gravité. Jouir à tout prix*, Entretiens avec Jean-Pierre Lebrun, Paris, Denoël, 2002.

d'une réalisation historique de vœux ou de promesses[1] ». C'est peut-être la raison pour laquelle la tradition juive est attentive à dénoncer les faux messies. L'hérésie de Sabbataï Zevi, au XVIIe siècle, apparaît comme l'exemple même de la transformation d'un messianisme eschatologique en messianisme de l'événement.

Patience et impatience : l'exemple du sabbatianisme

Pour caractériser le mouvement du faux messie apostat, qui va puiser les sources de son messianisme dans le christianisme et se convertit finalement à l'islam, Gershom Scholem emploie d'ailleurs le terme de nihilisme[2]. La première raison de cet emploi repose sur une analogie. La dangerosité de cette déviation du messianisme est équivalente, dans l'opinion, à celle qu'incarnent l'anarchisme et le terrorisme au XIXe siècle[3]. Mais ce n'est pas la seule raison. Il y a effectivement, pour Scholem, un nihilisme inhérent au sabbatianisme. Ce qui a conduit à un infléchissement du messianisme en nihilisme est le passage, bien repéré par Scholem, d'un messianisme eschologique qui soumet l'âme à l'incertitude d'un jugement supérieur, à la précipitation dans l'attente d'un événement. Les sabbatiens « refusèrent de soumettre le jugement de leur âme à celui de l'histoire[4] ». Si le messianisme eschatologique est épreuve de tempérance, qui met le sujet dans une obligation quasi stoïcienne de vivre chaque jour non comme si c'était le dernier, mais comme si la fin dernière allait advenir, le messianisme nihiliste des sabbatiens est puissance et maîtrise. Le nihi-

---
1. Gérard Bensussan, *Le Temps messianique*, op. cit., p. 131.
2. Gershom Scholem, *Les Principaux Courants de la mystique juive* (1946), Paris, Payot, 1973, rééd. coll. « Grande bibliothèque Payot », 1994, p. 318-333.
3. *Ibid.*, p. 318.
4. *Ibid.*, p. 324.

lisme abrite le vœu d'une puissance absolue. Il n'est de semblable puissance que de la mort et par la mort. Le messianisme eschatologique sert à symboliser l'expérience de la vie, assurant un passage entre le monde extérieur et le monde intérieur ; le messianisme nihiliste est fondé sur le refus de l'opération symbolique. Dans le même mouvement, la vie devient insupportable et il incombe au nouveau messie de la rendre supportable. L'impatience de ce nouveau messianisme succède à la patience eschatologique. Plus question pour le messianisme nihiliste de penser qu'un jour viendra qui récompensera l'attente. La rédemption devient cataclysme, et le passage du monde du malheur à celui du salut passe par la destruction des anciennes valeurs. Pour cette raison, le sabbatianisme ressemble au christianisme. Outre la même « attente impatiente », les deux mouvements partagent en effet l'idée que « la destruction des anciennes valeurs dans le cataclysme de la Rédemption mène à l'explosion des tendances contraires, en partie modérées et voilées, en partie radicales et violentes [1] ». Mais, comme le précise Scholem, il s'agit moins ici de conclure à une influence d'une religion sur une autre, qu'à une parenté de structure, qui tient à l'infléchissement du messianisme eschatologique.

L'analyse de Scholem peut être transposée aux formes contemporaines du messianisme de l'événement. Or c'est la question de l'apostasie qui est centrale pour Scholem. Sabbataï Zevi est un messie apostat qui s'est détourné de la foi de ses ancêtres. Paradoxalement, c'est l'apostasie qui, selon Scholem, expliquerait le succès du sabbatianisme et l'influence de celui-ci sur des courants ultérieurs du judaïsme. C'est particulièrement sur les communautés hantées par la problématique de l'apostasie, les marranes, apostats malgré eux, que le sabbatianisme a rencontré un écho. La question marrane ne se limite pas à la « double vie »,

---

[1] *Ibid.*, p. 325.

pour reprendre l'expression de Scholem, menée par les juifs d'Espagne et du Portugal aux pires moments de l'Inquisition. Le phénomène marrane resta un tourment pour toute la communauté sépharade, issue de la péninsule Ibérique, jusqu'au XVIIe siècle tout au moins.

Si l'on suit Scholem, on peut être amené à penser que l'infléchissement du messianisme en nihilisme messianique ne peut que connaître un retour de fortune en des temps où la question de l'apostasie, dans certaines communautés, redevient, à tort ou à raison, un problème. C'est un paradoxe et une énigme des sociétés libérales où chacun peut, à des degrés certes divers de reconnaissance, pratiquer sa foi que de mettre certains sujets en position de marrane involontaire. On voit bien, à la lecture des entretiens réalisés par Farhad Khosrokhavar avec de jeunes islamistes, en quoi la crainte de l'apostasie est un facteur déclenchant de l'engagement [1]. Pour ces jeunes, le simple fait de partager le mode de vie occidental relève de l'apostasie. Il se vivent en quelque sorte comme des marranes de l'islam. La tendance au manichéisme, considérée par Scholem comme un des symptômes du messianisme nihiliste, est nette chez eux. Le manichéisme trahit la hantise de l'apostasie. Sa résurgence a moins à voir avec l'influence de Mani dans des régions où l'islam s'est ensuite implanté qu'avec une volonté messianique d'éradiquer le mal. Dans le nihilisme messianique, Scholem voit essentiellement l'expression du désir de domination, un « amour sensuel de la puissance ».

Un « amour sensuel de la puissance »

L'analyse du sabbatianisme donne à Scholem l'occasion de s'interroger sur ce qu'il qualifie, à propos de Jacob

---

1. Farhad Khosrokhavar, *Quand Al-Qaïda parle. Témoignages derrière les barreaux*, op. cit.

Frank, d'« amour sensuel de la puissance [1] ». Jabob Frank appartient à la période *zaddikim* du courant hassidique, proche du sabbatianisme, et est l'exemple même, au XVIIIe siècle, selon Scholem, d'un « messianisme corrompu et despotique ». Le type d'appétit qui l'anime témoigne d'une transformation de la notion d'autorité. Comme le montre bien Scholem, il n'est pas un grand maître attirant des disciples, mais une « personnalité magnétique et dominatrice », animé d'« un désir passionné de domination » Il exprime une « suavité de la puissance » que Frank attribuait déjà à Sabbataï Zevi lui-même.

Le faux messie n'envisage l'installation dans aucune temporalité. Il jouit au contraire d'imposer au temps une discontinuité. Sa venue bouleverse l'ordre des temps. Rien de plus suave que cette maîtrise de la temporalité. Le messie est celui à partir de qui on compte le temps. Si, dans l'histoire, seuls quelques hommes ou événements reçoivent le privilège que l'on compte le temps à partir d'eux, on comprend qu'une telle gloire inspire cette forme despotique du messianisme. Dans le terrorisme actuel, cette aspiration s'est traduite par l'ambition d'inaugurer une nouvelle ère. Le 11 septembre 2001 est apparu sur-le-champ comme le vrai commencement du XXIe siècle, car il a semblé introduire une rupture dans l'ordre des événements qui s'étaient produits à la fin du XXe siècle. Si le terrorisme et Al-Qaïda lui sont antérieurs, l'attaque des États-Unis est le premier acte qui exprime la volonté messianique d'un nouvel ordre du monde. Le temps est aussi, dès lors, mesuré à partir de l'écroulement des symboles de la puissance américaine, même si, grâce l'héroïsme de quelques passagers, le centre politique du gouvernement a été raté. Si le leader qui inspire de tels actes n'exerce pas une autorité de type traditionnelle, et si son charisme ne s'analyse pas comme celui du

---

1. Gershom Scholem, *Les Principaux Courants de la mystique juive*, *op. cit.*, p. 354.

leader totalitaire, il n'en est pas moins animé par la volupté de maîtriser le temps par la destruction. Il est logique qu'il plaide pour la suavité de la mort. C'est cette puissance de mort qui prend la place des objets de jouissance qualifiés d'« occidentaux ».

Le messianisme est trans-religieux et trans-politique. Le fait de savoir si telle religion ou telle idée politique est messianique ou non n'est pas essentiel quand on prend les choses à partir du terrorisme. Il n'en demeure pas moins que, pour produire l'effet qu'il escompte, il doit réaliser une alliance de religiosité et de politique. Si la religion ne fait pas le messianisme, l'usage des doctrines religieuses, autant que la forme de religiosité induite par les technologies de la communication, ont contribué à conférer sa puissance au messianisme terroriste.

Chapitre XIII

Religion et politique dans une perspective nihiliste

Si le terrorisme est messianique, il témoigne d'une relation de la religion à la politique assez inédite dans l'histoire et qui échappe aux catégories habituelles par lesquelles nous pensons les religions et la politique. Au regard de ces catégories, on ne pourrait qualifier de messianique le terrorisme actuel, car il est essentiellement d'origine sunnite. Or, dans l'islam, c'est le chiisme qui est messianique et pas le sunnisme. De même ce sont des idéologies politiques qui visent la transformation radicale de la vie humaine, comme l'œuvre de Marx en a fédéré les aspirations, qui paraissent de toute évidence messianiques. Enfin l'alliance de la religion et de la politique ne semble ouvrir que sur une réflexion concernant la théocratie, et pas sur le terrorisme.

Mais si la théocratie paraît dans une certaine mesure dessiner l'horizon du terrorisme islamiste, la logique de celui-ci excède l'instauration d'un État musulman, prendrait-il la dimension d'un empire. Le messianisme qui est à la source du terrorisme permet une modification du sens de la politique et de la religion, qui implique aussi une transformation de leur relation. Le messianisme de l'événement introduit une forme de religiosité jusque dans l'athéisme le plus irréductible.

La religiosité athée des révolutionnaires

Le nihilisme russe affiche un athéisme de principe, toutefois les liens que chaque représentant entretient avec la religiosité ont frappé divers contemporains du phénomène. C'est le messianisme qui produit le sentiment que la religion n'est pas absente, alors même que sont rejetés tout dogme religieux comme toute référence à une religion déterminée. Pour Kravtchinski, c'est l'athéisme même du nihilisme qui contient cette religiosité. C'est l'athéisme lui-même qui « se mua en une espèce de religion[1] ». Selon lui, la destruction de la religion en Russie a très rapidement perdu sa puissance subversive, car le dogme religieux s'est effondré au premier assaut de la critique matérialiste et positiviste. Mais les déclarations d'athéisme se transformèrent en une véritable propagande écrite et orale. Cette interprétation s'explique par le point de vue d'ensemble que Stepniak essaie d'imposer sur le nihilisme. Si, comme il le pense, le phénomène nihiliste se comprend intégralement comme une lutte contre le despotisme et comme « une négation, exercée au nom de la liberté personnelle, de toutes les répressions imposées à l'homme[2] », la critique de la religion n'est que prétexte à ébranlement de l'État. C'est comme force d'oppression que le christianisme est rejeté. Sa portée messianique, qui se laisse détacher du dogme et dont l'origine finit par passer inaperçue peut demeurer intacte.

Le succès de *Force et Matière* de Büchner n'a de sens que mis en relation avec cette religion athée, porteuse de messianisme. L'ouvrage n'est pas tant une référence philosophique qu'un cri de ralliement nihiliste. On peut certes penser qu'une œuvre philosophique est un bien curieux manifeste politique, mais tout ouvrage peut être transformé en instrument de propagande, dès lors que son contenu ne

---
1. Wanda Bannour, *Les Nihilistes russes*, Paris, Aubier, 1974, p. 87.
2. *Ibid.*, p. 86.

vise pas à être discuté, mais à rallier les sympathisants d'une cause. Les thèses en sont alors ravalées au rang de slogans, comme ce fut le cas pour le texte de Ludwig Büchner, ou, en un sens inverse mais semblable, pour le Coran aujourd'hui. Quand une œuvre comme celle de Büchner subit un tel changement de statut, elle ne demeure plus une simple contribution à la culture, mais devient évangélique et porteuse d'une message qui excède son sens littéral. La religion a survécu à la mort de Dieu. La différence de l'athéisme et de la foi disparaît dans l'engagement messianique. Un anarchiste comme Boris Savinkov n'hésite pas à se référer au dernier livre de la Bible chrétienne, le livre de l'Apocalypse, livre de destruction du monde dans le feu des éclairs et du tonnerre, et d'avènement d'un monde nouveau. Pour Savinkov, le terroriste est comme le troisième ange qui transforme en sang les eaux des fleuves et des sources [1]. Il veut, pour sa cible, le sort réservé au diable au jour de l'Apocalypse : « l'étang de feu et de souffre [2] ».

Savinkov et le messianisme apocalyptique

Le livre de l'Apocalypse suppose une rupture dans l'ordre du temps. Ce n'est pas un messianisme eschatologique classique. Il peut inspirer les nihilistes, qui en déplacent le sens dans la réalité. Le terrorisme d'aujourd'hui est toujours susceptible d'apparaître comme une mise en acte du récit de l'apôtre Jean. Après le 11 Septembre, des murs du XIe arrondissement de Paris se couvrirent d'affichettes sur lesquelles était imprimé « Babylone brûle [3] ». Savinkov est le premier à user de ce thème, pour tenter de rendre compte

---
[1]. Apocalypse, 16, 4, cité par Boris Savinkov, *Le Cheval blême, op. cit.*, p. 42.
[2]. Apocalypse, 20, 10, cité par Boris Savinkov, *ibid.*, p. 86.
[3]. « Elle est tombée, elle est tombée, Babylone la grande », Apocalypse, 18, 2.

de la transformation terroriste de la temporalité. La référence à l'Apocalypse renvoie l'avenir à un autre registre temporel, qui suppose réelle la fin du temps : « Je ne veux pas connaître l'avenir. Je m'efforce d'oublier le passé [1]. » L'engagement terroriste dans la révolution relève d'un messianisme nihiliste, car les raisons de l'action doivent rester en suspens. Le nihiliste terroriste s'engage littéralement au nom de rien, sauf à se contredire. Il n'est pas un révolutionnaire ordinaire : « Heureux celui qui croit au socialisme et au paradis terrestre à venir [2]. » Le sens du dernier livre du Testament chrétien réside moins, dans cette optique, dans le commencement d'une ère nouvelle que dans le jugement qui précède son avènement. Le sentiment apocalyptique est fait de ressentiment et surtout de colère, cette passion de justicier qui porte à vouloir se venger violemment [3]. L'attente messianique n'est plus ici attente de la fin des temps, comme dans la Bible hébraïque, mais attente de la fin du monde. Le seul espoir du terroriste est que vienne le « jour de la grande colère [4] ». Si le terrorisme ne cesse de se présenter comme l'arme des faibles, c'est au regard de l'ampleur de la destruction espérée, que peu d'armes classiques, bien heureusement, rendent possible. Le désespoir nihiliste est, au regard de ce type de messianisme, sentiment d'impuissance, « manque de forces pour nous venger, trop peu de forces pour détruire ces pierres [5] ». Une fois l'acte terroriste accompli, le sens du jugement peut demeurer en suspens. Ce qui compte est d'avoir détruit. L'acte vaut pour lui-même, et la satisfaction qu'il procure tient au fait qu'à quelque chose une fin ait été mise. Après l'attentat, c'est la parole, proférée d'une voix forte venue du temple, à l'issue

---

1. Boris Savinkov, *Le Cheval blême*, op. cit., p. 42.
2. *Ibid.*, p. 43.
3. « Admettons que la colère est le désir impulsif et pénible de la vengeance notoire d'un dédain notoire », Aristote, *Rhétorique*, II, 2, 1378b 30, trad. M. Dufour, Paris, Les Belles Lettres, 1931, rééd. 1967, p. 61.
4. Boris Savinkov, *Le Cheval blême*, op. cit., p. 80.
5. *Ibid.*, p. 80.

travail des sept anges de l'Apocalypse qui inspire Savinkov : « c'en est fait [1] ! ». Avant même le Jugement et la Résurrection, ce « c'en est fait » contient la véritable prophétie pour Savinkov.

Les clivages ordinaires de la foi religieuse et de l'athéisme sont bouleversés par l'engagement terroriste, parce que celui-ci repose sur l'alliance du messianisme et du nihilisme. C'est par cette alliance que l'on peut comprendre la place des deux grands auteurs russes que sont Tolstoï et Dostoïevski, dont les positions divergentes mais semblablement ambiguës à l'égard du terrorisme s'expliquent par leur pente personnelle au messianisme.

Tolstoï et Gandhi, un messianisme sacrificiel

Léon Tolstoï, tout en partageant l'idéal anarchiste, condamne l'action violente des révolutionnaires. C'est à la lecture de Tolstoï que Gandhi s'est converti à la non-violence, jusqu'à en devenir le principal théoricien [2]. Selon Tolstoï, c'est dans leur réalité psychologique et non dans leur existence objective qu'il faut détruire l'Église, l'État et la propriété. Il faut en anéantir non l'existence, mais la reconnaissance intérieure [3]. Son populisme, après sa conversion au christianisme, ne consiste pas seulement à prendre dans son acception littérale la prescription herzenienne d'« aller au peuple » en renonçant à ses privilèges

---

1. Apocalypse, 16, 17 ; Boris Savinkov, *Le Cheval blême*, op. cit., p. 80.
2. Gandhi, *Tous les hommes sont frères*, Paris, Gallimard, coll. « Folio », p. 94, 292. Gandhi fait état d'une lettre de Tolstoï dans laquelle celui-ci encourage son action en Afrique du Sud. La relation de Tolstoï et de Gandhi est relatée en détail dans l'ouvrage de Jacques Attali, *Gandhi ou l'éveil des humiliés*, Paris, Fayard, 2007, p. 133-143.
3. « L'Église, l'État, la propriété, tout cela doit être détruit seulement en nous-même ; anéantir en nous-même la reconnaissance de la réalité de ces choses, mais il n'y a rien qu'il faille détruire », Léon Tolstoï, *Journaux et carnets*, I (1847-1889), trad. G. Aucouturier, Paris, Gallimard, coll. « Bibliothèque de la Pléiade », p. 963.

aristocratiques et en travaillant avec les paysans. Le populisme de Tolstoï comporte une dimension messianique en vertu de laquelle les anarchistes lui conservèrent toujours de l'admiration [1]. Tolstoï parle des années qui précèdent sa conversion de 1879 comme d'une longue période « nihiliste, au sens le plus direct et le plus vrai de ce mot, c'est-à-dire sans aucune foi [2] ». Il explique comment le nihilisme l'a conduit au désespoir, et comment celui-ci l'a mené à la foi chrétienne. Au nom de cette expérience, il doute de l'incroyance des révolutionnaires athées. À la suite d'une conversation avec un proche de Netchaïev, il note : « Il voudrait que sur la terre fût le Royaume des cieux [3]. » Cet idéal est précisément celui de Tolstoï, indépendamment des Églises chrétiennes selon lui compromises avec le pouvoir. Le véritable sens de l'enseignement du Christ est de prendre « l'établissement du Royaume de Dieu » pour « la loi de la vie [4] ».

En vertu de ce messianisme, la valeur de la vie tend à devenir aussi secondaire que celle de la propriété ou de l'État. Celui qui participe à l'établissement du royaume de Dieu sur terre se dévoue aussi à la croissance de la « vie vraie », c'est-à-dire de la vie spirituelle, au regard de laquelle « toute la vie charnelle de l'organisme avec son alimentation, sa croissance, sa perpétuation de l'espèce, n'est par rapport à la croissance de la vie vraie (celle qui croît) qu'un processus de destruction [5] ». Si cette solution a permis à Tolstoï d'échapper à ses crises suicidaires, elle en apparaît aussi comme le prolongement. Si les anarchistes nihilistes, qui ne pouvaient méconnaître la dimension suicidaire des attentats qu'ils perpétraient, n'ont pas désavoué Tolstoï, ce

---

1. Paul Avrich, *Les Anarchistes russes*, trad. de l'américain par Bernard Mocquot, Paris, Maspero, 1979, p. 44.
2. Léon Tolstoï, *Journaux et carnets*, I, *op. cit.*, p. 714.
3. *Ibid.*, p. 744.
4. *Ibid.*, p. 922.
5. *Ibid.*, p. 969.

n'est peut-être pas seulement en raison de sa critique de l'autorité et de la propriété, mais aussi pour la mortification qu'il s'est imposée dans la dernière partie de sa vie. La vie de Tolstoï illustre bien ce que Lacan, parlant de l'idéal révolutionnaire des années 1970, dit du messianisme : « Les lendemains qui chantent mènent au suicide [1]. » Comme chez les islamistes aujourd'hui, la pulsion sexuelle est chez l'auteur de *La Guerre et la Paix*, désavouée au profit de la pulsion de mort : il qualifie les nuits passées avec sa femme de « dégoûtantes » voire de criminelles, mais se réjouit des souffrances que lui infligent les privations, les humiliations et les manifestations d'hostilité [2]. De même son nihilisme n'est pas abandonné mais transporté de la sphère des biens de ce monde, prisés avant la conversion, à l'attente de rien. Le mortification doit valoir pour elle-même, pour rien : il n'est pas question d'attendre une rétribution dans l'autre monde, mais il faut d'abord corriger la manière de penser qui conduit à penser en termes de don et de contre-don.

Tolstoï essaie de concevoir une nouvelle forme de sacrifice, seule compatible avec un engagement messianique. Ordinairement, le sacrifice est prisonnier d'une logique utilitaire : même si je consens à des actes extraordinaires, c'est en vue d'un avantage, serait-il seulement celui de mes descendants. Or la logique de l'avantage est toujours, selon lui, corruptrice. Le seul véritable sacrifice ne peut avoir lieu que lorsqu'on renonce non seulement à la logique utilitaire en général, mais à l'aspiration personnelle au bien-être. Toute personne qui croit se dévouer à la cause de l'égalité dans la société en demeurant attaché à son propre bien-être est en contradiction avec elle-même. Son conflit intérieur se manifestera par la perpétuation sociale de l'inégalité [3]. Les choses

---

1. Jacques Lacan, *Télévision*, op. cit., p. 66.
2. Léon Tolstoï, *Journaux et carnets*, I, op. cit., p. 878, 982, 992.
3. « Parmi les hommes qui aspirent à leur propre bien-être, il est absolument impossible d'en trouver d'assez désintéressés pour gérer les capitaux de l'humanité sans abuser de leur pouvoir, et sans réintroduire dans le monde l'inégalité et l'oppression » ; Léon Tolstoï, *Journaux et carnets*, I,

changeront radicalement, selon Tolstoï, quand les hommes qui aspirent à la transformation des rapports sociaux ne viseront plus aucune félicité terrestre, mais seulement une « félicité indépendante de la terrestre », la « félicité spirituelle, qui toujours coïncide avec le sacrifice [1] ».

Ainsi, même dans ce contexte de condamnation de toute violence, se trouve légitimée une lutte qui passe par la double aspiration à un changement qu'on peut nommer messianique car il rompt avec tout ce qui existe dans le monde humain, et aspire à une nouvelle forme de sacrifice, capable d'exclure toute visée utilitaire et de donner tort au principe benthamien selon lequel nous serions toujours *in fine* gouvernés par le plaisir et la peine [2]. C'est en vertu de cette conception du sacrifice que les kamikazes d'aujourd'hui se nomment des *shahids* et des *shahidas*. Le sujet est aspiré par l'impératif transcendant du renoncement à soi. Ainsi, la non-violence a pu se retourner en violence extrême sans sortir de la logique de celle-ci. On n'a aucune raison de soupçonner les actuels *shahids* et *shadidas* de mauvaise foi quand ils affirment qu'ils sont des victimes. Mais cette position est la position terroriste même, qui met l'autre en position de meurtrier. Ce n'est pas par goût du paradoxe que l'on peut établir une filiation entre la théorie de la non-violence et le terrorisme. Cette filiation est une de ces conséquences imprévisibles dont Max Weber puis Albert Hirschman ont montré la pertinence dans l'histoire du capitalisme [3]. Gandhi n'est pas plus responsable du terrorisme que Luther et Machiavel de l'économie moderne, mais l'un comme les autres ont posé des jalons de pensée qui ont constitué des changements

---

p. 1018, ou encore : « Tant que le but des hommes est le bien-être de la vie personnelle, il n'est pas un homme qui puisse, dans son aspiration à son propre bien-être, s'arrêter à ce qui est juste, à des exigences, présentées aux hommes, telles qu'elles assurent le bien de tous » ; *ibid.*, p. 1023.

1. *Ibid.*, p. 1019.
2. Jeremy Bentham, *An introduction to the principles of morals and legislation* (1789), Oxford University Press, 1970, rééd., 1996, p. 11.
3. Max Weber, *L'Éthique protestante et l'esprit du capitalisme* (1904-1905), trad. J. Chavy, Paris, Plon, 1964 ; rééd. coll. « Agora », p. 102. Albert Hirschman, *Les Passions et les Intérêts*, *op. cit.*

décisifs et préparé ainsi ce qu'ils ne pouvaient eux-mêmes envisager.

Ce que Gandhi nomme non-violence, *ahimsa*, n'a rien à voir avec les fadaises par lesquelles on résume souvent son action. La non-violence désigne seulement l'absence d'agression, et le propos ne comporte rien d'irénique. La non-violence est un combat, et s'il est privilégié par Gandhi c'est pour son efficacité – laquelle réside en fait dans une sorte de violence, la violence de la souffrance acceptée comme prix de la résistance. Gandhi refuse la notion de résistance passive, si l'on entend par là un synonyme de lâcheté et de servilité[1]. Il a l'ambition de substituer une force à une autre, la force spirituelle à la force physique : « La non-violence suppose avant tout qu'on est capable de se battre[2]. » La résistance passive, justement comprise, est une épée, « une arme qui ne rouille jamais[3] ». Elle se retourne de passivité en activité[4]. La souffrance peut être utilisée contre celui qui fait souffrir. Il y a un véritable pouvoir de la souffrance acceptée, théorisé par Gandhi : « C'est la souffrance, et non l'épée, qui est le blason de l'homme[5]. »

L'idée de Gandhi est que, pour « parvenir à un résultat décisif, il ne suffit pas de convaincre la raison ; il faut également toucher le cœur, et par conséquent faire appel au pouvoir de la souffrance[6] ». S'appuyant sur le messianisme de Tolstoï, il joint, comme lui, la possibilité du martyre à l'instauration sur terre du royaume de Dieu, d'un « Royaume

---

[1]. « Pour être efficace, la non-violence suppose une volonté bien arrêtée d'accepter la souffrance. Il ne s'agit nullement d'une soumission servile à la volonté du tyran, mais de s'opposer de toute son âme à ses méfaits » ; Gandhi, *Tous les hommes sont frères, op. cit.*, p. 185.
[2]. *Ibid.*, p. 178.
[3]. *Ibid.*, p. 174.
[4]. « La non-violence n'a rien de passif. Elle est au contraire la force la plus active au monde » ; *ibid.*, p. 172.
[5]. *Ibid.*, p. 163.
[6]. *Ibid.*, p. 163, ou encore : « La non-violence est la plus grande force que l'humanité ait à sa disposition » ; *ibid.*, p. 163.

des cieux[1] ». Lui aussi critique les combats politiques animés par la recherche utilitaire des sacrifices[2]. De ce sacrifice non utilitaire, la femme, en tant que mère, est selon Gandhi, emblématique[3]. Ce modèle de la femme-mère portée au sacrifice n'est pas sans rappeler les *shahidas* qui s'émancipent de leur soumission aux hommes en se faisant kamikazes. Chez Gandhi, on peut apercevoir comment le modèle maternel porte à légitimation du sacrifice, quand l'apôtre de la non-violence reprend la réflexion sur le lien de la religion et de la politique en montrant que le renouveau de la problématique théologico-politique réside dans la capacité à proposer au sujet une vérité transcendante et absolue. Pour que le sacrifice soit possible, il faut que la religion insuffle à la politique un contenu de vérité qui rende irréfutable la cause défendue. Le messianisme nouveau peut alors retrouver le sens ancien d'évangile : « Si nous [...] ne recherchons que la Vérité de Dieu, je suis sûr que nous pouvons tous devenir Ses messagers[4]. » Peu importe, pour Gandhi, la différence des religions. L'hindouisme peut se conjuguer au christianisme sans difficulté dès lors que c'est le contenu de vérité qui, en chacune d'elles est recherchée, toute religion n'étant qu'une approximation insatisfaisante de la vérité de Dieu.

Si les doctrines de Gandhi et de Tolstoï ne sont pas terroristes dans la mesure où elles refusent d'user du meurtre comme moyen de lutte, elles se trouvent, relativement au terrorisme, dans la même position que les nihilistes : leur messianisme dégage des éléments nécessaires au passage à l'acte terroriste et introuvables dans d'autres doctrines,

---

1. *Ibid.*, p. 129-130.
2. *Ibid.*, p. 160.
3. « Je considère que la femme personnifie le sacrifice de soi », *ibid.*, p. 272, et plus loin : « Si les femmes veulent réaliser les plus hautes virtualités de leur condition elles seront les messagères toutes désignées de l'évangile de la non-violence » ; *ibid.*, p. 280.
4. *Ibid.*, p. 127.

comme le dépassement de sa propre peur, ou le refus de la différence entre combattants et non-combattants.

Même si le terrorisme d'assassinat politique respecte la limite d'un code politique, et même s'ils ne pratiquent pas l'attentat-suicide, ses auteurs savent déjà que le type d'acte dans lequel ils s'engagent les contraint à assumer une relation à la mort différente de celle du soldat classique. Le suicide est inscrit dans la logique du terrorisme anarchiste. Dans la guerre interétatique, le commandement supplée la défaillance du courage individuel. Quand infliger la mort relève de soi seul, la première opération qui s'impose consiste à lutter contre sa propre peur de la mort.

Comme le nihiliste, le militant non violent est obligatoirement messianique. Les combattants non violents doivent apprendre à subir la mort avant de savoir la donner : « De même qu'il faut apprendre à tuer pour pratiquer l'art de la violence, de même on doit savoir se préparer à mourir pour s'entraîner à la non-violence[1]. » Gandhi ne pouvait certes prévoir que cette préparation du militant à la mort pouvait avoir pour conséquence une nouvelle manière de tuer. La différence entre la violence et la non-violence réside en effet pour lui dans le rapport à soi, c'est-à-dire en l'occurrence dans la limite qu'impose à chacun la peur de la mort. Il remarque bien que « la violence ne libère pas de la peur, mais cherche à combattre la cause de la peur ». La non-violence est au contraire « exempte de toute peur ». Le soldat s'accommode de la peur, tandis que le militant non-violent, comme le terroriste, vise à supprimer sa propre peur au prix d'une ascèse, au regard de laquelle la préparation à la mort du Socrate du *Phédon* – tenu par Gandhi pour un lointain ancêtre[2] – paraît quasiment hédoniste. Il ne s'agit plus ici de se confronter mentalement à la séparation de l'âme et du corps, mais de « se préparer aux

---

1. *Ibid.*, p. 153.
2. *Ibid.*, p. 174.

sacrifices les plus exigeants ». Il n'est pas seulement question de réduire l'attachement au sensible de telle sorte que *de facto* la peur de la mort devienne sans objet, mais de « s'affranchir de la crainte » en s'exposant à la mort. C'est dans cette exposition à la mort que réside l'efficacité de la non-violence comme arme de défense. Il s'agit de se défendre en mourant au lieu de se défendre en tuant[1].

Le passage de la non-violence au terrorisme est rendu possible par la violence contre soi contenue dans la non-violence. Chez le non-violent comme chez le terroriste, la crainte doit devenir essentiellement crainte de Dieu. La guerre et la violence engendrent la crainte de perdre ce qu'on possède, notamment sa propre vie, mais aussi ses biens. Une autre forme de combat est inventée quand ce n'est plus la propriété qui fait *casus belli*. La lutte inventée par Gandhi a pu inspirer les combats qui refusent la voie ordinaire de la guerre, car elle n'est rien de moins qu'une nouvelle technique d'invincibilité. Celui qui fait de sa souffrance un combat devient invincible. Il peut toujours compter, dans l'opinion, sur une compassion qui le met hors d'atteinte de la condamnation : « Le cœur le plus dur et l'ignorance la plus grossière ne peuvent rien contre la souffrance désintéressée et volontairement acceptée. [...] Mon adversaire doit être tenu en respect par la force de l'âme[2] », ou encore : « Celui qui fait sacrifice de ce don (le don de la vie), désarme toute hostilité. [...] L'*ahimsa* est synonyme de vaillance exemplaire[3]. »

La non-violence peut inspirer le terrorisme car elle retourne le nihilisme contre lui-même. La charge de la souffrance réside dans celui qui est fait malgré lui spectateur de celle-ci. C'est par cette « vaillance exemplaire » que la légende du partisan et le mythe de l'invincibilité de celui-

---
1. *Ibid.*, p. 172.
2. *Ibid.*, p. 166.
3. *Ibid.*, p. 165.

ci, dont Raymond Aron a démonté l'absurdité, acquièrent une efficacité paradoxale et théorisée par Gandhi[1]. Comme le montrait Aron, c'est dans l'opinion que les terroristes, à tort tenus pour des partisans, trouvent leur soutien. La victime potentielle du terroriste peut faire fi de la souffrance infligée pour se rendre sensible à la « vaillance exemplaire » de celui qui meurt avec sa bombe. Il devient alors lui-même adepte de l'*ahimsa*. Les avocats actuels du terrorisme pratiquent une forme d'*ahimsa* dont l'impact est supérieur à celui de la condamnation. Gandhi avait la nette conscience de parvenir à tenir en respect son adversaire par la force du sacrifice consenti, et les terroristes ont entendu la leçon, vouant victimes et bourreaux à la même logique de souffrance.

La nouvelle forme de combat inventée par Gandhi annule, comme feront les terroristes, la distinction entre combattants et non-combattants. L'*ahimsa* demeure en deçà de la zone d'immunité respectée par le terrorisme d'assassinat politique. La *satyagraha*, la technique de résistance non violente de Gandhi, est pourtant ciblée. On ne peut certes pas refuser de coopérer à l'aveugle. Toutefois, la définition de l'ennemi est aussi large que dans le terrorisme pratiqué au sein des combats révolutionnaires postérieurs à la Seconde Guerre mondiale. Pour Michael Walzer, c'est le Vietcong qui a le premier fragilisé la zone de neutralité, en prenant pour cibles des infirmiers ou des fonctionnaires de l'administration sud-vietnamienne. Gandhi anticipe cette évolution dans le contexte de la non-violence. Pour que la résistance non violente soit efficace, il faut que chaque Indien la pratique. En droit, les combattants non violents sont l'ensemble des citoyens de la nation indienne. Par là même, au regard de ce type de combat, chaque personne qui collabore avec le gouvernement britannique est une

---

1. Raymond Aron, *Penser la guerre, Clausewitz*, t. II, *L'âge planétaire, op. cit.*, p. 187.

cible potentielle : « Celui qui se met au service d'une bande de brigands est aussi coupable qu'eux, même s'il se contente de leur servir de porteur, de guetteur ou d'infirmier. De la même manière, ceux qui se bornent à soigner les blessés au cours de la bataille ne sauraient être absous de toute faute [1]. »

Ainsi le combat non violent ouvre-t-il la voie aux luttes terroristes. Certes, Gandhi déclare sans cesse vouloir extirper la haine du cœur de l'homme, ce à quoi aucun terroriste ne peut souscrire. Certes, pour lui, tous les hommes sont frères. Mais Freud a montré quelle haine recèle l'impératif de l'amour fraternel du prochain [2]. La puissance messianique du sacrifice de soi, chez Tolstoï et Gandhi, ignore la haine qu'elle contient pourtant et que révèle le terrorisme. La théorie de Gandhi contient tous les éléments du messianisme politique dans sa version nihiliste : action au nom d'une vérité donnée comme un absolu, refus de se contenter du but fini que l'action politique peut atteindre (Gandhi a toujours déclaré que l'Inde ne devait pas seulement se libérer du joug anglais, mais de tout joug politique possible), refus de tenir compte des aléas de l'avenir – contrairement aux messianismes téléologiques [3].

Mais, au-delà, le messianisme de Gandhi inaugure aussi une rhétorique « occidentaliste », un discours de haine contre l'Occident [4]. Le messianisme nihiliste ne vise pas seulement une amélioration de la répartition des biens, mais, dans l'absolu une autre façon d'envisager la propriété et l'économie. Gandhi rejoint l'idéal anarchiste russe jusque dans son messianisme politique [5]. Plus que les capitalistes,

---

1. Gandhi, *Tous les hommes sont frères*, op. cit., p. 167.
2. Sigmund Freud, *Malaise dans la civilisation*, op. cit., p. 63.
3. « Je ne veux pas prévoir l'avenir. Ce qui m'intéresse c'est de prendre soin du présent. Dieu ne m'a pas donné les moyens d'exercer mon contrôle sur l'instant suivant » ; Gandhi, *Tous les hommes sont frères*, op. cit., p. 281.
4. Ian Buruma et Avishai Margalit, *L'Occidentalisme*, op. cit.
5. Gandhi, *Tous les hommes sont frères*, op. cit., p. 238.

c'est le capitalisme lui-même qu'il est impératif de détruire, car il faut refuser le principe de lutte des classes[1]. Pour ne pas se laisser éblouir par la lumière de l'Occident, il convient, selon Gandhi, de se tourner vers Tolstoï et vers le principe de limitation des besoins qu'il a mis en pratique dans sa propre existence à la fin de ses jours[2]. Contre la séduction exercée par la littérature occidentale, Gandhi vise à redonner à voir la « lumière d'Orient[3] ». Même s'il se prononce pour l'autonomie individuelle, il critique l'individualisme et la conception occidentale de la démocratie. Ainsi, il refuse le recours systématique à la règle de la majorité laquelle ne peut valoir que sur des points de détail mais ne peut s'appliquer quand la clause de conscience peut être évoquée : « La loi de la majorité n'a rien à dire là où la conscience doit se prononcer[4]. »

Sans en tirer de conséquences terroristes, Gandhi énonce ce que Walzer identifie comme la troisième excuse au terrorisme : l'universalité de la violence et son action jusque dans les régimes qui se prétendent démocratiques. Il qualifie la domination britannique de « terroriste ». Certes, c'est pour voir en elle l'expression d'une faiblesse et mettre en garde contre un engrenage de la violence qui mettrait le dominé d'hier en position de faire régner demain une terreur plus grande encore, mais cela conduit aussi justifier toutes les manières d'attaquer ce pouvoir[5]. Le raisonnement de Gandhi est sans faille apparente : aucune n'ayant adopté la non-violence, toute démocratie est violente ; de cette pseudo-

---

1. *Ibid.*, p. 230, 233.
2. *Ibid.*, p. 289, 295.
3. « Quant à cette habitude de vouloir chercher la lumière du côté de l'Occident, je ne peux guère vous donner d'autres conseils que les indications fournies par l'ensemble de ma vie. D'habitude, c'est de l'Orient que venait la lumière. Si nos réserves sont épuisées, il faudra évidemment emprunter à l'Occident. Mais je me demande si on peut jamais parvenir à épuisement de la lumière (je parle de lumière et non de miasmes) » ; *ibid.*, p. 289.
4. *Ibid.*, p. 247.
5. *Ibid.*, p. 241.

déduction, il conclut que « les États qui se disent aujourd'hui démocratiques feraient mieux de se déclarer franchement totalitaires [1] ». Ainsi Gandhi demeurait-il aveugle à la violence de la non-violence, et fournit-il aux terroristes d'aujourd'hui un alibi majeur, celui de lutter contre la violence de l'Autre en faisant usage du sacrifice de soi. Le perfectionnement de la technique terroriste fut rendue possible, comme l'histoire l'a montré, par une radicalisation du détachement à l'égard de la vie.

Dostoïevski, une critique messianique du messianisme

Si Gandhi et Tolstoï sont partagés entre contestation et non-violence, chez Dostoïevski, la condamnation du terrorisme semble nette et sans appel. Mais de même que la théorie de la non-violence est lourde de violence, de même la critique dostoïevskienne est limitée par la foi messianique du romancier. Celui-ci fut à bien des égards un prophète. Si l'on veut lire Dostoïevski en historien, nul doute qu'on en vienne à se moquer des inexactitudes et des partis pris de son témoignage sur le terrorisme. S'en tenir à cette approche revient cependant à méconnaître la portée spéculative de la méditation de Dostoïevski. Au-delà des faits et des personnages réels dont il fut le contemporain, l'œuvre de Dostoïevski se fait l'écho du choc qu'il éprouva à la lecture du *Que faire ?* de Tchernychevski ou de la révélation de l'affaire Netchaïev. Sans s'arrêter à la médiocrité du roman ou à la piètre envergure du révolutionnaire, l'écrivain a saisi de quel avenir l'idéal qu'ils incarnaient était porteur, et, comme le dit très bien Alain Besançon, « la seule manière d'aborder le phénomène était de lui rendre sa dimension métaphysique, de surprendre, sous l'insigni-

---

1. *Ibid.*, p. 248.

fiante surface, son innommable profondeur[1] ». La nouveauté qu'il a alors saisie a alimenté toute sa réflexion et rencontré l'histoire réelle de la Russie, du moins celle de la conscience russe.

Selon Alain Besançon, si Dostoïevski a été si profondément troublé, c'est qu'il a perçu dans le terrorisme nihiliste comme un miroir déformé de son propre messianisme non pas parce que l'auteur retrouverait chez les jeunes protestataires une trace de son attrait passé pour les théories de Charles Fourier, mais en raison de la foi de l'homme mûr. Avant Savinkov, qui semble répondre à Dostoïevski en reprenant à son compte la condamnation de celui-ci, le romancier voit dans les anarchistes et les terroristes des « démons », ou des « possédés », qui ne sont pas exempts d'une forme de sainteté, comme Stavroguine, qui est allé jusqu'à épouser une démente. L'éditeur Alexandre Souvorine raconte qu'en 1887, soit sept ans après la parution des *Frères Karamazov*, discutant avec son auteur d'un attentat qui venait d'être commis au palais d'Hiver, l'écrivain « déclara qu'il écrirait un roman dont le héros serait Aliocha Karamazov. Il voulait faire passer celui-ci à travers la vie de monastère et en faire un révolutionnaire. Il commettrait un crime politique. On le décapiterait. Il aurait cherché la vérité, et naturellement, dans ses recherches, il serait devenu révolutionnaire[2] ».

En considérant les révolutionnaires comme des possédés, Dostoïevski dénonce l'athéisme de ses personnages comme un faux-semblant. Soit ils deviennent fous, comme Ivan Karamazov, soit ils sont suicidaires, soit ils abritent en secret une idolâtrie qui les voue à un messianisme régressif, en deçà de la grandeur du message chrétien. Pour Dostoïev-

---

1. Alain Besançon, *Les Origines intellectuelles du léninisme*, op. cit., p. 167.
2. *Journal intime d'Alexandre Souvorine, directeur du* Novoïe Vremia, trad. du russe par M. Lichnevski, Paris, Payot, 1927, p. 11 ; cité par Isaiah Berlin, *Les Penseurs russes* (1979), trad. de l'anglais par D. Olivier, Paris, Albin Michel, 1984, p. 369.

ski, on n'échappe pas au messianisme, et l'on n'a le choix qu'entre le message du Christ et celui des démons. Alain Besançon souligne la perspicacité du romancier qui, sans connaître les lettres amères que Bakounine adressa à Netchaïev après leur rupture, peint la relation de Stavroguine et de Verkhovenski comme empreinte de soumission et d'idolâtrie[1]. Mais, dans la même mesure, il leur fait crédit d'une forme de messianisme. Si les révolutionnaires nihilistes et anarchistes incarnent le mal, c'est pour avoir endossé le mal qu'ils dénoncent. Le pire réside en effet dans ce qu'ils condamnent eux aussi, le libéralisme et l'utilitarisme venus d'Europe occidentale.

Dostoïevski, à la différence de Tourgueniev – dont la critique ne comporte rien de messianique –, verse les influences du matérialisme allemand sur le nihilisme russe au compte du caractère diabolique de celui-ci. Son rapport au christianisme n'est pas exempt d'une dérive vers les extrêmes. Sans rompre aussi radicalement que Tolstoï avec l'Église, il prend un grande liberté relativement au dogme chrétien. Si le catholicisme lui paraît une source évidente de corruption, il ne s'en remet pas sans condition au rite orthodoxe russe. Comme le note bien Alain Besançon, c'est la figure du Christ seule qui constitue l'objet de la foi messianique de Dostoïevski[2]. La critique dostoïevskienne brouille en effet le partage des démons et des anges. Les démons, au moins, ne sont pas victimes de l'illusion du bien créée par la civilisation du bien-être à ses débuts. Ils sont les témoins du mal, des martyrs au sens propre – en quelque sorte – et se rapprochent davantage du but que ceux qui se croient des anges en adhérant aux valeurs prétendument pacifiques de l'Occident. Alain Besançon montre bien comment l'analyse de Dostoïevski s'apparente à une politique du pire. Du mal est attendu le bien, par une sorte de métamorphose : « Il s'ensuit que le dostoïev-

---

1. Alain Besançon, *Les Origines intellectuelles du léninisme, op. cit.*, p. 168.
2. *Ibid.*, p. 171.

skisme va sournoisement pousser à la révolution, qu'il condamne en même temps avec bruit, parce qu'à travers elle s'accomplit la destruction de ce monde et se rapproche l'apocatastase [1]. »

Alain Besançon montre qu'il est une forme de condamnation du terrorisme qui sert encore d'excuse à celui-ci. Ce qui sauve le terrorisme, dans la lignée dostoïveskienne, c'est qu'il détruit ce qui est vraiment démoniaque : l'économie et les valeurs occidentales. La reconnaissance d'un ennemi commun noue, aujourd'hui encore, une complicité entre la révolution et la contre-révolution, promettant un bouleversement des alliances et des repères. Désormais la révolution peut s'avouer contre-révolutionnaire, et la réaction se trouver un but messianique commun avec la protestation nihiliste.

L'alliance du messianisme et de l'islamisme

Si le terrorisme islamiste a pu puiser ses ressources dans l'islam, c'est d'abord parce deux formes de messianisme, religieuse et révolutionnaire, ont historiquement pu s'allier. C'est cette alliance qui permet de comprendre pourquoi le terrorisme islamiste, quoique majoritairement sunnite, repose sur une temporalité messianique. Même dans sa version intégriste, le sunnisme n'est pas eschatologique, comme le montre Emmanuel Sivan [2]. Même si la restauration de la *charia* est un mythe d'avenir des islamistes, au sens de « principe mobilisateur », elle n'est pas proprement messianique. En revanche, les chiites attendent effectivement un messie, et leur temporalité est orientée par l'espérance du retour de l'imam caché, Madhi.

---

1. *Ibid.*, p. 173.
2. Emmanuel Sivan, *Mythes politiques arabes* (1988), trad. de l'hébreu par N. Weill, Paris, Fayard, 1995, p. 227-228.

Mais on ne peut s'en tenir à un tel clivage, et cela pour plusieurs raisons. Quand on oppose le chiisme et le sunnisme sous le rapport du messianisme, on identifie spontanément tout messianisme à sa forme eschatologique – alors que ce qui rend possible le passage au terrorisme est le messianisme de l'événement. Un tel clivage ne vaut que sur le plan religieux, pas sur le terrain politique de la révolution ou de la guerre terroriste. Le messianisme islamiste dépasse le clivage de l'islam sunnite et chiite car il n'est pas essentiellement eschatologique. Toutefois, il nous enseigne que le messianisme révolutionnaire s'est appuyé sur le messianisme eschatologique pour s'en servir comme catalyseur, comme explosif.

L'exemple de la révolution iranienne témoigne de la manière dont le messianisme populaire chiite a pu croire se retrouver dans le messianisme révolutionnaire. La croyance en l'imam caché ne constitue pas un thème des leaders de la révolution iranienne comme l'ayatollah Khomeiny, mais celui-ci a bénéficié de l'attente messianique chiite tout en développant pour sa part un messianisme de l'événement, lui qui considérait qu'il fallait agir « séance tenante, ici et maintenant[1] ». Espérance messianique classique et messianisme révolutionnaire se sont mêlés en Iran au moment de la révolution. Emmanuel Sivan cite une chanson populaire à Téhéran qui jouait sur l'ambiguïté du retour de l'imam, de celui de l'imam caché et de celui de Khomeiny en exil en France : « Quand reviendra l'Imam/ L'Iran, cette mère brisée et blessée/ Sera pour toujours libérée/ Des chaînes de l'esclavage et de l'ignorance/ Du pillage, de la tyrannie et de la prison[2]. » Au-delà de cette problématique classiquement révolutionnaire, qui a visé et obtenu l'exercice du pouvoir politique, l'invention iranienne a consisté en une alliance des deux messianismes, messianisme eschatologique et

---

1. Emmanuel Sivan, *Mythes politiques arabes*, op. cit., p. 229.
2. *Ibid.*, p. 230.

messianisme révolutionnaire. Déjà Qotb et Maudoudi avaient essayé d'insuffler dans l'islam un messianisme révolutionnaire qui a contribué à la constitution d'une doctrine terroriste jusqu'à aujourd'hui. Mais la révolution iranienne et l'alliance des deux messianismes ont donné une nouvelle orientation à cette source islamiste.

La révolution iranienne fut un choc d'une ampleur considérable. Elle a fait date dans l'islamisme. Si aujourd'hui les musulmans sunnites ont repris le terrorisme des bombes humaines, les premiers qui pratiquèrent de tels actes furent les combattants du Hezbollah, mouvement libanais chiite. Le mouvement terroriste palestinien Jihad islamique est un effet de cette onde de choc de la révolution iranienne et du mélange des deux messianismes. Son fondateur, Fathi Chakaki, est sunnite, mais il est fasciné par la révolution iranienne a écrit *Khomeini, The alternative and the islamic solution*. Il est actuellement soutenu par le Hezbollah et pratique les attaques-suicides depuis 1983. Il n'est pas exclu que le Hamas, mouvement sunnite issu des Frères musulmans, se soit rapproché du Hezbollah en 1992 sous l'impulsion de l'Iran. Si les Frères musulmans ont les premiers adapté l'islam à un messianisme révolutionnaire, la révolution iranienne, en apportant le soutien du messianisme religieux dont les racines théologiques sont oubliées ou perdues, a permis l'émergence d'un messianisme nihiliste au cœur de l'islam. Comme chez les nihilistes russes, ni le messianisme révolutionnaire ni le messianisme religieux ne suffisent à expliquer la constitution de cette doctrine de mort. Ni l'un ni l'autre ne subsistent, dans cet alliage, sans être profondément modifiés mutuellement, mais leur alliance fonde une conception du monde étayée sur une temporalité fermée, unissant en un tout le présent, le passé, et l'avenir.

Ce messianisme nihiliste qui est au fondement de l'islamisme terroriste déjoue pour cette raison les clivages habituels entre les conservateurs et les révolutionnaires. L'islamisme a cette caractéristique de s'appuyer sur le passé tout en visant une mutation révolutionnaire, d'être en même temps moderne et antimoderne[1]. L'utopie se mêle au traditionalisme dans l'islamisme comme dans tout messianisme nihiliste. Si c'est la technologie et particulièrement l'Internet qui paraît, dans la modernité, le phénomène le mieux compatible avec ce messianisme nihiliste, c'est qu'il réalise une métamorphose analogue de l'historicité, comme le montre le succès actuel de toute la romance du voyage dans le temps. Le messianisme nihiliste ne se distingue pas seulement du messianisme téléologique, mais lui est antinomique. Le terrorisme actuel requiert la fin de tout sens de l'histoire, serait-il le simple espoir qu'il n'est pas de non-sens. Le sens de l'histoire n'est pas seulement, en effet, une conception du monde et un imaginaire, mais une forme de crédit et de confiance en le devenir. Or le terrorisme se fonde sur le refus de cette confiance et travaille, par la peur et l'effroi, à produire, chez ceux qui en subissent la menace, la crainte du non-sens. Il n'est pas seulement issu du nihilisme, mais, dans sa forme actuelle, il vise à produire du nihilisme.

Messianisme et nihilisme sont symétriques. Espoir et désespoir sont le reflet inversé l'un de l'autre et trouvent dans la religion à s'articuler en un au-delà plus ou moins digne de foi. Ce n'est pas la foi qui permet que tiennent ensemble messianisme et nihilisme, comme on le croit quand on ironise sur la croyance aux anges venant assister le kamikaze, mais au contraire le messianisme nihiliste ouvre logiquement sur un au-delà capable de dénoncer le monde comme un pur semblant où le sujet n'a pas sa place, et où il ne peut se distinguer qu'en tuant par sa mort. Si cet abandon du sujet à la pulsion de mort ne passe pas sans convocation de la religion, serait-elle une confuse religiosité d'athée, c'est en raison d'une logique psychique que la clinique de la mélancolie nous aide à cerner.

---

1. *Ibid.*, p. 211.

La mélancolie messianique

Une des formes aggravées de la psychose mélancolique est le syndrome de Cotard, encore nommé « délire des négations ». À la tristesse de disparaître, les mélancoliques qui souffrent du syndrome de Cotard ajoutent la douloureuse conviction de leur immortalité. La mort n'apparaît que comme la seule délivrance, pourtant impossible, de cette souffrance sans limite. La mélancolie se caractérise non seulement par « la dépression du moi et les sentiments qu'elle déclenche, mais aussi par les idées de ruine et de perdition qui en dérivent », comme le montre Jorge Cacho dans le livre qu'il a consacré au syndrome de Cotard[1]. À la fin du XIX siècle, le psychiatre Paul Garnier nommait « nihilomanie » la « désespérance absolue » du patient de Cotard[2]. Les parentés du discours du mélancolique avec celle du nihiliste sont frappantes, à ceci près que les révolutionnaires aspirent à ce qui s'est déjà accompli pour ces patients qui disent : « le monde s'est effondré », « tout le monde est mort », « tout ce qui existe n'existe pas »[3]. Cette affinité a frappé Gershom Scholem qui est allé chercher dans le manuel de psychiatrie d'Eugen Bleuler des descriptions cliniques des psychoses qui le conduisent à formuler pour Sabbataï Zevi le diagnostic de maniaco-dépression[4].

Loin de tout messianisme téléologique et eschatologique, le messianisme nihiliste anticipe sur le désespoir. Les « lendemains qui chantent » mènent au suicide car ils sont en eux-mêmes suicidaires, aspirant à une satisfaction néantisante et fusionnelle, à une harmonie mortifère avec un Autre parfaitement apte à combler tout désir du sujet. Le

---

1. Jorge Cacho, *Le Délire des négations*, Paris, Éditions de l'Association freudienne internationale, 1993, p. 118.
2. *Ibid.*, p. 190.
3. *Ibid.*, p. 212.
4. Gershom Scholem, *Les Grands Courants de la mystique juive, op. cit.*, p. 308.

patient qui souffre du syndrome de Cotard ne perçoit plus en lui aucune ouverture orificielle. Son corps se bouche littéralement et il n'est plus traversé par ce qui serait susceptible de l'aliéner. Si le paranoïaque perçoit l'altérité comme persécutive, le mélancolique règle le problème à la source en niant toute la dimension de l'Autre. Le nihilisme peut nous apparaître comme une mélancolie étendue à la culture. L'argument du désespoir exprime une forme de clôture qui en vient à la récusation de l'altérité. En même temps, la comparaison du nihilisme avec la mélancolie nous permet d'inverser l'ordre des concepts et de nous débarrasser d'une causalité simpliste. La destruction du monde est la traduction de la mort du sujet. Certes, les terroristes ne sont pas tous des mélancoliques, mais ils épousent néanmoins une logique de pensée psychotique. Le messianisme nihiliste est une logique psychotique venant se greffer sur n'importe quelle idéologie politique et religieuse, pour se donner une apparence révolutionnaire et belliqueuse en entraînant les sujets dans un au-delà qui n'est que la destruction de toute visée subjective, sur le plan personnel comme collectif. Le terrorisme, dans sa forme extrême de l'attentat-suicide, trouve sa source dans une mélancolie érigée en système. Il requiert une transformation de l'idéologie révolutionnaire qui d'utopique devient messianique. En cela, elle devient un mythe, au sens sorélien du terme.

Chapitre XIV

Mythe et terrorisme

Dire qu'il existe un mythe terroriste ne signifie pas que le terrorisme n'existe pas, mais au contraire qu'il a acquis une force de mobilisation en vertu de laquelle il n'est pas interrogé. Curieusement, c'est chez un apologue du mythe révolutionnaire, Georges Sorel, que l'on peut trouver les éléments permettant d'en démonter le mécanisme.

Le mythe contre l'utopie

Le mythe, chez Sorel, est ce qui s'oppose à l'utopie. L'utopie est une construction intellectuelle, tandis que les mythes « ne sont pas des descriptions de choses, mais des expressions de volontés[1] ». Le mythe se reconnaît à sa puissance mobilisatrice. Il exprime les convictions des masses. Le mythe est la représentation d'un mouvement. Les images qui le constituent ne sont pas inertes. Ce sont très exactement des « images de bataille ». La propagande par le fait, soumise à l'interprétation de Sorel, apparaît pour ce qu'elle est : une forme de guerre. Elle est la « méthode directe et révolutionnaire » particulièrement indiquée dans

---
1. Georges Sorel, *Réflexions sur la violence*, op. cit., p. 25.

les pays belliqueux, au nombre desquels il compte la France[1]. Le mythe est doté d'une dynamique belliqueuse qui le distingue de l'utopie, par définition immobile et stérile[2]. La définition sorélienne du mythe est une définition messianique[3]. Pour lui, en effet, le mythe et l'utopie se distinguent en ceci que paradoxalement l'utopie sacrifie encore au temps de la finitude. C'est ce qui explique le caractère fastidieusement détaillé des descriptions utopiques. Au contraire, les mythes sont « des moyens d'agir sur le présent ; toute discussion sur la manière de les appliquer matériellement sur le cours de l'histoire est dépourvue de sens[4] ».

On confond parfois, à tort, l'utopie et ce messianisme dont Sorel montre qu'il a besoin d'être porté par un mythe. L'utopie installe certes le sentiment d'une attente et peut se rendre compatible avec un messianisme téléologique. Mais elle se contente de dresser des plans plus propres à endormir qu'à exhorter à l'action[5]. Le mythe, au contraire, n'a rien de descriptif. Il contraint à ne pas penser au-delà de la destruction, l'avenir authentiquement révolutionnaire restant de l'ordre de l'impensable[6]. Selon Sorel, « Marx rejetait toute tentative ayant pour objet la détermination des conditions de la société future[7] ». L'utopie vise à construire, tandis que le mythe conduit les hommes à détruire ce qui

---

1. *Ibid.*, p. 19-20.
2. « Les hommes qui participent aux grands mouvements sociaux, se représentent leur action prochaine sous forme d'images de bataille assurant le triomphe de leur cause. Je proposais de nommer mythes ces constructions dont la connaissance offre tant d'importance pour l'historien », *ibid.*, p. 19-20.
3. Je suis en ceci l'interprétation de Jocelyn Benoist, mais dans une autre perspective d'analyse ; Jocelyn Benoist, « Créer l'avenir, ou la révolution sans utopie », in Jocelyn Benoist et Fabio Merlini, *Messianité et révolution*, Paris, Vrin, 2004, p. 211-228.
4. Georges Sorel, *Réflexions sur la violence, op. cit.*, p. 83.
5. *Ibid.*, p. 92.
6. « *Il faut* […] concevoir le passage du capitalisme au socialisme comme une catastrophe dont le processus échappe à la description » ; *ibid.*, p. 92.
7. *Ibid.*, p. 94.

existe. L'utopie est dénoncée par Georges Sorel non seulement au titre de construction intellectuelle, mais parce qu'elle relève encore de ce qu'il nomme l'optimisme. La condamnation de l'optimisme transforme la conception de la révolution. Non seulement celle-ci ne saurait être un simple coup de force et se limiter à un coup d'État, mais elle ne doit surtout pas être enchantée. Si elle est authentiquement de l'ordre de la violence, c'est parce qu'elle a rompu avec un optimiste toujours susceptible de conduire au simple réformisme. Le révolutionnaire véritable est celui qui assume un pessimisme de principe. C'est la raison pour laquelle, au-delà du mythe de la grève générale, la pensée de Georges Sorel fournit des instruments de réflexion pour appréhender la nouvelle forme prise par la violence politique dans le terrorisme. Sorel montre la fonction de l'argument du désespoir comme principe de légitimation de l'action terroriste. C'est du moins la conséquence que l'on peut dégager de son apologie du pessimisme.

Le pessimisme, moteur du messianisme

La pensée de Sorel éclaire d'une lueur nouvelle l'argument du désespoir, essentiel à la justification du recours au terrorisme. La théorie sorélienne permet de comprendre que le désespoir n'est pas un thème parmi d'autres de certains mythes révolutionnaires, mais un élément constitutif de toute décision du passage à la violence. Il n'est pas de violence assumable sans appui sur un désespoir systématisé. C'est dans les termes de l'humeur, érigée au rang de symptôme collectif, que Sorel décline son apologie de la tristesse. La mélancolie doit échapper au destin de la personne individuelle pour constituer l'élément messianique capable de modifier le rapport du sujet à son devenir. C'est sur l'opposition métaphysique de l'optimisme et du pessimisme que Sorel construit un désespoir mobilisateur.

La théorie sorélienne du pessimisme n'est pas plus romantique que l'argumentaire du désespoir du terrorisme actuel. Au contraire, le « concert de gémissements » du début du XIXᵉ siècle a nuit au pessimisme et à la considération des vertus heuristiques de la tristesse, moins portée que l'espérance à donner crédit aux leurres de l'existence. Le messianisme propre à la violence politique n'est pas le messianisme téléologique ni eschatologique car il se tient éloigné des « espoirs décevants dans lesquels se complaisent les âmes faibles [1] ». L'espoir est essentiellement conservateur, quand bien même il aurait en vue une transformation révolutionnaire. Cet espoir subsiste chez les faux pessimistes. Le faux pessimiste n'est qu'un « optimiste écœuré, qui n'a pas eu le courage de changer l'orientation de sa pensée », et comme tout optimiste il « passe avec la plus remarquable facilité, de la colère révolutionnaire au pacifisme social le plus ridicule [2] ». Il ne faut pas confondre, pour Sorel, pessimisme et ressentiment. Sorel conjugue la critique nietzschéenne du ressentiment avec l'apologie du pessimisme. Le pessimiste est le seul qui soit capable de renoncer aux illusions du bonheur. Tourgueniev, dans *Pères et Fils*, avait bien conscience d'une double voie de la révolte, optimiste, chez un Arcade limité par le principe de plaisir, pessimiste pour le nihiliste Bazarov. Sorel tranche.

Telle est la frontière qui sépare, selon Sorel, la Terreur révolutionnaire de la violence des masses prolétariennes. La Terreur du Comité de salut public a encore en vue le bien, et c'est la raison pour laquelle elle est éradicatrice. Mais l'éradication n'est pas encore la destruction. Une lecture émolliente de Sorel voudrait pouvoir assurer que sa condamnation de la Terreur est un refus de la cruauté. Il n'est est rien, et il n'exclut pas que la grève générale puisse

---

1. Georges Sorel, *Réflexions sur la violence*, *op. cit.*, p. 11.
2. *Ibid.*, p. 13.

marquer le début d'une série d'émeutes sanglantes[1]. Que la sympathie découvre aisément dans la révolution son envers sanguinaire ne conduit nullement Sorel à préconiser un pacifisme mou. Au contraire, l'apport majeur des anarcho-syndicalistes a consisté, de son point de vue, à apprendre aux ouvriers à ne pas rougir de la violence : « Les violences prolétariennes [...] sont purement et simplement des actes de guerre, elles ont valeur de démonstrations militaires et servent à marquer la séparation des classes[2]. »

C'est avec des accents messianiques que Sorel parle du vrai pessimisme : « Le pessimisme est tout autre chose que les caricatures qu'on en présente le plus souvent : c'est une métaphysique des mœurs bien plutôt qu'une théorie du monde ; c'est une conception d'une marche vers la délivrance[3]. » Si l'homme de bien, l'optimiste fait couler le sang pour le bonheur de l'humanité, le pessimiste, lui, sait d'emblée qu'il doit renverser le système complet de ce qui existe. Si l'action de l'optimiste a des conséquences catastrophiques, celle du pessimiste est la catastrophe à proprement parler, c'est-à-dire le renversement total de l'organisation sociale. L'optimiste ne mesure pas la force d'un réel qu'il croit pouvoir maîtriser. L'homme de la catastrophe sait que la violence capable d'ébranler l'ordre social est sans commune proportion avec une révolution ordinaire qui se contente de changer le visage du pouvoir. Le pessimiste fait l'hypothèse d'un système social, c'est-à-dire d'un ordre organisé, dont la solidarité des parties assure la solidité et la consistance. C'est pourquoi, selon Sorel, « le pessimiste regarde les conditions sociales comme formant un système enchaîné par une loi d'airain, dont il faut subir la nécessité,

---

1. *Ibid.*, p. 103.
2. « Les anarchistes devenus syndicalistes eurent une véritable originalité et n'appliquèrent pas des théories qui avaient été fabriquées dans des cénacles philosophiques. Ils apprirent surtout aux ouvriers qu'il ne fallait pas rougir des actes violents » ; *ibid.*, p. 30.
3. *Ibid.*, p. 13.

telle qu'elle est donnée en bloc, et qui ne saurait disparaître que par une catastrophe l'entraînant tout entier[1] ». C'est à la désignation de la destruction comme catastrophe, c'est-à-dire comme renversement total, que conduit cette apologie du pessimisme qui n'est pas sans évoquer la pensée de Schopenhauer. Le pessimisme doit préparer les esprits à la catastrophe.

La catastrophe

Pour Jean Beachler, l'image de la « catastrophe salvatrice » est caractéristique des millénarismes révolutionnaires[2]. Nietzsche, décrivant l'avènement du nihilisme, exprime le sentiment que la civilisation européenne est comme « portée vers une catastrophe *(Katastrophe)*[3] ». C'est aussi à ce terme qu'a recours le traducteur d'Oussama Ben Laden pour parler du 11 Septembre[4]. La notion est centrale chez Sorel. Seule la grande catastrophe peut, paradoxalement, mobiliser les masses. La grève générale est souvent comparée à la « bataille napoléonienne », paradigme d'un combat qui « écrase définitivement les vaincus[5] ».

Mais les exemples de Georges Sorel sont également empruntés à l'histoire religieuse. La religion a parfaitement donné l'exemple de ces « catastrophes » qui permettent que l'humanité prenne une direction nouvelle. La Révolution française est impuissante à nous faire comprendre ce qu'est un renversement total, la Terreur témoignant, selon lui, trop nettement de son optimisme. En revanche, si les vrais

---

1. *Ibid.*, p. 14.
2. Jean Baechler, *Les Phénomènes révolutionnaires, op. cit.*, p. 104-105.
3. Friedrich Nietzsche, *Fragments posthumes, op. cit.*, p. 362.
4. Oussama Ben Laden, « Extraits de "Recommandations tactiques" », (2002), trad. J.-P. Milelli, *in* J.-P. Milelli et Gilles Kepel (dir.), *Al-Qaïda dans le texte, op. cit.*, p. 85.
5. Georges Sorel, *Réflexions sur la violence, op. cit.*, p. 47.

pessimistes sont ceux qui conçoivent correctement la « marche vers la délivrance », c'est chez les chrétiens qu'il veut en trouver les modèles. Le terrorisme actuel est sorélien, car Sorel est le premier à conférer à la religion un rôle central dans la libération.

Le messianisme des premiers chrétiens est pour Sorel un messianisme apocalyptique, tendu par l'attente du retour du Christ, et mobilisé dans la lutte contre le caractère satanique de la vie terrestre. Le calvinisme fournit un second exemple de pessimisme messianique. S'il a les faveurs de Sorel, c'est parce que, contrairement au pessimisme du christianisme primitif, « on n'empruntait plus aux apocalypses l'idée d'une grande catastrophe finale dans laquelle les compagnons du Christ ne seraient que des spectateurs[1] ». Au contraire, les protestants passèrent directement à la lutte armée. C'est en voulant « établir le royaume de Dieu par la force » que les calvinistes accomplirent « une véritable révolution catastrophique, changeant tout de fond en comble[2] ».

Contre les avocats de la violence, Sorel ne s'encombre pas d'une quelconque justification de celle-ci. Il ne se laisse pas prendre au jeu dialogique de l'argumentation, toujours susceptible de produire un effet sinon contraire à l'objectif escompté, du moins un déplacement du discours initial. Ainsi se moque-t-il de Lucien Herr qui, au lendemain de l'attentat de ceux que Camus appelle « les justes » contre le grand-duc Serge, essayait de sensibiliser l'opinion sur les crimes du tsarisme. Il y voit là encore une forme de « catéchisme », alors que la violence est littéralement par-delà bien et mal[3].

---

1. *Ibid.*, p. 15.
2. *Ibid.*, p. 16.
3. « L'historien n'a pas à délivrer des prix de vertu, à proposer des sujets de statues, à établir un catéchisme quelconque ; son rôle est de comprendre ce qu'il y a de moins individuel dans les événements [...]. Il ne s'agit pas ici de justifier les violents, mais de savoir quel rôle appartient à la violence des masses ouvrières dans le socialisme contemporain. » *Ibid.*, p. 33.

Si elle ne peut être décrite, la catastrophe peut être esthétisée, et cette esthétisation emprunte, comme toute esthétisation de la violence, à la figure du sublime[1]. C'est par le sentiment du sublime que la croyance messianique en la catastrophe finale peut conduire à l'engagement dans la violence. Ce que Sorel dit de la grève générale peut être appliqué au terrorisme contemporain. S'il faut résister au culte de la douceur, bourgeois et démocratique, et éduquer à la violence, c'est pour se convaincre que la cause de la catastrophe est une « œuvre grave, redoutable et sublime[2] ». Cette esthétisation de la violence est la condition de l'acceptation du sacrifice et requiert l'abandon de l'hégélianisme. Le mythe est l'esthétisation de la catastrophe. Il rend héroïque la cause révolutionnaire et éveille la vocation au martyre[3]. La théorie de Sorel nous a menés aux sources du terrorisme.

Conclusion

Si Sorel est à ce point précieux pour remonter aux sources du terrorisme, c'est qu'il met au jour la fonction du mythe révolutionnaire pour préparer à l'action catastrophique. Il réconcilie la tradition anarchiste, dans laquelle il s'inscrit explicitement, et la religion, qui lui fournit ses exemples et ses références. Qu'il parle de mythe pour désigner la construction mentale qui porte à la catastrophe, tout en pariant sur l'efficace de la propagande par les actes, nous montre la vanité de la prétention, en politique comme ailleurs, d'échapper au langage. Lacan nous montre bien que l'ambivalence de la pulsion de mort, tout à la fois « volonté de destruction » et « volonté de recommencer à nouveaux

---

1. Stamatios Tzitzis, *Esthétique de la violence*, Paris, PUF, 1997.
2. Georges Sorel, *Réflexions sur la violence*, *op. cit.*, p. 93, 195.
3. *Ibid.*, p. 125, 159.

frais » est encore rendue possible par les propriétés du signifiant[1]. La « volonté d'autre chose » suppose que « tout peut être mis en cause à partir de la fonction du signifiant ».

Si le terrorisme est la forme de guerre qui correspond à notre temps, parce qu'il est transnational et correspond à la nouvelle religiosité contemporaine, il ignore néanmoins ce qui le soutient. Les terroristes sont messianistes car ils croient pouvoir s'approprier le rien, et comme Stirner considèrent que le rien en lui-même est créateur, alors que « la création *ex-nihilo* » est encore un effet du langage[2]. Point culminant du nihilisme, le messianisme est en même temps ce qui le réfute.

---

1. Jacques Lacan, *L'Éthique de la psychanalyse*, séminaire VII, 1959-1960, 1986, p. 251.
2. Max Stirner, *L'Unique et sa propriété*, *op. cit.*, p. 81.

Conclusion

Remonter aux sources du terrorisme permet d'identifier un usage terroriste du discours, plus répandu que les bombes, qui consiste à jouer de la peur et à imputer à l'Autre la responsabilité de la mort qu'on s'inflige soi-même. Le discours et la pratique terroristes ne connaissent ni la médiation ni la tempérance : le passage à la limite est immédiat. Si dans l'Antiquité, la sagesse consistait à tenter d'éviter la souffrance, aujourd'hui, toute une éthique terroriste de la vie invite à la cultiver. L'analyse du phénomène terroriste nous donne des éléments pour comprendre la modification de ce rapport à l'existence.

Limite morale de la politique et limite politique de la morale, le terrorisme est une guerre qui use de l'arme psychologique. Sa puissance est certes requise, et c'est pour cette raison qu'on peut voir en lui la forme contemporaine de la guerre, qui met en défaut les plus performantes armées classiques de ce monde. S'il est difficile d'avoir prise sur les terroristes, c'est qu'ils ne se réfèrent pas à un modèle d'autorité paternel, mais se situent dans l'évolution moderne de l'autorité vers un schème maternel. Le terrorisme est fondé sur le refus de la confrontation à l'Autre. Il écarte l'altérité pour tenter de transformer les conflits en simples duels entre des victimes potentielles et des ennemis insidieux. La promotion de cet idéal correspond à ce qu'en psychanalyse on nomme la perversion. La victoire terroriste n'est pas seulement dans le nombre des tués, mais consiste à jouir et se réjouir de l'angoisse provoquée chez l'Autre.

L'attentat-suicide n'est donc pas un accident de parcours du terrorisme, mais il est inscrit dans sa logique, même s'il n'a pas été pratiqué directement par les premiers à se concevoir comme terroristes, les anarchistes russes. Si le suicide terroriste se prétend un suicide « escapiste », destiné à arracher le sujet à une situation insupportable, ou « oblatif », il est surtout un suicide « agressif »[1]. Toute personne qui passe près de la bombe humaine est, par sa propre mort, désignée comme responsable de la souffrance de tous. Peut être dit terroriste tout discours qui ne respecte pas la division du sujet. Le terroriste ne reconnaît pas l'existence de victimes innocentes ; il peut imputer à tout autre la responsabilité d'un désespoir qui l'autorise à n'être lui-même responsable que devant lui-même. Jean-Louis Chrétien nomme « omni-responsabilité » cette extension de la responsabilité au-delà des actes dont un sujet est capable de répondre. Ce n'est pas la responsabilité inconsciente qui est là prise en compte, mais une obligation de répondre par-delà le champ de la finitude. Ce qui est vrai de la victime l'est aussi de l'auteur de l'acte par un effet de symétrie en miroir. Jean-Louis Chrétien cite l'étrange plaidoirie prononcée devant la cour de justice par l'anarchiste Émile Henry qui disait refuser d'être jugé par un autre tribunal que lui-même[2]. Loin de concerner le seul anarchisme athée, ce trait s'applique au terrorisme pseudo-religieux qui nous est contemporain. Dans l'islamisme, la religion est convoquée sur un mode horizontal, comme ce qui doit unir et fondre les hommes dans une harmonie assurée par la domination d'un monde virtuel, non pas comme respect d'une dimension tierce qui ferait barrage aux actes crimi-

---

1. J'emprunte ces termes à la typologie de Jean Baechler dans *Les Suicides*, Paris, Calmann-Lévy, 1975.
2. Jean-Louis Chrétien, *Répondre. Figures de la réponse et de la responsabilité*, Paris, PUF, 2007, p. 177.

nels et suicidaires. S'il y a une religiosité des terroristes athées du XIXe siècle, l'islamiste tire profit de la mort de Dieu. Cette religiosité du messianisme nihiliste est, dans toute religion, un dévoiement de la foi.

Le terroriste vise à court-circuiter le langage. S'il parle, il est empêché d'aller jusqu'au bout de son acte et doit renoncer à aller jusqu'au point limite de non-retour. Il ne peut que demeurer figé dans sa colère et imputer à l'Autre la responsabilité de son affect. L'action directe est l'empreinte sur la politique de la pulsion de mort, qui tient la destruction pour un nécessaire préalable à toute discussion... laquelle n'a dès lors plus lieu d'être. C'est le nihilisme qui éclaire ce que les anarchistes nommaient « propagande par les actes », car, bien au-delà d'un éphémère mouvement d'idées, il désigne le statut pris par la négation lorsque la fonction symbolisatrice de celle-ci n'est pas reconnue. La négation nihiliste fait valeur en soi ; elle assure la jouissance inégalée d'un « rien » positivé, qui prend l'allure fallacieuse de la critique, mais exprime un vrai délire de la négation, et un désespoir construit comme un système. Ce qui était nouveau au XIXe siècle est devenu un usage auquel nous ne prenons même plus garde.

Une telle dérégulation de la négation a pourtant pour effet de brouiller les partages habituels entre la modernité et la tradition, entre l'athéisme et la religion, entre des hommes unis dans une communauté virtuelle et des femmes qui croient s'émanciper de la tutelle masculine en se portant candidates au suicide. S'il en est ainsi, c'est que la négation nihiliste non seulement récuse la médiation du langage dans l'action politique, mais également celle qui permet la mesure du temps. Dans ce type nouveau de messianisme qu'est le messianisme terroriste, ce qui importe, c'est de faire événement, et l'événement, comme chez Sorel, est la catastrophe érigée en valeur suprême.

La force de séduction de ce messianisme s'exerce surtout sur la jeunesse. Toutes les guerres sont menées par des jeunes gens. Mais, volontaires ou contraints, ceux-ci mettent leur vie au service de la vie. Les terroristes, eux, fanatiques ou embrigadés, mettent leur mort au service de la mort parce qu'ils sont convaincus, au moins pendant le temps de leur recrutement, par la négation nihiliste, qui ne promet rien d'autre que de prendre part à la destruction d'un monde haï. À chaque fois, la catastrophe est totale ; elle opère une fusion dans l'indifférencié, qui fait lien entre les terroristes par-delà les difficultés et les obstacles auxquels nous vouent la finitude, le désir et la vie dès lors que nous acceptons de renoncer à la voie directe d'accès à la jouissance.

Accuser la démocratie ou la modernité des maux qui la frappent relève encore d'un retrait messianique à l'égard de ce monde-ci. Le terrorisme actuel n'est pas plus technophobe que l'ancien. L'évolution de la terreur a suivi celle des moyens techniques d'en rendre compte : presse, télévision, Internet. « Instruire » la démocratie – au sens tocquevillien du terme – n'est pas se faire l'avocat des terroristes, ni adopter une attitude « omni-responsable », mais respecter la fonction non nihiliste de la négation. Il est possible de critiquer l'utopie de la communication sans désespérer de la démocratie et d'analyser notre relation aux objets, à la consommation, et à la jouissance des richesses en considérant que le problème réside dans le type de discours qui se déploie à cette occasion plus que dans les choses elles-mêmes. Jacques Lacan a montré que le discours du capitaliste est un discours de maîtrise inversé par rapport à celui du maître traditionnel[1]. Si les premiers anarchistes avaient affaire à celui-ci, les terroristes d'aujourd'hui s'en prennent à celui-là. Mais de cette négation nihiliste qui ne se situe pas au niveau de l'analyse des discours, on ne peut rien attendre d'autre que le prix du sang et de nouvelles formes,

---

1. Jacques Lacan, « Discours prononcé à l'université de Milan », mai 1972.

sans doute inédites, de domination. Pour cette raison, l'idée que le « terrorisme » serait « l'arme des faibles » est déjà non démocratique et commet l'erreur de transposer dans la réalité ce qui n'est que rhétorique politique.

Bibliographie

TERRORISME (GÉNÉRAL)

Scott ATRAN, « Terroristes en quête de compassion », in *Cerveau*, n° 11, sept-oct. 2005, p. 12-14.

Jean BAUDRILLARD, « L'esprit du terrorisme », in *Le Monde*, 3 novembre 2001, rééd. *L'Esprit du terrorisme*, Paris, Galilée, 2002.

Didier BIGO, « L'impossible cartographie du terrorisme », Octobre 2004, http://www.libertysecurity.org/article4.html.

Gérard CHALIAND et Arnaud BLIN (dir.), *Histoire du terrorisme. De l'antiquité à Al-Qaïda*, Paris, Bayard, 2004.

Stéphane COURTOIS (dir.), *Enjeux philosophiques de la guerre, de la paix et du terrorisme*, Presses universitaires de l'université de Laval, 2003.

Jacques DERRIDA et Jürgen HABERMAS, *Le « Concept » du 11 septembre. Dialogues à New York avec Giovanna Borradori*, Paris, Galilée, 2003.

Diego GAMBETTA (dir.), *Making sense of Suicide Missions*, Oxford, 2005, rééd. 2006.

Pierre HASSNER, « Cinq ans après. Quelques jalons pour un bilan provisoire des conséquences de l'attentat du 11 septembre 2001, in *Les Cahiers philosophiques*, n° 110, juin 2007, p. 93-98.

Pierre MANNONI, *Logiques du terrorisme*, Paris, In press, 2004.

Avishai MARGALIT et Amos ELON, *Pourquoi des kamikazes ? Les raisons d'un désastre* (2003), trad. de l'anglais par P. Rozenberg, Paris, Les Empêcheurs de penser en rond, 2003.

Amos Oz, *Comment guérir un fanatique* (2003), trad. S. Cohen, Paris, Gallimard, coll. « Arcades », 2006.

Robert A. PAPE, *Dying to win. The strategic Logic Of Suicide*, Random House, 2005, rééd. Random House Trade Paperbacks, 2006.

Wolfgang SOFSKY, *L'Ère de l'épouvante. Folie meurtrière, terreur, guerre* (2002), trad. par R. Simon, Paris, Gallimard, 2002.

Bernard STIEGLER, *Aimer, s'aimer, nous aimer, du 11 septembre au 21 avril*, Paris, Galilée, 2003.

TERRORISME, ANARCHISME ET NIHILISME RUSSE

J.-B. ARNAUDO, *Le Nihilisme et les nihilistes*, trad. de l'italien par H. Bellenger, Paris, Dreyfous, 1880.

Henri ARVON, *L'Anarchisme*, Paris, PUF, coll. « Que sais-je ? », 1971.

Gustave AUCOUTURIER, *Introduction à Dostoïevski. Le journal d'un écrivain* (1873-1881), trad. par G. Aucouturier, Paris, Gallimard, coll. « Bibliothèque de la Pléiade », 1972.

Paul AVRICH, *Les Anarchistes russes*, trad. de l'américain par Bernard Mocquot, Paris, Maspero, 1979.

Mikail BAKOUNINE, *Étatisme et révolution* (1873), trad. du russe par Marcel Body, in *Œuvres complètes* t. 4, publiées par Arthur Lehning, Champ libre, 1976.

—, *Dieu et l'État* (posth.1882), éd. Joël Gayraud, Paris, Mille et une nuits, 2000.

Wanda BANNOUR, *Les Nihilistes russes*, Paris, Aubier, 1974.

Isaiah BERLIN, *Les Penseurs russes* (1979), trad. de l'anglais par D. Olivier, Paris, Albin Michel, 1984.

Alain BESANÇON, *Les Origines intellectuelles du léninisme*, Paris, Calmann-Lévy, 1977, rééd. Gallimard, coll. « Tel ».

Albert CAMUS, *Les Justes*, Paris, Gallimard, 1950.

—, *L'Homme révolté*, Paris, Gallimard, 1951, rééd. coll. « Folio ».

Michael CONFINO, *Violence dans la violence, le débat Bakounine-Necaev*, Paris, Maspero, 1973.

Armand COQUART, *Dmitri Pisarev (1840-1868) et l'idéologie du nihilisme russe*, Paris, Institut d'études slaves, 1946, coll. « Bibliothèque russe de l'Institut d'études slaves », t. 21.

Nicolaï DOBROLIOUBOV, *Textes philosophiques choisis* (1856-1861), Moscou, éd. en langues étrangères, 1956.

Fedor DOSTOÏEVSKI, *Crime et châtiment* (1866), trad. D. Ergaz, Paris, Gallimard, coll. « Folio », 1995.

—, *Les Démons*, trad. B. de Schlœzer et S. Luneau, Paris, Gallimard, coll. « Bibliothèque de la Pléiade », 1955.

—, *Les Frères Karamazov*, (1880), trad. du russe par H. Mongault, Paris, Gallimard, coll. « Folio », 1994.

—, *Le Journal d'un écrivain* (1873-1881), trad. par G. Aucouturier, Paris, Gallimard, coll. « Bibliothèque de la Pléiade », 1972.

Ivan GONTCHAROV, *Oblomov* (1858), trad. du russe par H. Iswolsky, Paris, Gallimard, coll. « Folio », 2007.

Alexandre HERZEN, *À qui la faute ?* (1846), trad. du russe par A. Orane, Moscou, éd. de Moscou.

KRAVTCHINSKI (Serguis STEPNIAK), *Le Tsarisme et la révolution*, trad. de l'anglais, Paris, E. Dentu éditeur, Librairie de la société des gens de lettres, 1886.

Pierre KROPOTKINE, *Paroles d'un révolté*, recueil d'articles parus dans *Le Révolté* (1880-1882), choix de textes par Élisée Reclus (1885), éd. revue par Martin Zemliak, Paris, Flammarion, coll. « Champs », 1978.

—, *Œuvres*, présentation et choix de textes par Martin Zemliak, Paris, Maspero, 1976, rééd. La Découverte, 2001.

—, *La Morale anarchiste* (1889), éd. Jérôme Solal, Paris, Mille et une nuits, 2004.

Saman MUSACCHIO, « Enquête sur les limites de l'engagement. *Les Justes* comme illustration de l'influence et de la tentation russes chez Albert Camus », university of Alberta, Canada, printemps 1999.

Serge NETCHAÏEV, *Le Catéchisme du révolutionnaire*, in Michael Confino, *Violence dans la violence, le débat Bakounine-Necaev, le débat Bakounine-Necaev*, Paris, Maspero, 1973.

Dmitri I. PISAREV, *Essais critiques* (1862-1868), trad. du russe, Moscou, éd. du Progrès, 1976.

—, *Notre science universitaire* (1863), trad. du russe par Anatole Abragam, Arles, Actes Sud, 1999.

Boris SAVINKOV, *Le Cheval blême. Journal d'un terroriste*, trad. du russe par Bernard Taft, Paris, Payot, 1931, rééd. trad. M. Niqueux, Paris, Phébus, 2003.

Alexandre SOUVORINE, *Journal intime de Alexandre Souvorine. Directeur du Novoïe Vremia*, trad. du russe par M. Lichnevski, Paris, Payot, 1927.

Nicolaï TCHERNYCHEVSKI, *Que faire ?* (1863), trad. du russe par D. Sesemann, Paris, Éditions des Syrtes, 2000.

Alexis TOURGUENIEV, *Pères et fils* (1862), in *Roman et nouvelles complets*, trad. du russe par F. Flamant et E. Scherrer, Paris, Gallimard, coll. « Bibliothèque de la Pléiade », vol. II, 1982.

Franco VENTURI, *Les Intellectuels, le peuple et la révolution. Histoire du populisme russe au XIXe siècle*, (1952), trad. de l'italien par V. Paques, Paris, Gallimard, 1972, 2 vol.

« PETITE GUERRE »

Carl VON CLAUSEWITZ, « Conférences sur la petite guerre (1810-1812) », trad. A. François, in T. Derbent, *Clausewitz et la petite guerre*, Bruxelles, Aden, 2004.

Carl VON DECKER (1784-1844), officier de l'État-major prussien, *La Petite guerre ou traité des opérations secondaires de la guerre*, trad. de l'allemand par M. Ravichio de Peretsdorf, Paris, Levrault, 1827, Cote BNF : R-33098.

T. DERBENT, *Clausewitz et la petite guerre*, Bruxelles, Aden, 2004.

Capitaine de GRANDMAISON, *La Petite guerre ou traité de service des troupes légères en campagne*, 1756, Cote BNF : R-37639.

Comte de LAROCHE, *Essai sur la petite guerre*, 1770, Cote BNF : R-24781.

Bernard PESCHOT, « La notion de petite guerre en France », les *Cahiers de Montpellier*, 28 (2), 1983, www.univ-montp3.fr.

TERRORISME RÉVOLUTIONNAIRE, MARXISME ET THÉORIES DE LA RÉVOLUTION

Frantz FANON, *Les Damnés de la terre* (1961), Paris, Gallimard, coll. « Folio », 1991.

LÉNINE, « Par où commencer ? » in *L'iskra* (1901), in *Que faire ?*, éd. Paris, Sciences marxistes, 2004.

—, *L'Impérialisme, stade suprême du capitalisme* (1917), préface de 1920, Paris, Éditions sociales, 1971.

—, *La Maladie infantile du communisme : le gauchisme* (1920), Paris, Bernard Bourgois, coll. « 10-18 ».

MAO TSÉ-TOUNG, *Citations du président Mao Tsé-toung*, dit *Petit Livre rouge*, Éditions de Pékin, 1967.

MARX/BAKOUNINE, *Socialisme autoritaire ou libertaire*, textes rassemblés et présentés par Georges Ribeill, Paris, UGE, coll. « 10-18 ».

MARX, ENGELS, LÉNINE, *Sur l'anarchisme et l'anarcho-syndicalisme*, Moscou, éd. du progrès, 1982.

ILICH RAMIREZ SANCHEZ Carlos, *L'Islam révolutionnaire*, texte et propos recueillis, rassemblés et présentés par Jean-Michel Vernochet, Paris, éd. du Rocher, 2003.

Georges SOREL, *Réflexions sur la violence*, Paris, Marcel Rivière et Cie, 1908, version numérique réalisée par J.-M. Tremblay, université du Québec à Chicoutimi, coll. « Les Classiques de sciences sociales » (http://classiques.uqac.ca).

Anne STEINER et Loïc DEBRAY, *La Fraction Armée rouge. Guérilla urbaine en Europe occidentale*, Paris, Méridiens Klincksieck, 1988.

KAMIKAZAT, LA SOURCE JAPONAISE

Jean LARTÉGUY, *Ces voix qui nous viennent de la mer*, Paris, Gallimard, 1954, rééd. Solar, 1969.

Bernard MILLOT, *L'Épopée kamikaze*, Paris, Robert Laffont, 1970.

Jean-Louis MARGOLIN, *L'Armée de l'Empereur. Violences et crimes du Japon en guerre, 1937-1945*, Paris, Armand Colin, 2007.

Ryuji NAGATSUKA, *J'étais un kamikazé. Les chevaliers du vent divin*, Paris, Stock, 1972.

Maurice PINGUET, *La Mort volontaire au Japon*, Paris, Gallimard, 1984, rééd. coll. « Tel ».

Michaël PRAZAN, *Les Fanatiques. Histoire de l'Armée rouge japonaise*, Paris, Seuil, 2002.

Stéphane THIBIERGE, « Kamikaze », 31/10/2002, www.freud-lacan.com.

TERREUR D'ÉTAT, NAZISME

Charlotte BERADT, *Rêver sous le IIIe Reich* (1966), trad. de l'allemand par P. Saint-Germain, Paris, Payot, 2002.
Philippe BURRIN, « Apocalypse et ressentiment », in *Ressentiment et apocalypse. Essai sur l'antisémitisme nazi*, Paris, Seuil, 2004.
Ian KERSHAW, *Hitler, 1889-1936* (1998), trad. P.-E. Dauzat, Paris, Flammarion, 1999.
Hermann RAUSCHNING, *La Révolution du nihilisme* (1939), nouvelle éd. 1964, 2ème éd. trad. de l'allemand par P. Ravoux et M. Stora, Paris, Gallimard, 1980.
Albert SPEER, *Au cœur du troisième Reich* (1969), trad. de l'allemand par M. Brottier, Paris, Fayard, 1971.
Leo STRAUSS, « Sur le nihilisme allemand » (1941), *in Nihilisme et politique*, trad. de l'anglais par O. Sedeyn, Payot et Rivages, 2001, rééd. coll. « Rivages poche ».

TERRORISME ISLAMISTE, ISLAM ET ISLAMISME

Hany ABU-ASSAD, *Paradise now, 24 heures dans la tête d'un kamikaze*, film franco-germano-néerlando-palestinien, 2005.
Abul AL-MAUDOODI, *Le Jihad en Islam*, traduction d'un discours prononcé le 13 avril 1939 à Lahore, CEDI, 1989. BNF cote EL 8-Z.
Olivier CARRÉ, *Mystique et politique. Lecture révolutionnaire du Coran par Sayyid Qutb, frère musulman radical*, Paris, Cerf, 1984.
—, *Mystique et politique, le Coran des islamistes, lecture du Coran par Sayyid Qutb, frère musulman radical (1906-1966)*, Paris, Cerf, 2004.
François GÉRÉ, *Les Volontaires de la mort, l'arme du suicide*, Paris, Bayard, 2003.

Rohan GUNARATNA, *Al-Qaïda. Au cœur du premier réseau terroriste mondial*, (2002), trad. de l'anglais par L. Bury, Paris, Autrement, 2002.
Gilles KEPEL, *Jihad, Expansion et déclin de l'islamisme*, Paris, Gallimard, 2000, rééd. coll. « Folio », 2003.
—, *Fitna. Guerre au cœur de l'Islam*, Paris, Gallimard, coll. « Folio », 2004.
—, *Du Jihad à la fitna*, Paris, Bayard, 2005.
— et Jean-Pierre MILELLI (dir.), *Al-Qaïda dans le texte*, Paris, PUF, 2005.
Gilles KEPEL, « Il n'y aurait pas d'Al-Qaïda sans l'Internet » in *Le Monde*, 19 janvier 2006.
Farhad KHOSROKHAVAR, *Les Nouveaux martyrs d'Allah*, Paris, Flammarion, 2002, coll. « Champs », 2003.
—, *Quand Al-Qaïda parle, Témoignages derrière les barreaux*, Paris, Grasset, 2006, rééd. Seuil, coll. « Points », 2007.
Richard LABÉVIÈRE, *Oussama Ben Laden ou le meurtre du père*, Lausanne, Favre, 2002.
Fouzia MAHMOUDI, « Le GSPC recrute ses kamikazes. Les révélations d'un adolescent », *Le Jour d'Algérie, portail de la presse algérienne* (www.presse-dz.com/fr/readart.php ?id=4323).
Abdelwahab MEDDEB, *La Maladie de l'Islam*, Paris, Seuil, 2001, rééd. coll. « Folio ».
AMINAH Mohammad-Arif, « Au(x) pays de Rama et d'Allah : l'islam dans le sous-continent indien », *in* Andrée Feillard (dir.), *L'Islam en Asie, du Caucase à la Chine*, Paris, La Documentation française, 2001.
Olivier ROY, *Généalogie de l'islamisme*, Paris, Hachette Littératures, 1995, rééd. coll. « Pluriel ».
—, *L'Islam mondialisé*, Paris, Seuil, 2002, coll. « Points », 2004.
François SOUDAN, « Amer, Kamikaze », *Jeune Afrique*, 7 novembre 2004 (www.jeuneafrique.com).
Emmanuel SIVAN, *Mythes politiques arabes* (1988), trad. de l'hébreu par N. Weill, Paris, Fayard, 1995.
Salima TLEMÇANI, « Attentat-suicide contre la caserne de Dellys », *El-Watan*, 10/09/2007.

Barbara VICTOR, *Shahidas. Femmes kamikazes de Palestine* (2002), trad. de l'anglais par R. Macia et F. Bouzinac, Paris, Flammarion, 2002.

NON-VIOLENCE

Jacques ATTALI, *Gandhi ou l'éveil des humiliés*, Paris, Fayard, 2007.
GANDHI, *Tous les hommes sont frères*, Paris, Gallimard, coll. « Folio », 1990.
Léon TOLSTOÏ, *Journaux et carnets*, I (1847-1889), trad. G. Aucouturier, Paris, Gallimard, coll. « Bibliothèque de la Pléiade », 1979.

PSYCHANALYSE

Sigmund FREUD, *Totem et tabou* (1912), trad. S. Jankélévtich, Paris, Payot, 1923, rééd. « PBP », 1965.
—, *Métapsychologie* (1915), trad. J. Laplanche et J.-B. Pontalis, Paris, Gallimard, 1968, coll. « Folio », 1985.
—, « Au-delà du principe de plaisir » (1920), in *Essais de psychanalyse*, trad. de l'allemand par S. Jankélévitch, Paris, Payot, coll. « PBP », 1971, p. 38.
—, *Psychologie collective et analyse du moi* (1921), trad. de l'allemand par S. Jankélévitch, Paris, Payot, rééd. coll. « PBP ».
—, « La négation » (1925), trad. J. Laplanche, in *Résultats, idées, problèmes*, II, 1921-1938, trad. de l'allemand J. Laplanche (dir.), Paris, PUF, 1985.
—, « Dostoievski et le parricide » (1928), trad. de l'allemand J.-B. Pontalis, in *Résultats, idées, problèmes*, vol. II, Paris, PUF, 1985.
—, *Malaise dans la civilisation* (1929), trad. de l'allemand par Ch. et J. Odier, Paris, PUF, 1971.
—, « Pourquoi la guerre ? » (1932), in *Résultats, idées, problèmes*, vol. II, 1921-1938, trad. A. Bourguignon et P. Cotet (dir.), Paris, PUF, 1985.

—, *L'Homme Moïse et la religion monothéiste* (1939), trad. de l'allemand par C. Heim, Paris, Gallimard, coll. « Folio », 1993.

Mélanie KLEIN, *Réflexions sur l'Orestie. Envie et gratitude, et autres essais* (posth. 1963), trad. de l'anglais par V Smirnoff, Paris, Gallimard, 1968, rééd. coll. « Tel ».

Jacques LACAN, *Le Moi dans la théorie de Freud et dans la technique de la psychanalyse*, Séminaire II, 1954-1955, Paris, Seuil.

—, *Le Désir et son interprétation*, Séminaire de l'année 1958-1959.

—, *L'Éthique de la psychanalyse*, Séminaire VII, 1959-1960, Paris, Seuil, 1986.

—, *Les Quatre Concepts fondamentaux de la psychanalyse*, Séminaire XI (1964), Paris, Seuil, coll. « Points », 1990.

—, *L'Envers de la psychanalyse*, Séminaire XVII, 1969-1970, Paris, Seuil, 1991.

—, « Discours prononcé à l'université de Milan », mai 1972.

—, *Télévision*, Paris, Seuil, 1974.

Christiane LACÔTE, « Remarques cliniques sur la pulsion de mort », *in Les Destins de la pulsion de mort*, Séminaire de psychanalyse, 1999-2000, Association d'études de Freud et de Lacan, université de Nice-Sophia Antipolis, Faculté des lettres et des sciences humaines.

Jean-Pierre LEBRUN, *La Perversion ordinaire. Vivre ensemble sans autrui*, Paris, Denoël, 2002.

Charles MELMAN, *Nouvelles études sur l'inconscient*, Séminaire 1984-1985, Publication de l'Association freudienne, 1990.

—, *Pour introduire la psychanalyse aujourd'hui*, Séminaire 2001-2002.

—, *L'Homme sans gravité. Jouir à tout prix*, Entretiens avec Jean-Pierre Lebrun, Paris, Denoël, 2002.

Alexander MITSCHERLICH, *Vers la société sans pères, essai de psychologie sociale* (1963), trad. de l'allemand par M. Jacob et P. Dibon, Paris, Gallimard, 1969.

Michel SCHNEIDER, *Big mother. Psychopathologie de la vie politique*, Paris, Odile Jacob, 2002, coll. « Odile Jacob poches », 2005.

Serge TISSERON, « Logiques du clivages », in *Les Cahiers de médiologie*, n° 13, premier semestre 2002.

PHILOSOPHIE ET SOCIOLOGIE

Hannah ARENDT, « Qu'est-ce que l'autorité ? » (1958), in *La Crise de la culture, huit exercices de pensée politique*, trad. P. Lévy, Paris, Gallimard, 1972, rééd. coll. « Folio ».

Hannah ARENDT, *Le Totalitarisme* (1958), in *Les Origines du totalitarisme. Eichmann à Jérusalem*, éd. Pierre Bouretz (dir.), Paris, Gallimard, 2002.

ARISTOTE, *Politique*, trad. Jules Tricot, Paris, Vrin, coll. « Vrin-poche ».

—, *Rhétorique*, trad. M. Dufour, Paris, Les Belles Lettres, 1931, rééd. 1967.

Raymond ARON, *Paix et guerre entre les nations*, Paris, Calmann-Lévy, 1962, 1984, rééd. 2004.

—, *Penser la guerre*, Clausewitz, t. II, *L'Âge planétaire*, Paris, Gallimard, 1976.

Serge AUDIER, *Tocqueville retrouvé. Genèse et enjeux du renouveau tocquevillien français*, Paris, Vrin, 2004.

—, *Les Théories de la République*, Paris, La Découverte, 2004.

Zygmunt BAUMAN, *La Vie liquide*, trad. de l'anglais par C. Rosson, Le Rouergue/Chambon, 2006.

Jean BAECHLER, *Les Suicides*, Paris, Calmann-Lévy, 1975.

—, *Les Phénomènes révolutionnaires*, Paris, PUF, 1970, rééd. « La table ronde », 2005.

Jocelyn BENOIST et Fabio MERLINI, *Messianité et révolution*, Paris, Vrin, 2004.

Gérard BENSUSSAN, *Le Temps messianique. Temps historique et temps vécu*, Paris, Vrin, 2001.

Jeremy BENTHAM, *An introduction to the principles of morals and legislation* (1789), Oxford University press, 1970, rééd. 1996.

Jean-Michel BESNIER, « La société de l'information ou la religion de l'insignifiance », *in Revue européenne des sciences sociales*, n° 123.

Jean-Michel BESNIER, « Laïciser Internet : les tics et le temps », *in Raison publique*, n° 2, avril 2004.

Vladimir BIAGGI, *Le Nihilisme*, Paris, Flammarion, coll. « Corpus », 1998.

Gaston BOUTHOUL, *Le Défi de la guerre (1740-1974). Deux siècles de guerre et de révolution*, PUF, 1976.

Philippe BRETON, *L'Utopie de la communication. Le mythe du « village planétaire »*, Paris, La Découverte, 1995, rééd. La Découverte-Poche, 1997.

Ludwig BÜCHNER, *Force et matière* (1855), trad. française, Paris, C. Reinwald, 1869.

Ian BURUMA et Avishai MARGALIT, *L'Occidentalisme. Une brève histoire de la guerre contre l'occident* (2004), trad. de l'anglais par C. Chastagner, Paris, Climats, 2006.

Elias CANETTI, *Masse et puissance* (1960), trad. de l'allemand par R. Rovini, Paris, Gallimard, 1966, rééd. coll. « Tel ».

—, *Écrits autobiographiques*, trad. J.-F. Demet, Paris, Albin Michel, 1992.

Franco CARDINI, *La Culture de la guerre* (1982) trad. de l'italien par A. Lévi, Paris, Gallimard, 1992.

Bruno CHAOUAT, « L'Amérique à fleur de peau », in *Contemporary French and francophones studies*, vol. 8, n° 4, automne 2004.

Anne CHENG, *Histoire de la pensée chinoise*, Paris, Seuil, coll. « Points », 1997.

Jean-Louis CHRÉTIEN, *Répondre. Figures de la réponse et de la responsabilité*, Paris, PUF, 2007.

Carl VON CLAUSEWITZ, *De la guerre* (posth.1831), I, 1, 28, trad. P. Naville, Paris, Minuit, 1955.

Régis DEBRAY, *Vie et mort de l'image. Une histoire du regard en Occident*, Paris, Gallimard, 1992, coll. « Folio ».

—, « Le passage à l'infini », in *Les Cahiers de médiologie*, n° 13, premier semestre 2002.

Thérèse DELPECH, *L'Ensauvagement*, Paris, Grasset, 2005.

Jacques DERRIDA, *Voyous*, Paris, Galilée, 2003.

Éric DESCHAVANNE et Pierre-Henri TAVOILLOT, *Philosophie des âges de la vie*, Paris, Grasset, 2007.

Jean-Pierre DUPUY, *Pour un catastrophisme éclairé. Quand l'impossible est certain*, Paris, Seuil, coll. « Points », 2002.

FICHTE, *Machiavel et autres écrits philosophiques et politiques de 1806-1807*, trad. L. Ferry et A. Renaut, Paris, Payot, 1981.

DESCARTES, *Méditations métaphysiques* (1641), Paris, Gallimard, coll. « Bibliothèque de la Pléiade ».

Frédéric Gros, *États de violence. Essai sur la fin de la guerre*, Paris, Gallimard, 2006.

Friedrich Hegel, *Phénoménologie de l'esprit* (1807), trad. J. Hyppolite, Paris, Aubier.

Albert Hirschman, *Les Passions et les intérêts. Justifications politiques du capitalisme avant son apogée*, (1977), trad. P. Andler, Paris, PUF, 1980, rééd. coll. « Quadrige », 1997.

Thomas Hobbes, *Le Citoyen, ou les fondements de la politique* (1642), trad. S. Sorbière, Paris, Flammarion, coll. « GF ».

—, *Léviathan*, trad. Gérard Mairet à partir de la version anglaise de 1651, Paris, Gallimard, coll. « Folio », 2000.

Kant, *Idée d'une histoire universelle d'un point de vue cosmopolitique* (1784), in *Opuscules sur l'histoire*, trad. S. Piobetta, Paris, Flammarion, coll. « GF ».

—, *Le Conflit des facultés* (1798), trad. J. Gibelin, Paris, Vrin, 1935.

Claude Lefort, *L'Invention démocratique*, Paris, Fayard, 1981, rééd. 1994.

—, *Essais sur le politique. XIXe-XXe siècle*, Paris, Seuil, 1986.

Basil Henry Liddell Hart, *Stratégie* (1954), trad. L. Poirier, Paris, Perrin, 1998, rééd. coll. « Tempus », 2007.

John Locke, *Deuxième traité de gouvernement. Essai sur l'origine, les limites et les fins véritables du gouvernement civil*, in *Deux traités du gouvernement* (1690), trad. Bernard Gilson, Paris, Vrin, 1997.

Karl Löwith, *Histoire et salut. Les présupposés théologiques de la philosophie de l'histoire* (1953), trad. M.-C. Challiol-Gillet, S. Hursteln et J.-F. Kervégan, Paris, Gallimard, 2002.

Jean-François Mattéi (dir.), *Nietzsche et le temps des nihilismes*, Paris, PUF, 2005.

Marie-José Mondzain, *Image, icône, économie. Les sources byzantines de l'imaginaire contemporain*, Paris, Seuil, 1996.

—, *L'Image peut-elle tuer ?*, Paris, Bayard, 2002.

Montesquieu, *De l'Esprit des lois*, (1648), Paris, Flammarion, coll. « GF ».

Friedrich Nietzsche, *Le Gai Savoir* (1887), trad. P. Wotling, *in Œuvres*, Paris, Flammarion, coll. « Mille et une pages », 2000.

—, *Par-delà bien et mal* (1887), trad. P. Wotling, Paris, Flammarion, coll. « GF », 2000.

—, *Fragments posthumes*, automne 1887-mars 1888, textes et variantes établis par G. Colli et M. Montinari, trad. de l'allemand par P. Klossowski, in *Œuvres philosophiques complètes*, t. XIII, Paris, Gallimard, 1976.

—, *Le Cas Wagner* (1888), trad. par H. Albert, in *Œuvres*, Paris, Flammarion, coll. « Mille et une pages », 2000.

—, *Ecce homo. Comment l'on devient ce que l'on est* (1906, posth.), texte établi par G. Colli et M. Montinari, trad. par J.-C. Hémery, Paris, Gallimard, 1974, coll. « Idées ».

Roger-Pol DROIT (dir.), *Présences de Schopenhauer*, Paris, Grasset, 1989.

Thomas PRADEU, « Les incertitudes du soi et la question du bon modèle théorique en immunologie », in *Médecine/Sciences*, n° 10, octobre 2005, p. 872-875.

Thomas PRADEU et Edgardo CAROSELLA, « Analyse critique du modèle immunologique du soi et du non-soi et de ses fondements métaphysiques implicites », in *Comptes rendus de Biologie de l'Académie des sciences*, 2004, p. 481-492, www.sciencedirect.com.

Stanley ROSEN, *Le Nihilisme, un essai philosophique* (1969), trad. de l'américain par R. Harlepp, L. Fisher, P. Kerszberg, Paris, Ousia, 1996.

Jean-Jacques ROUSSEAU, *Du Contrat social* (1762), I, 4, Paris, Gallimard, coll. « Bibliothèque de la Pléiade ».

SAINT-JUST, *Œuvres complètes*, Paris, Gallimard, coll. « Folio », 2004.

Jean-Paul SARTRE, *Critique de la raison dialectique* (1960), texte établi et annoté par Arlette Elkaïm-Sartre, Paris, Gallimard, 1985.

Judith SCHLANGER, *Les Métaphores de l'organisme*, Paris, Vrin, 1971, rééd. L'Harmattan, 1995.

Gershom SCHOLEM, *Les Principaux Courants de la mystique juive* (1946), Paris, Payot, 1973, rééd. coll. « Grande bibliothèque Payot », 1994.

Arthur SCHOPENHAUER, *Le Monde comme volonté et représentation* (1919), trad. A. Burdeau, Paris, PUF, 1966.

Max STIRNER, *L'Unique et sa propriété* (1844), trad. de l'allemand par P. Gallissaire et A. Sauge, Lausanne, L'Âge d'homme, 1972.

Cass. R. SUNSTEIN, « Délibération, nouvelles technologies et extrémisme », *in Raison publique*, n° 2, avril 2004.

Emmanuel TERRAY, *Clausewitz*, Fayard, 1999.

Alexis DE TOCQUEVILLE, *De la démocratie en Amérique*, vol. 1 (1835), Paris, Flammarion, coll. « Garnier-Flammarion ».

Stamatios TZITZIS, *Esthétique de la violence*, Paris, PUF, 1997.

Michael WALZER, *Guerres justes et injustes* (1977), trad. S. Chambon et A. Wicke, Paris, Belin, 1999.

—, *De la guerre et du terrorisme*, trad. de l'anglais par C. Fort, Paris, Bayard, 2004.

—, *Morale maximale, morale minimale* (1994), trad. de l'anglais par C. Fort, Paris, Bayard, 2004.

Max WEBER, *L'Éthique protestante et l'esprit du capitalisme* (1904-1905), trad. J. Chavy, Paris, Plon, 1964 ; rééd. coll. « Agora ».

—, « Le métier et la vocation d'homme politique » (1919), in *Le Savant et le politique*, éd. Raymond Aron, Paris, Plon, 1959, rééd. coll. « 10-18 ».

Patrick WOTLING, *Nietzsche et le problème de la civilisation*, Paris, PUF, 1995, rééd. 1999.

Index des noms de personnes

ABU-ASSAD Hany : 86, 111
ALEXANDRE II, tsar : 59, 182
ALEXANDRE III, tsar : 123
AL-SHARIATI : 37
AL-ZARQAWI : 139
AL-ZAWAHIRI Ayman : 102, 129, 139, 142
ARENDT Hannah : 89, 91-92, 95-96, 139, 166, 204, 217
ARISTOTE : 56, 163, 260, 286
ARNAUDO J.-B. : 181, 192
ARON Raymond : 21, 28-35, 39-46, 48, 54-56, 61-63, 65-67, 108, 295
ARVON Henri : 165, 180, 192
ATRAN Scott : 104, 146, 203
ATTA Mohammed : 101
ATTALI Jacques : 287
AUDIER Serge : 134, 241
AVRICH Paul : 146-147, 288
AZZAM Abdallah : 25, 39, 81, 124-125, 137

BAKOUNINE Mikail : 12, 14, 129-130, 133-134, 138, 140, 142, 144, 146, 149, 158-165, 177, 180, 187, 192, 208, 300
BANNOUR Wanda : 284
BAUDRILLARD Jean : 232-233, 237, 239, 251
BAUER Bruno : 179
BAUMAN Zygmunt : 113, 251
BAZAROV Eugène : 173-174, 176-181, 184-187, 190, 206, 208-210, 215
BEACHLER Jean : 271, 312, 318
BEN LADEN Oussama : 10, 26, 39, 81, 92, 97-98, 101, 105, 124-125, 129, 135, 137, 139, 141, 156, 158-160, 171, 232, 234-235, 257, 312
BENOIST Jocelyn : 308
BENSUSSAN Gérard : 275, 277
BENTHAM Jeremy : 290
BERLIN Isaiah : 299
BESANÇON Alain : 103, 123, 131, 148, 169, 172, 180, 182, 187, 298-301
BESNIER Jean-Michel : 192, 259, 261-265, 277
BESSE Georges : 52
BIAGGI Vladimir : 179

BIELINSKI : 178, 187
BIGO Didier : 8
BLEULER Eugen : 305
BLIN Arnaud : 9, 149, 230
BOUDDHA : 195-196, 205, 226
BOUTHOUL Gaston : 117
BRETON Philippe : 12, 277
BRILIANT Dora : 61, 157
BROUSSE Paul : 149
BÜCHNER Ludwig : 181, 208-209, 284-285
BURNET Frank : 236
BURUMA Ian : 240

CACHO Jorge : 305
CAMUS Albert : 58-59, 61, 75-76, 157, 161, 163, 169-171, 201, 244, 313
CANETTI Elias : 93, 250-251
CARDINI Franco : 66
CARLOS : 37-38, 147
CAROSELLA Edgardo : 240
CARRÉ Olivier : 102, 136
CHALIAND Gérard : 9, 149, 230
CHAOUAT Bruno : 97-98
CHE GUEVARA : 92
CHRÉTIEN Jean-Louis : 318
CLAUSEWITZ Carl von : 13, 17, 19, 21-31, 38-41, 50, 56, 80-81, 103, 164
CLOOTS Anacharsis : 179
CONFINO Michael : 161-162
COPERNIC : 89
COQUART Armand : 171, 176-177, 179
COURBET Gustave : 197

DARWIN : 89
DEBRAY Loïc : 266
DEBRAY Régis : 244-245, 248, 257
DECKER Carl von : 22
DELPECH Thérèse : 7
DERBENT T. : 22
DERRIDA Jacques : 230, 232-234, 236-239, 241
DESCARTES René : 8
DESCHAVANNE Éric : 186
DOBROLIOUBOV Nicolaï : 173-175, 178, 185-187, 209
DOSTOÏEVSKI Fedor : 12, 98, 140, 163-167, 171, 178-179, 189, 197, 207-208, 211, 213, 287, 298-300
DUMOUCHEL Paul : 19, 47, 72, 83
DUPUY Jean-Pierre : 266

EL-BANNA Hassan : 81, 225
ELON Amos : 104, 107, 112
ELSTER Jon : 14
ENGELS Friedrich : 62
ESCHYLE : 98, 100
EWALD François : 171

FANON Frantz : 37, 43-44, 62
FEILLARD Andrée : 265
FEUERBACH Ludwig : 179
FICHTE Johann Gottlieb : 27
FOURIER Charles : 175, 299
FREUD Sigmund : 76-77, 80-81, 85-90, 93-94, 96, 98, 110, 167, 183, 193, 200-201, 222-223, 236, 246, 296

INDEX DES NOMS DE PERSONNES

GAMBETTA Diego : 14
GANDHI : 287, 290-298
GENET Jean : 98
GÉRÉ François : 86-87
GLUCKSMANN André : 169, 171
GŒTHE : 143
GONTCHAROV Ivan : 174, 187
GRANDMAISON, capitaine de : 21
GROS Frédéric : 17, 171

HABACHE Georges : 37, 110
HABERMAS Jürgen : 230, 232, 238
HASSNER Pierre : 96
HEGEL George Wilhelm Friedrich : 179-181, 185-186, 191-192, 194, 207, 217, 272-273
HEIMANN Paula : 99
HERZEN Alexandre : 140, 146, 163, 187, 208-209, 215
HIRSCHMAN Albert O. : 16, 121, 290
HITLER Adolf : 60, 92, 139, 213-214, 217, 220
HOBBES Thomas : 18, 249
HORKHEIMER Max : 192

JANICAUD Dominique : 171

KALIAYEV : 58, 157
KANT Emmanuel : 273-275
KEPEL Gilles : 25, 36-37, 46-47, 81, 84, 96-97, 125, 141, 170, 234, 257
KERSHAW Ian : 92

KHOSROKHAVAR Farhad : 37, 113, 128, 138, 226-227, 280
KLEIN Mélanie : 98-100, 103
KRAVTCHINSKI (STEPNIAK) : 59, 169, 181-182, 184, 284
KROPOTKINE Pierre : 12, 130, 138, 140, 143-144, 148-153, 159-160, 163, 177, 219

LABEVIÈRE Richard : 156
LACAN Jacques : 80, 86-87, 91, 96, 168, 193, 257, 289, 314-315, 320
LACÔTE Chistiane : 168
LAROCHE, Comte de : 22
LARTÉGUY Jean : 107
LEBRUN Jean-Pierre : 114, 254-255
LEFORT Claude : 253, 256
LÉNINE (Vladimir Ilitch Oulianov) : 34, 121-124, 126, 142, 170, 177, 182, 184, 214, 231
LIDDELL HART Basil Henry : 55-56
LOCKE John : 18-19
LÖWITH Karl : 272

MACHIAVEL Nicolas : 27, 290
MANN Thomas : 192
MANNONI Pierre : 71-74
MAO TSÉ-TOUNG : 25, 35, 39, 52
MARGALIT Avishaï : 104, 107, 112, 239-240
MARGOLIN Jean-Louis : 106
MARX Karl : 62, 67, 129-130, 132, 142, 146, 154, 159,

182-183, 219, 231, 272-273, 283, 308
MATTÉI Jean-François : 15, 171
MAUDOUDI (MAUDOODI ou MAWDOUDI) Abul (Al) : 36-37, 82, 127, 225, 303
MAZZINI Giuseppe : 134
MEDDEB Abdelwahab : 169, 224, 226
MELMAN Charles : 85, 88-90, 254, 277
MERLINI Fabio : 308
MEZENTZEV général : 59
MILELLI : 25
MILLOT Bernard : 106
MITSCHERLICH Alexander : 93-95, 98-99
MOHAMMAD-ARIF Aminah : 265
MONDZAIN Marie-José : 253-254
MONTESQUIEU Charles-Louis de Secondat, baron de : 91, 244
MOUSSAOUI Zacarias : 101
MOYNE Lord : 59

NAGATSUKA Ryuji : 106-108
NAPOLÉON Ier : 27
NETCHAÏEV Serge : 12, 14, 140, 144, 161-166, 169, 176, 180, 210, 288, 298, 300
NIETZSCHE Friedrich : 15, 189-193, 195-205, 207-208, 213, 216, 220-221, 232, 312

OKAMOTO Koso : 45
OULIANOV Alexandre Ilitch : 122-123
OZ Amos : 83

PAPE Robert : 45
PESCHOT Bernard : 22
PINGUET Maurice : 106, 108-109
PISAREV Dmitri : 174-177, 180-181, 185-187, 201, 206, 210
PLATON : 255
PLEHVE : 59
PRADEU Thomas : 240
PRAZAN Michaël : 45, 108, 118-119

QOTB Sayyid : 36, 81-82, 84, 102, 127, 136, 170, 225, 264, 303

RAUSCHNING Hermann : 214-221, 224-225
REID Richard : 101
ROBESPIERRE Maximilien de : 10
ROSEN Stanley : 170
ROUSSEAU Jean-Jacques : 39
ROY Olivier : 36-37, 127-128, 130, 136-137, 140, 145, 264

SAINT-JUST : 10-11
SANCHEZ Ilich Ramirez (Carlos) : 37-38, 147
SARTRE Jean-Paul : 43-44, 62
SAVINKOV Boris : 58-59, 201-202, 206, 285-287, 299
SCHLANGER Judith : 240

INDEX DES NOMS DE PERSONNES

SCHNEIDER Michel : 94, 102-103
SCHOPENHAUER Arthur : 191-196, 199, 201, 312
SERGE, grand-duc : 58-59, 201
SHINEGOBU Fusako (la « reine rouge ») : 37, 45, 108, 118
SIVAN Emmanuel : 301-302
SOFSKY Wolfgang : 248-250, 252
SOREL Georges : 153, 220, 307-314
SPEER Albert : 213-214
STALINE : 126, 139
STEINER Anne : 266
STIEGLER Bernard : 261
STIRNER Max : 179-180, 315
STRAUSS David : 179
STRAUSS Leo : 181, 214-215, 221, 224, 274
SUNSTEIN Cass. R. : 260

TAVOILLOT Pierre-Henri : 186
TCHERNYCHEVSKI Nicolaï : 124, 131, 170, 174-175, 177, 179, 182, 209, 298
TERRAY Emmanuel : 40, 42

THIBIERGE Stéphane : 105
TISSERON Serge : 261
TOCQUEVILLE Alexis de : 22, 229, 241, 243, 245-246
TOLSTOÏ Léon : 12, 146, 287-292, 296-298, 300
TOURGENIEV Alexis : 12, 173-176, 178-179, 181-182, 184-186, 208-210, 300, 310
TROTSKI Léon : 25, 214
TZITZIS Stamatios : 314

VENTURI Franco : 122, 192
VICTOR Barbara : 266

WAGNER Richard : 192, 220
WALZER Michael : 14-16, 49-50, 52-58, 60-67, 70-71, 108, 117-118, 156, 198, 243, 246-247, 295, 297
WEBER Max : 92
WOTLING Patrick : 195-197

ZASSOULITCH Vera : 266
ZOLA Émile : 152

Table des matières

Introduction 7

Première partie
Le terrorisme, forme contemporaine de la guerre

CHAPITRE PREMIER. – Le terrorisme dans une perspective politique, ou le franchissement des limites de la guerre ... 21

La guerre populaire ou l'invention de la violence illimitée 22
La guerre de partisans et la théorie de la résistance 27
Les guerres de libération nationale ou la tactique de l'échec 29
Les guerres révolutionnaires et la stratégie de l'anéantissement ... 33
Guérilla et banditisme : le terrorisme comme dérégulation de la politique 38

CHAPITRE II. – Le terrorisme dans une perspective morale : la guerre des victimes 49

L'abandon du code militaire durant la Seconde Guerre mondiale 53
Le terrorisme ou l'honneur perdu des révolutionnaires 57
La rhétorique terroriste 62
Conclusion 65

Deuxième partie
Le terrorisme, ou la guerre psychologique

CHAPITRE III. – La logique terroriste 71

Le terrorisme, une nouvelle technologie de la guerre 72
La mise en scène de l'horreur 73
L'attentat-suicide 75

CHAPITRE IV. – Les conditions psychiques du terrorisme .. 79

La guerre pour le totem 80
La violence raciale 87
Le terrorisme et le matricide 96
Les « kamikazes » 105
Martyr ou héros ? 111
Conclusion 114

Troisième partie
L'anarchisme : les fondements théoriques du terrorisme

CHAPITRE V. – Le paradigme anarchiste ou la résurgence de la branche aînée de la révolution 121

Internationale anarchiste, internationale islamiste 126
La critique de la hiérarchie : la commune et l'umma, le réseau et le parti 132
Individu et individualisme 141

CHAPITRE VI. – L'anarchisme, un refus théorisé de la théorie 145

Sentimentalisme et terreur 145
Propagande par les actes, propagande par le fait 148
L'argument du désespoir, justification de la propagande par les actes 156
Le terrorisme radical de Serge Netchaïev 161
Conclusion 167

Quatrième partie
Terrorisme et nihilisme

CHAPITRE VII. – La négation comme fin en soi, ou la naissance du nihilisme 173

Le nihilisme, une critique 174
« Tout nier », ou le refus de l'hégélianisme 178

CHAPITRE VIII. – La volonté d'en finir, ou la négation devenue active : l'interprétation de Nietzsche 189

Le nihilisme, ou la folle croyance en la négation 190
Le désespoir, une maladie de la volonté 191
Le fanatisme, un narcotique contre la douleur 198
Nihilisme et compassion : Dieu n'est pas mort 203
De l'amour à la haine, de la vie à la mort : le renversement nihiliste 207

CHAPITRE IX. – Les développements du nihilisme après Nietzsche : le nazisme et l'islamisme 213

Un nihilisme sans pitié : le nazisme 213
Le terrorisme islamiste 224
Conclusion 227

Cinquième partie
Terrorisme, démocratie et modernité

CHAPITRE X. – Le terrorisme, suicide de la démocratie ? 231

Le terrorisme est-il une maladie auto-immune de la démocratie ? 232
Les raisons et les erreurs géopolitiques d'un diagnostic 234
Le trauma et la jouissance morbide 236
Critique de la thèse auto-immunitaire 239

CHAPITRE XI. – Terrorisme et démocratie de masse 243

Terrorisme aristocratique, terrorisme démocratique 243
Presse, terrorisme et démocratie 244
Médias visuels et terrorisme 247

« *Il n'y aurait pas d'Al-Qaïda sans l'Internet* » 257
Conclusion 264

Sixième partie
Terrorisme et messianisme

CHAPITRE XII. – Nihilisme et messianisme 271

Messianisme et philosophie de l'histoire 272
La tension vers l'explosion :
un « messianisme de l'événement » 275
Patience et impatience : l'exemple du sabbatianisme 278
Un « amour sensuel de la puissance » 280

CHAPITRE XIII. – Religion et politique dans une perspective nihiliste 283

La religiosité athée des révolutionnaires 284
Savinkov et le messianisme apocalyptique 285
Tolstoï et Gandhi, un messianisme sacrificiel 287
Dostoïevski, une critique messianique du messianisme 298
L'alliance du messianisme et de l'islamisme 301
La mélancolie messianique 305

CHAPITRE XIV. – Mythe et terrorisme 307

Le mythe contre l'utopie 307
Le pessimisme, moteur du messianisme 309
La catastrophe 312
Conclusion 314

Conclusion 317

Bibliographie 323

Index des noms de personnes 337

Composé par Nord Compo Multimédia
7, rue de Fives, 59650 Villeneuve-d'Ascq

« Pour l'éditeur, le principe est d'utiliser des papiers composés de fibres naturelles, renouvelables, recyclables et fabriquées à partir de bois issus de forêts qui adoptent un système d'aménagement durable.

En outre, l'éditeur attend de ses fournisseurs de papier qu'ils s'inscrivent dans une démarche de certification environnementale reconnue. »

Cet ouvrage a été achevé d'imprimer
sur Roto-Page
par l'Imprimerie Floch à Mayenne
en mars 2009.

Imprimé en France
Dépôt légal : mars 2009.
N° d'impression : 73464.
35-30-2421-2/01